日本のインド・ネパール料理店

Indo-Nepal Restaurants in Japan

Masaki Kobayashi

アジアハンター代表
小林真樹

阿佐ヶ谷書院

はじめに

仕事でたまたま地方に出かけるような時、はるか彼方の野山や田んぼの奥に、遠くからでも目立つ赤いネパール国旗がたなびいているのを見かける事があります。そんな店を通り過ぎるたびに「ネパールから来日して、わざわざこんな人里離れた場所で商売をしている。一体彼らはどんな人で、どんな理由があってこの地までやって来たのだろう」などと不思議に感じていました。やがて、たまたま食べに入ったこうした店で、食後誰もいない店内で問わず語りの彼らの話に耳を傾けてみると、それぞれの店主やコックたちには皆、来日して現在の地に流れ着くまでの十人十色のドラマがあり、一見どこも同じようなたたずまいと味のように思えるインド・ネパール料理店にも、その内側には様々な来歴や事情のある事が分かるようになりました。

さらに丹念に食べ歩き続けていると、味や提供方法の点で明らかに来日後に習慣化したであろう北海道には北海道の、九州には九州の、その地域で共通する味や料理の出し方、メニューの書き方などに地域性や元勤務店のやり方を踏襲したローカル・ルールのようなものが存在しているのが分かるようになります。それは単なる戦略としてのローカライズとは別の、もっと差し迫った理由によるものでしょう。言葉も習慣も違う未知なる地元客を相手にした商売、ましてや地方では外食すらあまりしない高齢者をも客としなければならない状況。先行した繁盛店の事例に倣う事でリスクを軽減させ、何とか売上を伸ばしたいという一心からいつしかローカル・ルールが完成し、それが地方ごとの特徴的な食事文化・料理文化に昇華している様が次第に読み解けていきます。こうした伝播のルート探しや発祥元のルーツ探しをしているうちに、店のメニューや出された料理から分派した店を逆探知出来たり、それらを点と線とで結び付ける事で独自の国内勢力分布図が日本地図上に鮮やかに浮かび上がってきます。その作業は店で美味しい料理にありつくのと同等の喜びを与えてくれます。

このような独特の食事文化の発生源となった、老舗のインド・ネパール料理店オーナーたちは今や高齢化し、中には引退してしまった人もいます。特に新型コロナの流行以降、この流れは加速しています。地方で何年も続いた老舗や、誰もいない原野を切り開いて商売を続けていた孤高のインド・ネパール料理店が今、相次いで閉店・閉業の瀬戸際に立たされているのです。やがてこのままでは、地方で長く続いた老舗店オーナーに会って話を聞く機会が永久に失われてしまうのではないか…。焦燥感にかられた私は、こうした店を訪ねるべく、日本全国津々浦々の食紀行を決行しました。

本書では北は北海道の稚内から南は沖縄の宮古島まで、インド・ネパール料理を生業とする国内のネパール人を追っています。コロナ禍の様々な規制によって鬱々とふさぎ込みがちな日々は続きますが、遠い異国の地で明るくたくましく生きる前向きなネパール人の姿勢からは学ぶべき点が多々あります。本書がそんな彼らの生きる力の一端をご紹介し、日本の中で展開する、本国ネパールに匹敵するかそれ以上の濃密な世界に触れる一助になれば幸甚です。

有限会社アジアハンター代表　小林真樹

日本のインド・ネパール料理店
contents

表紙写真／インド料理＆バー　サッカール南砂店
Mr. KC RAN BAHADUR
撮影：小林真樹

※本文中に登場する人名や店名、メニュー名のカタカナ表記に関して、例えば同じSharmaでも人によってシャルマ／サルマ／サールマなどの自身でつける送り仮名に個人差があります。これを部外者が安易に統一する事は、それまでそれぞれのネパール人が使用し続けてきた送り仮名表記、及びその表記をするに至った過程を否定する事につながるため、可能な限りそのまま綴るように心がけました。

ギリ一族開拓史

〜北海道

広大な北海道をネパール人経営店に的を絞ってしばらく食紀行していると、やがて奇妙な符合に気づく。訪ねる店主たちが皆同じ苗字なのだ。札幌や旭川といった主要都市はもちろんのこと、稚内や根室といった辺境の地においても、そこで出会うほぼ全ての店主またはその妻の名がギリ姓だった。北海道渡航前はこの事実を知らず、漠然と日本列島最北端と最東端に到達する事のみを目的としていたものの、ある時不意にこの不可思議な現象に気づき、思い立ってギリ氏たちの店を数珠つなぎのように巡ってみた。広大な道内に点在する店を線で結んでみると、そこにはほぼ北海道そのものと近似した形状が忽然と立ち上がったのである。

行く先々で出会うギリ氏の鎖の輪。ちなみにギリとはネパール人の苗字であると同時に、一般名詞として「山」を意味する。ダウラギリ、ラトナギリなどで用いられるギリである。北海道には正にこの山脈のようにギリ一族が広がっているという事である。

道内という空間に散らばるギリ一族の系譜を、今度は時間をさかのぼりながら掘り下げていくと、やがて一人のギリ氏に辿り着く。その人物こそ最初に北海道に渡ったギリ一族のパイオニアであり、彼の存在なくして今日これだけのネパール人飲食店経営者が道内で繁栄出来ていたかは定かではない。その人、ラジャン・ギリ氏のあゆみこそ、今日北海道全土に拡散するネパール人経営店の歴史そのものといってよい。ではラジャン氏は来日後、どのような経緯を辿ったのか。2020年現在、43歳というラジャン氏が来日したのは2004年の事であるが、しかしその前に、ラジャン氏以前に渡日していた一族の祖の事から話をはじめなければならない。

始祖と開拓者

ギリ一族の中で最も早く来日した人物はヘムラル・ギリ氏である。紅茶輸入販売のえいこく屋（名古屋市千種区）が1979年にレストラン部門として開業したインド料理店に、当時インド在住だったヘムラル氏がコックとして招聘された。彼の名前は一時、同社ホームページにも掲載されていた。やがて厨房が忙しくなるに伴い、ヘムラル氏の甥にあたるケサラ・ギリ氏（後に名古屋市でサンティプールを開業）やシヴァラル・ギリ氏（後に名古屋市でダウラギリを開業）といった人たちが来日し、ヘムラル氏をサポートするようになる。このように人材が不足してくると、オーナーが信頼出来る先行従業員に補充人材のツテの有無を確かめるのは、現在でも広く行われている手法である。かくして同店はヘムラル氏の親族を中心に調理師を断続的に招聘。

2020年に同店を訪問した時点でもやはりギリ姓のコックが働いていた。

さて、このシヴァラル氏からの呼び寄せなどもあって2004年頃、シヴァラル氏の弟・ラジャン・ギリ氏が来日する。シヴァラル氏は五兄弟の次兄、ラジャン氏は三男に当たる。ちなみにこの五兄弟は、跡継ぎとしてネパールに残った長兄以外、現在では全て来日して飲食店オーナーとなっている。シヴァラル氏もその後えいこく屋から独立し、現在では自らの店ダウラギリを名古屋市中心に複数店展開している。

シヴァラル氏の紹介で来日したラジャン氏は、当初数か月ほど同じ親戚筋のケサラ氏の店、名古屋市千種区のサンティプールで働いていたが、ほどなくしてある日本人の事業家が、新たに北海道の小樽市銭函で立ち上げるアジアン料理店でネパール人コックを探しているという情報を耳にする。当時北海道内にはインド料理を作る事の出来る人材がほとんどいなかったため、ツテを辿って当時からネパール人の多かった名古屋でも求人していたのだ。この日本人事業家こそ同地にスーリヤを立ち上げるA氏で、この話に興味を抱いたラジャン氏は当時誰も知己のいなかった北海道に渡るのである。不安は無かったのだろうか。

「誰も知り合いがいない、というのがむしろ面白いと感じたんですよ。当時名古屋には兄を含めネパール人がたくさんいて、それもよかったんですが、せっかく日本という外国に来たんだから、誰も知らない、新しいところに行きたいという気持ちがありました」

フランクな笑顔を見せつつ、ラジャン氏は自らの来歴や来日後の動向について気さくに語って

左上・北海道ギリ一族の総帥、ラジャン・ギリ氏　右上・ラジャン・ギリ氏の経営する旭川市スーリヤ　左下・スーリヤ帯広店　右下・帯広市のスーリヤ帯広店を経営するバルラム・ギリ氏夫妻

くれた。それにしても、この「知らない場所に行ってみたい」というある種の開拓者精神は、北海道に点在するネパール人飲食店オーナーに少なからず共通するもので、周囲に同胞も皆無、かつ冬季には深い雪に覆われる極寒の地に出店しようとする気概の持ち主には同様のモチベーションがあることが、のちに道内の複数のネパール店を食紀行する過程でわかってくる。

ちなみに、1990年代末から2000年代前半にかけて名古屋市を含む愛知県内に在住するネパール人は多かった(一方、首都圏にはガルワール出身のインド人コックが多かったという)。黎明期のインド料理店オーナーたちは、当初インド料理コックを探しにわざわざインドに出向いていた。それが次第に先行して雇ったコックの口利きによる紹介で招聘出来るようになり、さらに1990年代以降になると来日するコックが増えたため、人材の国内調達が可能となっていく。この場合、特にインド人コックよりも比較的マネージメントしやすい（と業界内で思われていた）ネパール人コックの国内調達地としては、首都圏よりも名古屋市を含む愛知県周辺の方が多かった。

元々豊田市・豊川市といった街は、1990年の入管法改正で増加した日系人が多い土地柄で知られるが、日系人が多い街は他の外国人にとっても暮らしやすいらしい。2000年代初頭頃まで豊田市は統計上もネパール人人口が多く（統計に表れない人口も多かったのだろうが）、ネパールから歌手を呼んでのイベントも東京以外に必ず豊田市の公民館で開催するのが定番ルートだった。

さて、スーリヤ立ち上げのためにラジャン氏は2005年の8月に北海道へと渡った。そこから内装工事・食器や調理器具の確保・メニュー作成などの準備に追われオープンしたのは10月だった。出店場所は札幌市に隣接する小樽市銭函。ちなみにラジャン氏の記憶では、この時点で道内にあったネパール人経営の店は札幌市の RaRa と小樽市のネパール茶屋のみだったという。

スーリヤのメニューには事業家A氏からの要望で当時流行していたスープカレーも置くこととなった。インドカレーやタンドール料理技術は熟知していたものの、北海道に来るまでスープカ

左上・札幌市サンライズの経営者、ヒラ・ギリ氏　右上・札幌市サンライズ
左下・札幌市ビハニ　右下・幌市ビハニの経営者、オンカル・ギリ氏

レーの存在そのものを知らなかったラジャン氏は急遽札幌市内のスープカレー店を食べ歩いて舌と身体で覚えていき、オープン時までの2か月間でネパール風の味付けをしたスープカレーのメニュー化にこぎつけた。ちなみにこの時ラジャン氏たちが作成したスーリヤのメニューは、元々北海道のスープカレー店で独自に考案されていた、味や具材などをチャート式に組み合わせて選択出来るように設計されたスタイルに想を得たものだが、スーリヤから独立した他の多くのギリ一族経営店のメニューにはこのスタイルがひな型となって現在も継承されている。

　人気店となったスーリヤは道内でチェーン展開を開始。旭川、滝川など矢継ぎ早に支店を拡大していく。新しく支店を開くたびに新規コックはラジャン氏を介してネパール人から招聘される。そのほぼ全てが氏の親戚筋に当たる人々だった。

主要支店を任されていたラジャン氏だが、数年後に日本人事業家A氏から事業を有償譲渡する形で独立。道内に展開していたスーリヤの各支店は全てラジャン氏に引き継がれた。このように、業態としてのインド料理/エスニック料理をはじめた日本人事業家が、ある程度その事業を続けたのちに、店舗ごと有能なスタッフに格安で譲渡し別事業へと移っていくパターンは全国でもまま見られる。店舗を手に入れたラジャン氏は、旭川店を本店としてスーリヤという店名のまま残し、それ以外の店舗をポカラ・ダイニングという新しい店名に改め独自色を強めていく。旭川店をスーリヤのままにした理由は、既にその店名に親しんだ常連客も多いからだという。ちなみにスーリヤ帯広店はラジャン氏五兄弟の四男にあたるバルラム・ギリ氏夫婦の経営、一号店であるスーリヤ銭函店はラジャン氏の甥にあたるビカス・ギリ氏の経営となっている。こちらも店名はスーリヤのままである。

この他ラジャン氏の親戚筋にあたる人たちをざっと列挙すると、北広島市のネパール・ダイニング（ラジャン氏五兄弟の五男であるディパック・ギリ氏が代表）、札幌市のサンライズ（ヒラ・ギリ氏）、同じく札幌市や青森県にも支店を持つビハニ（オンカル・ギリ氏）、日本最北端に位置する稚内市など道内4店舗のナマステ・ネパール（クリシュナ・ギリ氏）、同じく日本最東端に位置する根室市のカトマンズダイニング（クンワル氏の奥さんがギリ氏）、日高など道南に複数店舗を持つルンビニ及びダービー（ビシュヌ・ギリ氏）、栗山町のアース及び恵庭市のアース・コンテンポラリー（ドゥルバ・ギリ氏）、一号店のスーリヤを継承の他、道内や青森にも進出するDiyo（ビカス・ギリ氏）などなど、枚挙にいとまがない。

「今、北海道内のネパール人経営店の8割がたは私たちギリなんじゃないですかね」

とラジャン氏は不敵に笑う。その横顔に、自らが招聘した一族によって一代で極北の地を制覇し君臨する覇王のような凄みが一瞬感じられ、思わずたじろいだ。

極北の地の宴

ネパールでは9月から10月にかけてダサインと呼ばれる大祭のため連休となり、カトマンズなどに働きに来ている地方出身者はこの時期一斉に帰省をする。北海道内各地で経営するギリ一族も、この祭礼日は皆店を閉めてラジャン氏の本拠地である旭川に全員集合する。そこにはギリ一族中最古参、最初に日本の地を踏んだ、名古屋市えいこく屋の初代コック、ヘムラル・ギリ氏も姿を現すという。北海道だけでなく愛知・甲信越にも一定の存在感を見せるギリ一族の始祖ともいえる、御年70歳のヘムラル氏もまた、現在は親族を頼って道内に在住している。自らの店を数年前まで函館でやっていたが、そこを畳んで今は日本企業の運営する社員食堂の厨房で働いているという。

ヘムラル氏をはじめ着飾った100人以上のギリ一族が、道内各地からラジャン氏の本拠地・旭川市で一堂に会してダサインを祝う。ダサインは年長者から年少者へお祝いのティカを額につけるのが習わしで、これを求めて皆がラジャン氏の元へと集まるのだ。贅沢な料理や酒が並んでそれはそれは豪華絢爛な親族イベントとのことである。普段なら地元の日本人との付き合いを最優先するギリ氏たちだが、この時ばかりは部外者をシャットアウト。内輪だけのクローズドな場となる。そこには北海道という過酷な極寒の大地で、苦労して成功を手に入れた一族の、それでもなお続く日々の激務からつかの間解放された、祝賀に酔う彼らだけの非日常的空間があるのだ。

さて、ここでギリ氏姓とはカースト的にどのような位置づけになるのかを見ていきたい。一般的にギリ姓は、パルバテ・ヒンドゥーと呼ばれる、ネパール語を母語とするインド出自のアーリア系民族の中でも「サンヤシ」と呼ばれる階層である。サンヤシとは乞食僧・托鉢僧を意味し、バウンなどが経典を読み、儀礼を司る儀礼僧であるのとは異なる。立場的にはバウン及びチェトリに準じ、カミ・ダマイといったダリットの人々より上位に位置するとされる。こうしたカースト的序列は1990年代に勃興したマオイスト運動、及びその後発布された新憲法によって否定され、今や有名無実ではあるものの、例えばあるバウンの青年は「ギリというと、色んな家を回ってご飯をもらう人というイメージがある」と言う。

それでもギリ姓が高位に位置づけられている事は、あるギリ姓の女性が語った「私たちは他のネパール人と違って同族以外とは結婚しない」という言葉に象徴的に表れていて、ギリ姓を持つ人たちの純血主義を感じさせるものである（もちろん例外はある）。

インド人厩務員の集まる町

もう数年前になるが、北海道の日高管内で働くインド人厩務員がメディアで話題となったことがある。華やかな競馬に多くの観客が熱狂する裏で、その競馬界に多くの名馬を輩出する国内きっての厩舎が集まる日高管内では、早朝から一日中競走馬の世話をする地味できつい仕事に日本人の成り手がなく、その解消のため比較的早い段階から外国人厩務員が導入されていた。

日高管内における最初の外国人厩務員は1994年、主にニュージーランドとアイルランド出身者だった。その後、マレーシア人やフィリピン人など東南アジア系人材が増えていく。そして2015年、浦河町でインド人厩務員が初めて雇用される。当初13人でスタートしたインド人厩務員は、その後2016年には31人、2017年には100人、2018年には124人と年を追うごとに増加し、2019年現在266人ものインド人厩務員が同町内に居住している。総人口11894人という浦河町の中での266人はかなりの割合であり、元々インド人が一人も存在しなかった田舎町での存在感はかなりのものとなり、メディアがこぞって話題にしたのである。

この浦河町をはじめとする日高管内におけるインド人急増に、一役買ったネパール人がいる。道南を中心に道内で数店舗、インド・ネパール料理店ルンビニを経営していたビシュヌ・ギリ氏がその人で、その名が示す通り彼もまた道内一円に散らばるギリ一族に連なる人物である。

ビシュヌ氏は2009年4月、苫小牧市にB&Tトレーディングを設立。その事業内容はルンビニなど飲食業の他、玉ねぎやじゃがいもなどの野菜を中心としたアグリ（農業）事業、人材紹介派遣業、中古車輸出業など多岐に渡る。特に飲食業に於いて、総帥ラジャン氏よりもビジネスのスタートこそ後であるものの、その後一族の中で初めて道外の地、青森県むつ市に支店を出店するなどビシュヌ氏が先鞭をつけ、その後ラジャン氏やビカス氏（後述）の青森市進出へとつながっている。また一時期東京でも事業展開していて、その事業展開規模は一族中最大である。

ビシュヌ氏は日高管内で働くインド人厩務員の斡旋紹介事業のほか、浦河町から委託されてインド人用の日本語クラスも開設するなど、日高管内におけるインド人厩務員の世界にも深く関わっている。元々日高管内では南インド系マレーシア人の元厩務員が口コミなどで厩務員を紹介していたりしたが、ビシュヌ氏は初期に来日したインド人厩務員の協力の下、それより大きな規模で事業として展開に成功。そのビシュヌ氏が2019年4月、満を持して浦河町にオープンさせたのが、その名もダービーなのである。

札幌市から車を走らせること約3時間。途中から高速道路は途切れ、海に面した一本道をひた走りに走る。ようやくたどり着いたダービーは、車社会の北海道らしく広い駐車スペースが完備されている。旦那さんがコック、奥さんがホールとして夫婦で働くスタッフのパンディさんにすすめられるがままダービーセットを注文。北海道らしさの演出なのか、とろけるチーズがたっぷ

左・浦河町ダービーのスタッフ
右・ビシュヌ・ギリ氏の経営する浦河町ダービー

りとカレーにかかっている。店内にはもう一人のコックさんもいて、彼らは店のすぐ近くにある社員寮で生活している。

「冬の海からの寒風と深い雪で住むのはホントに大変だけどマア慣れましたヨ」

と笑う。肝心のインド人厩務員は客として来るのかと思いきや、調教のため乗馬する際に体重を管理する必要性からかほとんど店に食べに来ることはないという。また仮に来たとしても、皆生活時間が朝方なので、今回訪問したような夜の時間帯に来ることはないそうだ。あわよくば店内でインド人と出会い、何とか彼らの住居まで潜入出来れば…などと思い描いていた計画は早々に頓挫した。インド人にとっては外食店よりもむしろ、インド食材を買える食材店などの方が切実に必要なのかもしれない。従来は地元のスーパーや厩舎などが東京の食材卸から調達・販売していたというが、こうした業務もいずれネパール人によって請け負われていくのだろう。

ちなみに浦河町で厩務員として働くインド人は大半がラージャスターン州出身の北インド人で、ダービーで勤務するパンディさんたちネパール人もヒンディー語は堪能であるためコミュニケーション上の問題は全くない。このように過疎化に悩む地方自治体の人材の確保に一役買うだけでなく、その地で副次的にビジネスも展開してしまうという、ネパール人ビジネスマンの逞しさを改めて強く感じた。

スープカレーとネパールカレーとの相関関係

小樽市にあるSTARもスーリヤ同様日本人オーナーの経営だが、こちらの立ち上げやメニュー作成には現在札幌市でサンライズを経営するヒラ・ギリ氏が関わっているという。小樽市ほしみという、公共交通ではなかなか行きにくい場所でありながら昼夜来客が途絶えない繁盛店で、カウンターにはキープされている焼酎やククリラムのボトルも多く見える。メニューの中にはナンカレーやスープカレーの他に、日本人のイメージするカレー料理をネパール人コックが作ることで出来上がるタイプの日ネ折衷メニューが垣間見えて興味深い。

同店の看板には大きく「ネパールカレー」と書かれていて、この手の店にありがちなインドという文字はない。このように、道内には日本人の経営店でありながら「ネパールカレー」を看板やメニューに記載するところが少なくない。当初ネパール特有のサラサラしたテクスチャーが持ち味の、ククラ・コ・ジョル（チキンカレー）と北海道のスープカレーとの類似性からそのように呼称されているのかと勘繰ったが、単に作り手がネパール人であることを表したものであるら

左上・小樽市のSTAR　右上・STARで提供されているナンロール
左下・ギリー族の店で出される典型的なスープカレー
右下・小樽市のあおいねこ

しい。一方で、作り手がネパール人であっても出しているのがインド料理店料理であれば、そのまま「インド料理／インドカレー」として出しているところもある。

「1990年代後半にマジックスパイスなどが火付け役となって発生したスープカレーのブームを見て、自らの店でも取り入れようと従業員のネパール人に作らせたのでは」

　北海道とスープカレーとの関わりについて、小樽市であおいねこを経営する山本聖子さんはそう分析する。

「ただし、全ての道民がインド料理店にスープカレーを求めている訳ではなく、あくまでもそこはナンとネパールカレーを食べに行く場所」

と認識しているという。確かにライスではなくナンをチョイスした場合、スープカレーだとサラサラ過ぎてナンに絡まずにしたたり落ちてしまう。ナンには粘着力の高いグレービーである必要があるのだ。なお、インド・ネパール料理店特有のグレービーベースのカレーを「ネパールカレー」と呼称されていたのが個人的には興味深かった。

ちなみに、北海道における最古のインド料理店とされる1982年創業のタージ・マハール（本店・札幌市）にもチキン・スープカレー・セットとしてスープカレーは存在し、もちろん創業当時にはなかったメニューなのであろうが、そのメニューとしての影響力の強さを感じさせる。なお、老舗タージ・マハールはモハンディッシュ（札幌市）など多くの経営者や人材を輩出している。

一方、こちらも1992年より営業する老舗、札幌市豊平峡温泉にあるONSEN食堂にはスープカレーは置いていない。同店は日本人経営者の尾中氏が元々札幌市内で経営していたインド料理店を、先代から継いだ温泉施設内に移設したもので、当初はインド人コックの方が多かったが、いつの間にかネパール人コックで占められるようになったという。多くの観光客が訪れる繁盛店で、最盛期は7人ものネパール人コックが厨房で働いていた。スープカレーはないが、ナンに具材を巻いたナンロールである「ターバン」や、チャーシューを具にした「チャーシューナン」といったユニークなメニューが、先代時代から出している十割そばやジンギスカンなどのメニューと共に食べられる。なお、この「ターバン」と同様の形状のものが小樽市のSTARで

左・札幌市の老舗、タージ・マハール店内
右・豊平峡温泉の ONSEN 食堂

「ナンロール」の名で出されている他、かつて ONSEN 食堂で14年勤務後に独立したタパ氏の経営するヒマラヤ食堂（千葉県浦安市）でもやはり「ナンロール」の名で出されている。このように特徴的なメニューとは伝播していくものであり、また特徴的なメニューから類推して、その店のオーナーの出身元を逆探知する事も可能なのである。

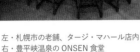

新世代（ニュー・ゼネレーション）の台頭

札幌市から少し行ったところに栗山町というセレブリティな雰囲気漂う地区がある。この栗山町の中心部、緑豊かな栗山公園のすぐ近くに広々とした駐車スペースを有する山小屋風の立派な建物がある。ギリ一族の中でも比較的若いドゥルバ・ギリ氏の経営する自然派インド・ネパール料理店アースである。

メニューを開くとチキンカレー、ナンなどのごくオーソドックスなものに加え、地元栗山町産の野菜を使ったピザやパスタなどが目に入ってくる。これらの料理は単にメニューを増やそうとイ

左上・栗山町のアース　右・山町のアース他の経営者、ドゥルバ・ギリ氏
左下・アースで出される洗練されたダルバート

ンド・ネパール料理店にありがちな付け焼き刃で加えたものではなく、わざわざイタリアンのシェフを店に招いてスタッフ向け研修会を行って調理法を伝授されたもの。調理スタッフはネパール人だが、味は本格イタリアンなのだ。

「札幌市の有名店のシェフの方に講師に来てもらい、ウチの調理スタッフに研修してもらいました」

と語るオーナー、ドゥルバ氏の真摯さが伝わってくる。一般的なインド・ネパール料理店にはない洗練された料理を求めて、遠く札幌などからも多くの客が訪れる。

　日本で商売をするネパール人特有のアグレッシブさといったものを微塵も感じさせない物静かな人柄であるにもかかわ

らず、商工会で地域の人たちと緊密に交流し、勉強会や地域イベントにも積極的に参加する姿勢もあってか昼から品の良さそうな客足の絶えない店となっている。アースという店名にも込められているような、環境保護的な観点から有機野菜にこだわるインド料理店などというと、どちらかというとスローライフを好むIターン系の経営者が多い印象で、そうした人たちは地元の商工会と交流する事もなさそうなのだが、その点でドゥルバ氏は他のネパール人ともIターン系日本人とも異なるユニークなタイプの経営者だといえよう。同様のコンセプトで2020年に恵庭市に出したアース・コンテンポラリーでは少しメニューを変え、ネパールタ一リという名前でダルバートのセットも出しているのがネパールファンには嬉しい。地元野菜が使われたゴージャスなダルバートは同店でも一番人気のメニューだという。

アースの経営者ドゥルバ氏は、ダービー他を経営するビシュヌ氏の弟で、元々はビシュヌ氏の運営するB&Tトレーディングで仕事をしていた。独立して飲食店を経営しようとした時、兄のビシュヌ氏が開拓したアグリ事業での地元農家とのパイプの存在と、元来自身の身体が虚弱だった事から健康への関心があった事、さらに他の多くのインド・ネパール料理店で出されるナンとカレーが体質的に合わなかった事から地元で採れるオーガニック野菜を中心に使う店の設立を決意。こだわりのコンセプトのもとメニュー作りをして2015年にオープンした。その後も前述のようなイタリアンシェフのみならず、和食やフレンチのシェフを招いてメニュー開発を行ったり、休日には札幌市内の店を食べるなどして上質な味を追求。こうした真摯な企業努力が、現在の多くの集客につながっているのである。

栗山町のアースにしろ、恵庭市のアース・コンテンポラリーにしろ、内装もメニューも従来のギリ一族のそれとは全く異なる価値観に基づいて設計されているのが一目で分かる。街中のインド・ネパール料理店で見かけるのとは異なるタイプの客層でにぎわう店内は、地方におけるインド・ネパール料理店の新しい可能性の一つを強く予感させるものがあった。


北海道に最初に渡来したギリ一族であるラジャン氏らによって立ち上げられ、道内での一族の繁栄の基盤となった小樽市銭函のスーリヤは、現在ビカス・ギリ氏の所有、より正確にいうとビカス氏を代表とするギリ・ビジネスグループ合同会社の本社として登記されている。

この若干31歳のビカス氏は、ラジャン氏五兄弟のうち唯一ネパールに残って実家の後を継いだ長兄の息子にあたる人物である。南インドのハイデラバードにある大学でコンピュータを学び、チェンナイで技術職として勤務経験もあるという御曹司で、当初北海道へも学生として来日したが、現在では道内にDiyoという店名のインド・ネパール料理店を展開し、岩見沢、苫小牧、釧路など道内4店舗、道外の青森県むつ市に1店舗構えている。ちなみに小樽市銭函のスーリヤをそのままの店名にして残しているのは、隣接する札幌市手稲区のイオンモール内にもDiyoを出店していて地域的に名前がカブるのを避けたためだという。

経歴や家系、あるいはそのスマートな風貌からも一族のサラブレッドのような印象を受ける

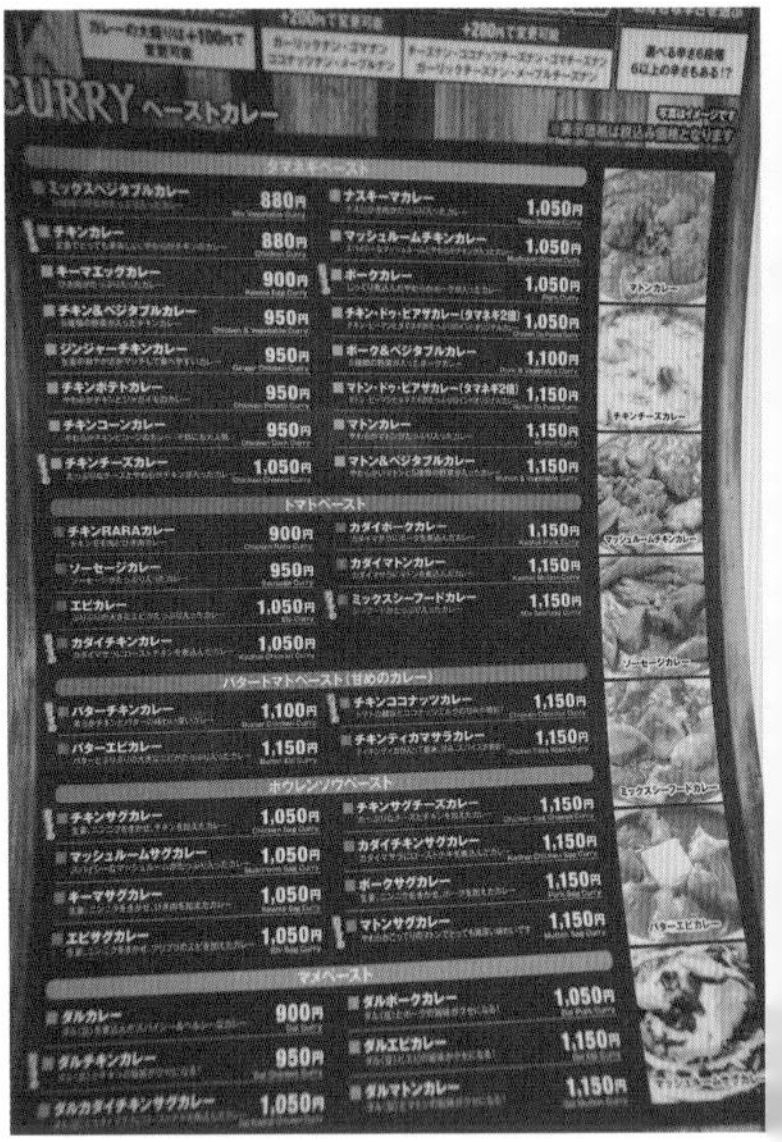

左上・岩見沢市の Diyo や小樽市銭函のスーリヤを経営するビカス・ギリ氏
左下・岩見沢市の Diyo　右・チャート式になっている Diyo のメニュー

が、本人的には必ずしも親族の敷いた安定したレールの上を走っている訳ではなく、彼によって開発された経営スタイルもあるという。例えば、Diyoの出店スタイルとして各地のイオンモール内に出店が目立つが、これなどはビカス氏によってはじめられ、後にラジャン氏らへと継承されたスタイルである。他にもメニュー・チャートだったり売れ線のメニューの開発だったりと、日々経営に向き合っている。

　こうした話を、Diyo岩見沢店でステーキ皿に乗ったアルジラとチーズカレーとチーズナンを食べながら聞かせてもらった。出店スタイルこそ先行のラジャン氏など他の親族にアイデア提供している部分もあるが、そもそもの営業スタイルはラジャン氏のはじめたスーリヤを色濃く踏襲している。もちろんお客の反応を鋭く観察しながら、具材や味付けを細かくチューニングする努力は怠らない。当初のスーリヤのメニューは基本的なひな型は踏襲されつつも、現在では全く異なるスタイルで提供されているのだ。

「しばらくメニューに置いていても、全く出ないものもあるんですよ。そういうのはすぐに削るようにして、効率的でお客様の好みが反映されるようなメニューを心がけています」

新しいコンセプトや戦略を打ち出すビカス氏やドゥルバ氏のような若くて有能な人材の存在は、コロナ禍で難しい経営を迫られるギリ一族の外食ビジネスにとり力強い光明であるに違いない。

さいはてのインド・ネパール料理店

【北限編】～稚内・根室

夏真っ盛りの東京の8月はタライ平原並みに暑い。汗腺は開きっぱなし・意識は朦朧としっぱなし。これはどこかに脱出しなければ身体に悪い。幸か不幸かコロナで海外に行けない今年（2020年）、例年ならば海外渡航で使い切ってしまう航空会社のマイルが全く減っていない。それを国内旅行に振り分ければいいのだ。行き先はもちろん、冷涼な北の大地に決まっていた。「これでつかの間、連日の酷暑ともおさらば出来る」と新千歳空港に降り立つや、東京ではついぞ感じられなかった清々しい爽やかな空気に包まれた。そうそう、これを感じたかったのだ。目を閉じて深呼吸するその安堵感はしかし、北へ北へとレンタカーを走らせるにつれて次第に不安へと変わっていく。涼しいを通り越して寒いのだ。まさか寒さまでは想定外だったため長袖すら持参していない。ことに陽が落ちたあとの夜半、あまりの寒さに外気温を測ってみるとなんと11度。東京の真冬並みの温度である。クーラーが要らないどころの話ではなくこれでは暖房が必要ではないか…。

夏ですらこのような寒さである。いわんや真冬の過酷さにおいてをや。ヒマラヤ極地をその領土に持つネパールではあっても、（ソルクーンブ地方などを除き）基本的に来日するネパール人の出身地は降雪のない（あっても少ない）温帯性気候に属する地帯が大半。決して寒さに強いという訳ではなく、むしろ北海道のような豪雪地帯には不慣れな人たちが多いはずなのだ。一体彼らは、夏ですらなお寒い環境の中でどのように商売し、生活しているのか。そもそもなぜ、このような過酷ともいえる環境を選んだのか…。

日本列島最北端のインド・ネパール料理店

北緯45度31分35秒。日本が実効支配する領域最北限に位置する自治体、稚内市。縦に長い日本列島のさいはての地であるここ稚内市にもまた、一軒のネパール人経営店が存在する。それがナマステ・ネパール稚内店である。もちろんここが、2020年現在、日本列島最北端に位置するインド・ネパール料理店であることは言うまでもない。経営するのはやはりギリ一族のクリシュナ・ギリ氏。ギリ一族とは前章で紹介した、道内一円をほぼ同族で占める華麗なる飲食ビジネス・ファミリーである。

2011年にギリ一族の先駆者、ラジャン・ギリ氏の仲介でコックとして来日したクリシュナ氏は、他の多くのギリ氏同様に小樽市銭函のスーリヤで勤務を開始した。当時既に道内に広く展

左上・日本列島最北端にあるナマステ・ネパール稚内店　右上・道北に4店展開するナマステ・ネパールの経営者、クリシュナ・ギリ氏夫妻　左下・北海道ギリー族の起点となった小樽市銭函のスーリヤ　右下・クリシュナ・ギリ氏がはじめて経営したナマステ・ネパール滝川店

開していたスーリヤだが、この時まだ一号店であるスーリヤ銭函店は日本人オーナーA氏による経営だった（2015年に経営権がA氏からビカス氏に譲渡される）。ここでしばらく経験を積んだのち、道内数か所にあるスーリヤの各店舗で経験を積んでいく。やがて滝川市のアクロスプラザという商業施設に、当初は複数人の共同経営でナマステ・ネパール滝川店をオープンさせて独立（その後滝川店は本店として場所を変え、クリシュナ氏が単独で経営権を継承して現在も営業中）。アクロスプラザは地元では知られた商業施設で、ここで当初7年間経営したことで地元での認知が高まったのだろうとクリシュナ氏は当時を振り返って分析する。

日本列島最北端の地から眺めたオホーツク海

その後も２０１３年に名寄、２０１４年に紋別、２０１５年に旭川と順調に支店を広げていき、２０１５年には日本最北端の地、稚内に店を開いた。実はクリシュナ氏は、来日前のネパール・ブトゥワル時代に兄と共に木材加工工場を経営していてビジネスのイロハは熟知していたという。このように、かつてネパールでビジネスマンだった経験を持つ人がコックのビザを得て来日、数年間の雌伏期間を経てやがて日本で再び経営者として能力を開花させていくパターンは少なくない。

しかし、そもそもなぜ、稚内に支店を持とうと思ったのか。クリシュナ氏によると、北海道で働きはじめた初期の頃から、この日本北限の地に支店を持とうと狙いを定めていたという。

「やっぱり日本の中で一番北にあるというのがイイじゃないですか。そういう誰もやっていないことをやるのが私は好きなんですよ」

と不敵に笑うクリシュナ氏からは、ギリ一族の先駆者・ラジャン・ギリ氏同様「誰もいないところで商売をしてみたい」という、にじみ出るような開拓者精神が感じられた。

本店のある滝川市を本拠としながらも、名寄、紋別、旭川、稚内という道北に位置する4支店を定期的に自家用車で巡回している。味や食材在庫のチェックから各店舗の売上金の回収、スタッフとの打ち合わせやその後の懇親、あるいは生活上の相談事に乗るなど、オーナーによる巡回・管理は不可欠だという。ちなみにこのようなこまめな巡回は、支店を持つ他の多くの全国各地のネパール人経営者も同様に行っている。やはりリモートでのコントロールは難しいのである。

ただ場所が場所だけに、この巡回はかなりの危険を伴う。夏ならまだしも厳冬期の道北エリアの運転など、地元の道民ですら尻込みするほどだ。ホワイトアウトした道でスリップして対向車線側のガードレールからはみ出し、たまたま屹立していた大木に激突して引っ掛からなかったらあわや崖に落下して…という大事故も数年前に経験したという。

「雪道なんか運転するのも北海道に来てから。ネパールでは雪道なんか運転しませんよ。でも車が大破するような事故を経験して度胸がついたというか（笑）。もう今ではすっかり慣れました」

また冬季の営業は常に暖房を回しているため内地よりも灯油代がかかる。スタッドレスタイヤへの履き替えも含め、何かと経費がかかるのだ。しかしそれでも都市部で営業するより道北の地がいいという。

「この自然がいいんですよ。はじめて滝川に来た時、ちょうど菜の花の咲く頃でね。ネパールでも春先は菜の花が綺麗ですが、こういう景色がネパールに似てすごくいいなと思って（滝川市は日本一の菜の花畑を謳い文句にした、たきかわ菜の花まつりで有名）」

そもそも日本のような遠い異国に徒手空拳で渡ってくるネパール人にとって、札幌で経営しようと稚内で経営しようと物理的な距離感の差異は五十歩百歩でしかない。しかし生まれ育った山村風景に近いかどうかの心理的な距離感の差異は、個人差はあるが埋められないらしい。稚内に限らず、日本各地には「一体、なぜこんなところに？」といぶかってしまう場で店を経営するネパール人がいるが、その理由は過酷とすら感じられる大自然との一体感なのかもしれない。

さいはての地の諸問題

最北端の地ならではの悩みは何も冬の寒さだけではない。基本的にネパール人コックは家族滞在ビザで奥さんを呼び寄せて共稼ぎすることが多い。というよりもむしろ、奥さんが稼ぎだすコンビニなど大手日本企業の安定した時給をメインの収入にし、旦那であるコックはむしろ家族滞在ビザを発給するためのダミーのような存在である事がままある。その場合、都市部ならば奥さんのバイト先には事欠かないが、道北の小さな町ではそれがない。共稼ぎを勤務の前提とするコ

左上・ナマステ・ネパールで提供されているスープカレー　右上・ナマステ・ネパール紋別店　左下・ナマステ・ネパール紋別店のスタッフ　右下・ナマステ・ネパール稚内店のスタッフとクリシュナ氏

ックにはこれが大きなネックとなるのだ。仮に奥さんだけが別に部屋を借りて都市部で働いたとしても、住居費などの経費が余分にかかる。このためせっかく新規に働くコックが見つかっても、これが理由で辞めていく人が後を絶たないという。このような条件では、結局ネパール人が集まる場所は東京、名古屋、福岡といった都市部ということになる。

また都市部なら多くの友人同胞に囲まれた生活が出来るが、辺境の地にはそれがない。特にナマステ・ネパール紋別店で勤務するコックさんに聞くと、紋別に住んでいる同胞は彼ら二人だけだという。人との密なコミュニケーションが主流の村落社会を主な出身地とする多くのネパール人にとって、こうした孤独感は来日前には経験しなかったものだろう。

もちろん経営者であるクリシュナ氏の側も何も手を打っていない訳ではない。スタッフの孤立化・孤独化を避けるべく、例えば稚内店には近くの大学に通うわずかなネパール人留学生に声をかけ、店内で小さなイベントなどを催して学生とコックの交流をさせたり、時々支店間のコックたちを交代させたりと職場環境にはかなり気を遣っている。都市部なら辞めればいくらでも代わりのコックは見つかるだろうが、このようなさいはての地ではそれも難しい。最北端は最北端なりにいろいろと気苦労が多いのだ。

ちなみにナマステ・ネパールのメニューは、クリシュナ氏が最初に勤務したスーリヤのそれを踏襲した割とオーソドックスなもので、中にはもちろんスープカレーもある。クリシュナ氏いわく、ネパールにはスープカレーそのものが存在しないが、スーリヤで習得した味をさらに改良して提供しているという。

稚内店勤務のコックさんがデリーの名店モーティー・マハルにかつて勤務していたり、紋別店でも長くドバイで腕を振るっていたコックさんがいて、マンディなんかの中東料理も熟知していたりと、意外といっては失礼ながら技術レベルは非常に高い。仕込み準備中の朝に訪問した時にコックさんたちが何気なく淹れてくれたチャーエ（チヤに非ず）も驚くほど美味かった。

日本列島最東端のインド・ネパール料理店

日本列島最北端のネパール料理店に到達したならば、続いて訪問したくなるのが最東端となるのは自然の摂理。道中に林立する「北方領土返還」の物々しい看板をかき分けて、千島列島を間近に見据える根室市のカトマンズダイニングこそが目指す店である。

根室に到着し駅前をふらり歩いてみたが、以前は外国人観光客も含めてにぎわっていたという界隈もコロナの影響で客足は激減。夕刻ともなると早じまいしてしまう店が多く、19時を過ぎる頃には名物の茹で花咲ガニ屋はおろか食べ物屋のほとんどは閉店してしまう。駅前とはいえ周囲にはコンビニすらなく寂しい限りである。

そんな中で煌々と灯かりをともし、夜遅くまでやっている心強い存在がカトマンズダイニング。店内は意外にも、主に観光客風の人々でにぎわいを見せている。もちろんインドカレーが食べたいからという積極的理由で訪れる客もいるのだろうが、中には他に食べる場所がないからという消極的な理由で訪れる客も少なくなさそうだ。特に土日祝日には、居抜き前の寿司屋の姿を色濃く残す小さな店内がほぼ満席になるから驚かされる。コロナ禍で地元の店が何かにつけて早じまいしたり休みがちな中、田舎特有の同調圧力とは無縁に一人営業するインド・ネパール料理店の存在は心強いばかりでなく、もはやある種の社会インフラ化していると言っても過言ではない。

あえて客の少ない時間を狙って昼遅くに訪問し、オーナーのディーパク（クンワル・ディル・バハドゥル）氏とネパール料理談義をしているうちに興が乗ったのか、頼んだナンとマトンカレーを食べている私に向かって

「よし、そんならインド料理じゃなく本格的なネパール料理を食べさせてやるよ。材料だってあるんだから。夜もう一度食べに来なさいよ。どうせこの辺りじゃ他に食べるところなんか無いんだし」

と心強く言ってくれた。

まだネパールらしい料理が国内ではなかなか食べられなかった頃、親しくなった店のオーナーに頼んでそれらしい料理を作ってもらっていたことが幾度かあった。イメージと若干異なる仕上がりに戸惑いつつも、結局は食べてそこそこ美味いし、まあこんなものかと納得していた。ネパール料理の看板を掲げる店が目立つようになった昨今ではそのようなリクエストをすることもなくなったが、ふとそんな当時の思い出がよみがえる。

夜。泊っているボロ宿を出て、オホーツク海からの冷たい夜風に吹かれながら閑散とした街を歩き、19時ぐらいに入店する。寿司屋時代のままのカウンター席に座ってチビチビとビールを飲みながら待つが、昼の静けさとは打って変わり店内は見事に満席で、様々な客層から注文が矢継ぎ早に入っている。厨房のディーパク氏はというと、正に忙殺という言葉を絵で描いたように鍋やフライパンを慌ただしく振っている。

左上・日本列島最東端にあるカトマンズダイニング　右上・カトマンズダイニングを経営するディーパク氏はギリー族の外戚関係　左下・網走市のビスターレビスターレ　右下・旭川市の Aaha

もちろん氏の作るネパール料理は純然たる好意であるため急かすわけにもいかない。なんせ調理はディーパク氏一人で担当しているのだ。1時間過ぎ、2時間が過ぎる。時々気を遣って「これでも食べてて」と出してくれるムラ・コ・アッァール（大根の漬け物）などをアテに、飲み干す瓶ビールの本数だけが増えていく。しかしこうやって時間を過ごすのもネパール的な感じがして悪くない。

結局、全ての客が退店した22時過ぎになってようやく待ちに待ったダルバートがサーブされた。夏でも寒いさいはての地でいただく温かいダルバートは、ほとんどビールだけしか入れてない空きっ腹とも相まってひときわ美味しく感じられた。

カトマンズダイニングのディーパク氏が作ってくれたダルバート

食後、仕事を終えたディーパク氏と酒を酌み交わしながら話の続きをする。インドや中東でも勤務経験のあるディーパク氏は当初札幌市内の日本人経営店に招聘されて来日、その後網走市に本店のあるビスターレビスターレに勤務する。ビスターレビスターレは一時期道内だけでなく東京にも店舗拡大、また現在もネパール国内で富裕層向きに「北海道ラーメン」の店を立ち上げるなど当時から多角的な経営をし、現在も道内で9店舗を持つ。代表のアルジュン・アディカリ氏は、一時期は北海道NRNA(在外ネパール人協会)の支部長を務めたり、地元の市議や財界人などを連れてネパールに経済視察に赴いたりと、ギリ一族の牙城ともいえる北海道の中で唯一互角に渡り合ってきたギリ氏族以外のネパール人でもある。

そんな最盛期のビスターレビスターレに勤務していたディーパク氏だが、しばらくしてそこを辞め、旭川市で友人のネウパネ氏（現在も旭川市でAahaを経営）とインド料理店を共同経営する形で独立。この旭川市に作った店の支店として2014年には根室市に進出。これが現在のカトマンズダイニングである。なお、ディーパク氏自身は前章で紹介したギリ一族とは血縁ではないチェトリ族の出だが、彼の奥さんがギリ一族に連なっている。つまりディーパク氏もまたギリ一族とは姻戚関係にあるのである。北海道におけるギリ一族の盤石ぶりには驚くばかりだ。

現在旭川の店舗は閉め、共同経営も解消してこの根室のカトマンズダイニングのみ経営しているという。奥さんは働き口の多い旭川市に残り、根室へはディーパク氏が単身赴任という状態。ナンカレーが主体の同店だが、気が向くとオーナーシェフの一人店という身軽さでこの日いただいたようなネパール式ダルバートを出せる訳である（店はディーパク氏の他、日本人のパートさんがホール係として手際よく切り盛りされている）。8月なのに寒冷な日本列島最東端の地で、閉店後の客の引いたカウンターに座りオーナーが語るよもやま話に耳を傾けながらいただく湯気の立つダルバートは、心温まる、いつまでも記憶に残る味だった。

みちのくインネパ雪景色
～秋田・青森・気仙沼

インド食器屋という商売をやっていると、全国のインド・ネパール料理店店主たちから注文が入る。その多くは関東や東海で店舗を持つ者たちだが、わずかながら東北地方からも電話が入る事がある。そのわずかな東北のネパール人経営者との会話の中で、さらにわずかに東北訛りを感じさせる人がいる。ここ最近は日本語学校出のネパール人経営者が増えているため、皆アクセントの平板な標準語を話すようになってはいるものの、中には方言という目に見えない地方文化を継承しているネパール人がいるのである。その訛りの裏に、日本語学校を介さずに地元民とのコミュニケーションによって言葉を習得したその人の人生が感じられる。商談後の余韻を残すスマホを握りしめながら、しばれる冬の東北地方のネパール人にしばし思いを馳せてみる。

東北地方の冬は長い。曇天からしんしんと降り積る重い雪は、降雪の無い地域から来たほとんどのネパール人にとって不慣れで過酷なものである。ドカ雪が降った翌朝には店の前の除雪作業に追われる。有料の除雪業者に依頼しなければならない豪雪地帯すらある。灯油ストーブも常時点火していなければならない。移動手段としての車は必須だが、それもタイヤを冬仕様にする必要がある。暖かい地域に比べて何かと費用がかさむのである。

それでも東北地方に根を下ろし生活しているネパール人は少なくない。彼らが一体、なぜ東北の地を選び、どのように生きているのか。排他的なイメージのある地方の村社会とどう折り合いをつけているのか。そんな理由が知りたくて、残雪深く、春まだ遠い三月の東北の地を食紀行した。

カタール式の高級ビリヤニ

秋田県横手市は国内有数の豪雪地帯として知られる。早春3月、既に春の陽気に包まれた仙台市あたりから北西に向かって車を走らせていると、奥羽山脈を越えたあたりで風景はガラリと表情を変える。カレンダーを数か月巻き戻したかのように、一面深い雪に覆われているのだ。奥羽山脈は青森県・夏泊半島から福島・栃木県境の帝釈山地に至る、南北500キロに渡って縦断する東北を象徴する分水嶺だが、太平洋側と日本海側がかくも表情が異なる事に驚く。一面の平原に点在する家屋も、積った雪でまるでかまくらのような形をしている。

秋田県横手市にあるビシュヌ横手店もまた、そんな雪深い一帯にある店である。雪とは無縁の、ネパール・ブトゥワル出身の、店名と同じビシュヌ・プラサード・ギャワリ氏がオーナーを務めるこの店とその知られざる中古車ビジネスについては「新潟・山形・秋田」の章で詳しく紹介しているのでそちらを参照していただきたい。ここで紹介するのは横手に比べると残雪の少ない潟上市天王にある支店、ビシュヌ天王店を一人で切り盛りする、ネパール人離れした肥満体を誇る若きコック、レーシャム君の事である。

ビシュヌ天王店は比較的交通量の多い、上下2車線の国道101号線沿いに位置する。富山県の国道8号線沿いに点在するパキスタン料理店をイメージしていただくと分かりやすい。年季の入った、元ドライブイン居抜き風の外観と、未舗装のだだっ広い駐車スペースは正に富山のパキスタン料理店を彷彿とさせる。それも単にたたずまいだけが似ている訳ではない。実際に建物の裏手は中古車置き場も兼ねていて、年季の入ったトラックなどが無造作に置かれていたりする。つまり飲食店兼中古車置き場という、物件の使い方までが同じなのだ。

富山や新潟に行くと、主に1980年代後半に進出してきたパキスタン人らによってはじめられた中古車輸出業が今も見られる。田んぼが広がる平野部を走る国道沿いに、英語やロシア語で書かれた看板と、数台の中古車が並べられた「ショールーム」が点在する。北陸同様、日本海側の秋田や青森といった東北の地にもパキスタン人中古車業者らの事務所やマスジドがある事は『日本の中のインド亜大陸食紀行』にも紹介した通りである。そうした主流派であるパキスタン人中古車業者とは別に、ネパール人中古車業者が新潟・東港を中心に存在し、東北各地にも派生的に広がっている。

ビシュヌの横手本店は２０１５年に、潟上店は２０１８年の年末にオープンした。夜更けに潟上店を訪問すると、煌々と灯かりのともる店内には人のよさそうな太ったコックの若者が一人で番をしていた。まだあまり日本語が出来ないというレーシャム君は、インドのパンジャーブで生まれ育った。パスポート上の国籍はネパールなのだが、このようにインドで生まれ育ったネパール人はデリーなどの都市部だけでなくハリヤナ州やパンジャーブ州にもいる。出生地主義を採っていたインドでは、２００4年まで役所に出生申請すればインドのパスポートが取得出来たのである。

若干28歳というレーシャム君の経歴を聞き、誰もいない店内で一人驚いた。カタールのドーハを中心に7店舗展開するRoyal Tandoorという、インド人とカタール人共同出資のかなり大きな店でメインシェフを務めていたというのだ。実際に大きく豪華な店内で大勢のスタッフに囲まれている写真や、後輩を指導している動画などを自慢げに見せてくれた。産油国のインドレストラン出身を自称するネパール人コックは多いが、ここまで格式高い店で重要ポジションを任された人材は希少なのではないか。そんな輝かしい経歴を持つ彼がなぜ、片田舎の小さな居抜き店にいるのか。ガランと殺風景で寒々しい秋田の片田舎の店内と、シャンデリアのぶら下がるきらびやかなドーハの店とのあまりのギャップに驚きつつ、中東風の料理を探してメニューからビリヤニを選んだ。

ほどなくして登場したそれは、確かに日本のネパール人店でよく見かける炒め式で作られた、

左上・春三月の秋田県横手市。道の両サイドにはうず高い残雪が
左下・中東ドーハ仕込みの偽ビリヤニ
右・ビシュヌ天王店を一人で切り盛りするレーシャム君

一部の業界関係者の間では「偽ビリヤニ」などと口さがない言われようをするタイプのビリヤニだった。しかしそれは彼本来の技量によるものというより、あえて店内設置されたメニュー写真に寄せた仕上がりにしているのが分かった。よく見るとレイヤーで色付けされた米や具材の錬成度といった中に隠しきれない本場感がにじみ出ていて味も悪くない。

メニューの「偽ビリヤニ」に寄せようとしても、知らず知らず中東の大都市で振るってきた辣腕が顔を覗かせてしまう。マニアの間ではその製法のみが正誤の論議の俎上に乗りがちなビリヤニだが、前から店に置いてあるメニュー写真の中の、いわゆるニセモノと称される炒めビリヤニにあえて寄せて提供するというのも一つの大いなるプロの仕事なのではないかと食べながら納得した。日本海の寒い夜風がガラス窓を揺らす店内で食べるビリヤニは、気のせいかそこはかとない中東ドーハの味がした。

いぶりがっこチーズナン

秋田県内で中古車関連を生業としているネパール人は横手市ビシュヌの経営者だけではない。大仙市にあるスパイスカリーハウスDiyoの女性オーナー、パルミラ・ディタルさんの夫もまた現役で中古車関連をメインの業務としている。グルミ出身で来日後、東京で学生生活を送っていたパルミラさんの夫は卒業後、新潟の中古車業者の元に就職。東京事務所などで勤務した後、約7年前には秋田市内の事務所に異動。家族滞在で来日したパルミラさんも三人の子供と共に秋田の地を踏んだ。

秋田市に2年滞在した後、今度は勤務先の辞令で大仙市に異動となった。そこでしばらく勤務後、満を持して独立開業。弟らと共に中古車関連業の事務所を開設した。この時ももちろんパルミラさんと三人の子供は一緒だった。ネパール人はおろか日本人の知人すら誰一人いない東北の地で、小さな子供を三人抱えていたパルミラさんを支えるかのように、子供の保育園や学校を通じたママ友の輪が次第に周囲に形成されていく。ある時そんなママ友の集まりに招かれてネパール風のカレーを出したところ好評を博し、ならば日ごろお世話になっているもっと多くのママ友にも味わってもらいたいと、元寿司屋の居抜き物件を2016年に取得。改装して本格的にレストランをはじめた。

飲食業が初めてだったパルミラさんは調理担当のネパール人コックを招聘するも、彼らは皆長く居つかなかった。ネパール人コックは一般的に家族滞在で呼び寄せられる妻を帯同しているケースが多く、自らの働き口と同じかそれ以上に妻の働き口を重視する。コンビニや弁当工場など周囲に思うような妻の働き口がない場合、コックとしての働き口を辞してしまうケースが多々あるのだ。この代替策として、ここ数年ネパール人ではなくインド人コックを雇用するのがネパール人オーナーの間でトレンドとなっている。家族観や女性観の違いからか、仮に妻帯者であってもネパール人のように妻を帯同する事なく単身赴任するケースがインド人コックの場合は多い。ここ数年、都市部であらかた飽和状態となったインド・ネパール料理店での過当競争を避け、過疎地や非商業地区のような場所に出店する傾向があるが、問題となるのがネパール人コックの確保である。そこで補充される人材がインド人コックなのである。パルミラさんのDiyoでも二人の単身赴任のインド人コックが働いている。

メニューを開くと「いぶりがっこチーズナン」というご当地風料理があり思わず注文。秋田名産の燻製漬け物、いぶりがっこなる食べ物をこの日私は初めて口にした。パルミラさんによるともちろん仕入れ先は地元の生産者で、在庫が無くなるとすぐに配達に来てくれるという。日本の食生活全集秋田編集委員会『聞き書　秋田の食事』（農山漁村文化協会）によると、秋田県南部

左上・大仙市のスパイスカリーハウス Diyo
左下・Diyo のいぶりがっこチーズナンとチキンチーズカレー
右・Diyo のオーナー、パルミラ・ディタルさん

では元来漬け物の事を「がっこ」と呼ぶ。「がっこ」は様々な野菜で作られるが、特に大根を囲炉裏の火でいぶり干しにして糠漬けにしたものを「いぶりがっこ」と呼び秋田の漬け物では横綱との事である。確かにいぶりがっこのポリポリした歯触りとたっぷりのチーズが絶妙にマッチして美味い。

その他、おそらくインド料理の固定概念にとらわれていないママ友たちの助言でメニュー化したであろうメイプルチーズやチョコチーズといったファンシーなナンが並ぶのも楽しい。これら概念外のアイデアを素直に受け入れるのは、ネパール人であるパルミラさん自身もまたいい意味でインド料理への固定概念を持っていないからでもある。

必ずしも飲食店の条件として恵まれていない、宅地の奥まった立地。それも平日の午後の遅い時間帯にもかかわらず、訪問時の店内は地元の女性客で賑わっていた。しかし心配事がない訳ではない。実は近くの大曲市のイオンモール内に、秋田市のパキスタン料理店デラが２０２０年12月から支店を出し進出してきたのだという。

「やっぱしおんなじカレーとナンの店だがら、気になって一度イオンに食べに行ったんです。すたども周りのお母さんがたが『大丈夫だ、味ならアンタんとこ負けてねェよ』って言ってくれてね。それ聞いてちょっと安心しました」

そう微笑むパルミラさんの言葉の端々に味のある秋田訛りが混じる。それは雪深い東北の地で結ばれた、地元のママ友たちとの交流の深さを物語っている。

点在する老舗群

先駆的に都市部でインド料理店をはじめた日本人やインド人が、ネパール人をコックとして当初雇用し、そこからやがて独立したネパール人が全国に拡散する、というのが一般的に見られるインド・ネパール料理店の発生・発展の傾向である。もちろん東北もその例外ではない。

例えば秋田市で古くから経営されているインド料理店ピーコックは日本人オーナーであるし、また現在弘前市高崎のタンドールが入っている店舗には、元々、青森を拠点に活動していたイラ

左上・青森市のタージ　右上・弘前市タンドールのオーナー、バビンドラ・チョカル氏　左下・タンドールで提供されているスープカレー　右下・深い雪に囲まれる黒石市のポカラダイニング

ン人タレント、マジド・シャイエステ氏が2002年から経営するダルビッシュという店が入っていた。ダルビッシュにはイラン風の大きなタンドールがあったといい、それが現在も継承されて店名にもなっている。ちなみにダルビッシュはトマトソースのチキンカレーが有名で、商品化されて大手コンビニの青森・岩手地区で販売されていた事もある。

　ダルビッシュ閉業後はネパール人オーナーが入居し、さらに2010年頃からカンティプールという店が入った。オーナーのヤム・バハドゥール・タパ氏はほぼ同時期に青森市にタージという系列店を開設。このタージは現在も弟さんが店長となって経営中である。アルファベット表記がTAJではなくTAJIという誤表

左・ポカラダイニングの店長、スマン・ギリ氏
右・黒石市ポカラダイニングで提供されているスープカレー

記からネパール人オーナーではと推察したらビンゴだった。このタージは中心部にあり立地も良いせいか、平日昼の早い時間から老若男女様々な客層がひっきりなしに訪れる繁盛店なのには驚いた。

さて、話は戻って弘前市のタンドール。2015年から経営しているという広い店内には、灯油ファンヒーターが2台も稼働している。エアコン代より安いからと笑うオーナーのバビンドラ・チョカル氏を前にメニューを繰っていると、そこだけ浮き上がるように北海道風のスープカレーが載っていた。

「インドカレーだけじゃなくて、ちょっとくらい新しい料理も出さないとと思って。5か月ほど前からメニューに載せてるんです。こういうスープっぽいのはネパールにもあるから、作るのも難しくないしね」

とチョカル氏ははにかむ。しかし実際のところは、近くに出来たある店の影響が強いのではないかと私は思った。隣接する黒石市に出来たポカラダイニングで2021年から店長となったスマン・ギリ氏らとタンドールのチョカル氏は親しく、互いの店は少し離れているのに昨夜も一緒に飲んだという間柄なのだ。このギリ氏は北海道で繁栄するインド・ネパール料理店一族に連なる家系である。北海道のギリ一族の店ではスープカレーが人気メニューの一つとなっていて、それが黒石市の店にも継承されている。店に出入りするうちに、ギリ一族とは無関係のチョカル氏も影響されてスープカレーを出すようになる。このようにしてネパール人の間で新しいメニューが伝播していくのだろう。その貴重な伝播過程に立ち会った気がして、無意識のうちに私はスープカレーを注文していた。

越境するギリ一族とその商法

さて、そのギリ一族である。かつて昭和の時代、満蒙開拓団や南米移民として大いなる希望を胸に新天地を求めて海外雄飛した日本人のように、2000年代に北海道の地で繁栄の極みに君臨したギリ一族が、やがて新天地を求めてノアの箱舟に乗って津軽海峡を渡る。かように人類の歴史とは繰り返されるものである。

ギリ一族による南進は2014年、道南を中心にルンビニグループを率いていたビシュヌ・ギリ氏によってその端緒が開かれた。ビシュヌ氏は青森市をはじめ五所川原市、黒石市、弘前市といった青森県内各所にルンビニフードカフェを相次いでオープンさせていく。しかし道内での事業が忙しくなったためか、どの店舗も3～4年のスパンで経営から手を引き、同じ道内のギリ一族や雇用していた元スタッフらに引き渡されていく。黒石市の物件は旭川市を拠点とするラジャン・ギリ氏のポカラダイニングへ、青森市東造道の物件は札幌市を拠点とするオンカル・ギリ氏のビハニ青森店へ。ビシュヌ氏が十和田市に出した店はビハニ十和田店として一旦オンカル氏の手に渡り、現在はスラジ・ギリ氏によって経営されている。また、むつ市の物件はビシュヌ氏の店で働いていたスタッフのC・P・プラサド氏へと譲渡されDiyoむつ店と店名変更。また秋田県鹿角市の物件も同様にDiyo鹿角店としてプラサド氏が経営している。また、ラジャン・ギリ氏に譲渡されたポカラダイニングは同店の店長だったスマン・ギリ氏へ、オンカル・ギリ氏のビハニはチラン・ギリ氏へ。C・P・プラサド氏のDiyoは小樽市銭函のビシュヌ・ギリ氏に渡った後、さらにスレシュ・ギリ／ニル・ギリ夫婦へと短期間で目まぐるしく一族の間でオーナーチェンジがなされている。これもまたギリ一族特有の商法なのだろう。

そのパターンとしては、最初の数年間店長として勤務していた調理スタッフ（多くはギリ氏の親族）が本社から経営権を有償譲渡され、継承する形で経営者として独立していく形が多い。あたかもフランチャイズのような仕組みで店舗数を増やしていくが、たとえ同じ店名であっても微妙にロゴを変えていたり、店名そのものを変えてしまう場合もある。この辺の判断は譲渡される側にゆだねられるらしい。店名が変わってしまうと譲渡前の店との関連性が見えづらくなるが、ポイントカードが旧店のままだったり、メニューの傾向や辛さ指数表、前菜の内容といった店のベーシックな部分に共通項が多いため、仮に新入りのコックが店の成り立ちを知らない場合で

左上・Diyo 鹿角店　右上・ビハニ青森店　下・ビハニ十和田店
右下・青森県の陸奥湾に浮かぶ島

も、この手の「痕跡」から「逆探知」するのはさして難しくはない。

　下北半島の先端に位置する青森県むつ市にあるDiyoむつ店のオーナー、スレシュ・ギリ夫婦もまた比較的最近になって経営権を取得した人たちである。彼らももちろんギリ一族で、妻であるニル・ギリさんの方が、小樽市銭函に本店を置くDiyoオーナーのビシュヌ・ギリ氏の血縁であるとの事。むつ市に来る前は北海道のDiyo系列店で働いていた。

　稚内市にあるナマステ・ネパールの例でも見たように、味や従業員の様子見のためギリ一族はオーナー自ら車を運転し、定期的に支店回りしているのが慣例だが、距離的に近いとはいえ小樽市銭函の本店からわざわざオーナーが海を越え

左・むつ市の Diyo むつ店
右・Diyo むつ店のオーナー、スレシュ・ギリ夫婦

て味のチェックに来るのかと聞けばもちろんそんな事はなく、不定期に宅配便で料理を送っていたという。それでも真面目に味のチェックは欠かさない真摯さに、辺境ともいえるような場所でも経営を続けて行く事の出来る理由を見た気がした。

「オーナーも身内ですけど、ちゃんとOKがもらえるか、結構ドッキドキするもんなんすョ」

と屈託なく笑う女将のニルさんの話す津軽訛りが耳に心地よい。日本語学校に通って頭で覚えたものではではなく、働きながら体で覚えた日本語である事がよく分かる。彼ら以外ネパール人のいないむつ市にあって、言葉は生活必需品というより武器そのものである。

夫婦は2020年に経営権を譲渡されてオーナーとなった。看板はまだDiyoのままだが、今後変えるかもしれない。しかし彼らにとって看板や店名といった非本質的な事はどうでもいいのかもしれない。津軽訛りが染みつくほど地に足のついたニルさんたちのインド料理をもう一皿食べたくなった。

東日本大震災とコロナ禍

東北を語る上で決して忘れてはならないのが2011年3月11日に発生した東日本大震災である。罹災した多くの商店の中に、宮城県気仙沼市のインド・ネパール料理レストランイエティもあった。

イエティは山岳関係でネパールにゆかりの深い小野さんが経営する日本人オーナー店で、開業は2008年。隣にはやはりネパールをイメージさせる山道具などを販売するアウトドア用品店が併設されている。

現在、イエティの店長として働くK・C氏は来日当初、高田馬場のマヤで働いていた。マヤはタカリー族のカビター夫妻が経営する店だが、同じタカリー族でカビター夫妻とも親族関係にあるトラチャン夫妻がイエティ勤務のため招聘され、関係のあったK・C氏も気仙沼で働く事となった。

当時既に日本語が堪能だったトラチャン氏が接客を主導、またメニュー作成なども率先して行った。かつてのメニューの一部にチベット系のものもあったのは、チベット文化に近いタカリー族であるトラチャン氏の発案だろう。一方K・C氏はもっぱら厨房作業に従事し、接客対応する事などほとんどなかったという。仙台市を除き、気仙沼市内はおろか近隣の市町村にもナンが食べられるインドカレーの店が無かった事から繁盛し、常連客もついて店の経営は軌道に乗った。そして、その日が来る。

K・C氏はその日非番だったため、友人の住む埼玉に遊びに行っていた。埼玉でも強烈な揺れは感じたが、その後すぐ津波のニュースが入ってきた。勤務先であるイエティが津波に呑まれ、戻る場所を失ったK・C氏は埼玉の友人宅に身を寄せて生活していたという。一方、気仙沼にいたトラチャン氏夫婦は自治体が準備した学校の体育館で避難生活を余儀なくされた。異国の空の下、余震も続く中で隣の福島県では原発事故まで発生。携帯電話もつながらず同胞にも連絡が取れない状況の中、日本語堪能で楽天的なトラチャン氏といえど、さすがに不安な毎日を体育館の片隅で送っていた。

やがてトラチャン氏は親族であるマヤのカビター夫妻のサポートもあり、東京に戻り被災者用住宅に安住の地を得る。その間、気仙沼では店内に流れ込んだ大量の土砂の排出作業がボランティアらの尽力もあって懸命に進められ、同年8月にはイエティは仮営業が出来るまでにいたる。そこに呼び戻されたのがK・C氏だった。かなり迷いながらも意を決して再び気仙沼に戻ってみると、がれきや土砂、流木がまだまだ散乱し、打ち上げられた魚介類が炎天下によって腐敗した臭いも辺りに充満していたという。ちなみにトラチャン氏夫婦は戻らなかった。

復興に向けて進む気仙沼の地で、今度は店長として働く事になったK・C氏を悩ませたのが言葉の問題だった。無口な性格のK・C氏は当初、お客に向かって「いらっしゃいませ」を言う事すら恥ずかしく赤面するほどだったという。しかし日本語が堪能で接客上手だったトラチャン氏

左・イエティのK.C氏　右・気仙沼市のイエティ

不在の今、他に誰も頼る人は居ない。客の発する耳慣れない日本語を伝票の裏にそっとメモし、閉店後の深夜の店内で一人黙々とネットで調べるといった涙ぐましい努力を重ね、少しずつ語彙力を上げていく。その不断の努力の結果、今では込み入った会話も不自由なくこなすまでに至っている。

　復興に従って徐々に客足が戻りつつあった２０２０年、今度はコロナがイエティを襲う。営業時間を短縮したり提供メニューを調整したりしながら、先行きの見えないコロナ禍の行く末をただ一人案じるしかなかった。実は東日本大震災直後の２０１５年にはマグニチュード７・８の巨大地震が今度はネパールで発生し、不運にもＫ・Ｃ氏の実家も罹災した。Ｋ・Ｃ氏は日ネ両国で発生した二つの巨大地震になんとダブルで見舞われているのだ。

「仕方ないけど、頑張っていればまたいつかイイコトあるから」

　身寄りのない異国の小さな漁港町で、復興していく様を一人つぶさに見てきたＫ・Ｃ氏。幾度も過酷な試練を乗り越えてきた彼だからこそつぶやける、その言葉は短いが力強い。

岐路に立つ北の学生街

～仙台

東北地方随一の街、仙台市の中心に位置する仙台駅。その東口一帯は継続的に再開発が進められていて、商業施設だけでなく専門学校や日本語学校も多く集まる。車道も歩道も広いこの一帯を、横並びに広がって談笑しながら自転車に乗った多くのネパール人たちとすれ違った面影は今や昔。前作『日本の中のインド亜大陸食紀行』で紹介した、ネパール人学生で賑わう姿はそこにはない。ここ数年の、特にネパール人を狙い撃ちしたかのようなビザ取得要件の厳格化の傾向にコロナ禍が追い打ちをかけ、街ゆくネパール人の姿を仙台ではほとんど見かけなくなってしまった。

これはネパール人留学生を多く抱える地域で共通する光景なのかもしれない。前後左右から聞こえてくる若者たちのネパール語に耳をそばだたせ、その内容を盗み聞き出来るほどだったかつての学生街の雑踏は失われてしまった。ただ仙台駅東口の場合、建物の密集のない、駐車場の多いだだっ広い都会の風景が、閑散度合いをより強く見せているのである。ダルバートを求めて何台もの自転車が停まっていた店を昼時訪問しても、客もなく、そもそもネパール料理自体を辞めてしまったところもある。ネパール人留学生バブルは終焉してしまったのだろうか。

学生を中心としたネパール人街の何が変わり、何が変わらないままでいるのか。ほんの数年間で街は様変わりしてしまったような印象を受ける仙台駅東口周辺一帯を、食紀行を兼ねた調査をしてみた。

モモにまつわるエトセトラ

若林区で創業8年になる食材店ニネル・ショッピングストアでは、スパイスや調理器具などが店内狭しと陳列された片隅で、一皿500円のモモが売られている。早めの時間帯に行くと店のチーフであるスニタさん、サブチーフであるアニルさんがミンチにした鶏肉を、マイダを捏ねたお手製の皮で包むモモ作り作業に出くわすことが出来る。近くの学校からは時々出前の注文が入る事もあり、そんな時は二人がかりで手早く作った皮にモモを包んでいて、包みたての蒸したては昼食前の空いた小腹を小気味よく満たしてくれる。ティル（ゴマ）、ゴルベラ（トマト）、チリの3種のソースをセルフで好きなだけかけられるのもいい。

この雑然とした雰囲気の中で食べるモモこそ、ネパール本来のカジャガルの正しいあり方である。新大久保ネパール料理店の嚆矢となったMOMOも、初期は食材屋兼モモを食べさせるカ

左・ニネル・ショッピングストア内でイートイン出来るモモ
右・モモ一皿 500 円の看板

ジャガルとしてスタートした。もちろんこのスタイルは、ネパール本国のそれを踏襲したものである。

カジャガルとはカジャ（軽食）を食べさせるガル（館）を意味する。カジャはカナ（炊いたご飯とおかずで構成されるメインの食事）に該当しない食事の総称で、チウラ（押し米）に簡単な肉料理を付けたものもカジャの範疇に入る他、祝い事で食べられるセル・ロティ（米粉生地をドーナツ状に揚げたパン）、チャウミン（またはチョウメン。ネパールでローカライズされた焼きそば）やワイワイ（ネパールでは麺全般を「チャウチャウ」と称するが、中でも最大のシェアを誇るChaudhary Group社によるインスタント麺「ワイワイ」が有名で、チャウ

カトマンズ市内のタメル地区北側にある New Everest Momo Center

チャウの代名詞的に使われている）もカジャの範疇である。

しかし何といってもカジャの筆頭はモモで、ネパール国内では店頭に湯気の立つ巨大なバーロ（モモ用の蒸し器）を出すのがカジャガルとしての看板替わりにもなる。カトマンズの街中では、正確な統計はないがカナを出す食堂よりカジャガルの方が圧倒的に多い。カジャだけを単体で出す店もあるが、食材などの生活雑貨を置く店がカジャを出していたり、夜になれば酒と共に食べさせる店もある。屋台感覚で小腹が減った時にふらりと立ち寄り一皿つまむ、というのがカジャガルの「正しい」あり方なのだ。人気のあるモモに特化した専門店も少なくなく、中でもカトマンズ市内のタメル地区北側にあるNew Everest Momo Centerは有名で、ゴマベースの白いスープに浸された熱々モモをハフハフ言いながら食べている若者で常時にぎわっている。

このカジャガルという業態はネワール族によって経営されている事が圧倒的に多い。このためモモをネワール族がはじめた料理、と誤認しているネパール人も少なくない。しかしレイチェル・ローダン『料理と帝国―食文化の世界史 紀元前2万年から現代まで』（みすず書房）によれば、「詰めものをして茹でたダンプリング（まんじゅう）」が中国の揚子江流域で生まれ、やがてモンゴル帝国の拡大と共に世界中に拡散した事が記されている。この「ダンプリング」がチベットを経由してネパールへと入り、本格的な軽食料理として外食店メニュー化されたのは比較的最近の事とされる。

なぜネワール族は自らの食文化とモモを結びつけるのか。元来ネワール族の間にはヨマリという、米粉の皮で赤糖やゴマ、ギウなどを加え甘く味付けした黒餡、または牛乳を煮詰めた白餡を具にして包んで蒸した団子が存在し、毎年12月の満月の夜に行われるヨマリ・プンニ祭でアンナプルナ女神への捧げものとして作られ、食べられている。安いインド米が流入する昨今のネパールだが、ヨマリには今もタイチニ米という昔から地元で収穫される米が使われる。

こうした米粉の皮で具を包むネワール族の料理はヨマリだけでなく、ラマリというモモに極めて近い料理も存在する。ラマリの具は叩いたバフ（水牛）の肉で、形は三日月形をしているという。この辺りが「モモ＝ネワール料理説」の出所なのではないだろうか。ちなみに「ラ」は肉を

左・New Everest Momo Centerで蒸される前のモモ
右上・New Everest Momo Centerで提供されているモモ
右下・カトマンズ市内のモモ店

指し、「マリ」はそれを包んだりのせたりする米粉由来の生地を指す。チャタマリ（米粉に肉・卵を乗せて蒸したピザ）、ノチャマリ（米粉の蒸しパン）など多くのネワール料理名に使われる。

このように、現在に至るもネパールに於いてモモの具はバフ肉が使われるのが一般的である。ちなみに、一世代前までのバウン・チェトリの人々にとってバフは豚と同様、不浄な動物とされ、食用・ミルク用はもとより農耕用として使う事すら避けられていた（ただしネパール農業省の徹底した指導により現在では広く普及している）。宗教的呪縛から解放された現代ネパール人たちにとって、たとえ最上位のバウンであっても「（原型が）見えないから大丈夫」といって食べる人

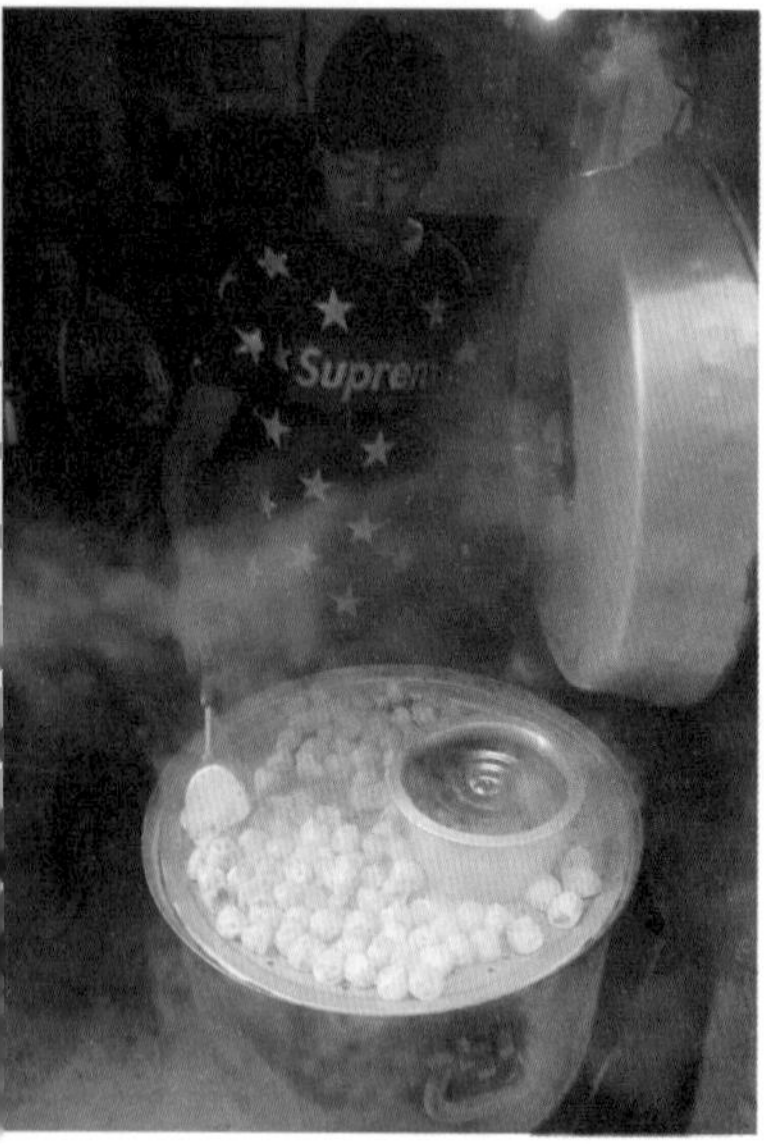

左・カトマンズ市内では至る所にモモを食べさせる小規模な店がある
右・ネパールでよく見かけるスタイルのモモ。日本のとは異なる

が多いモモだが、いまだに抵抗感のある人々に人気なのが水牛肉食の習慣のないタカリー族の作るモモである。チキンや山羊などが使われ、通称で「タカリーモモ」と呼ばれている。

こうした食習慣上の伝統があったのと、最も古くからカトマンズの都市部で商売の地盤を築いていた事から、モモもいち早くネワール族によって外食料理として取り入れられたのだろう。東京・目黒区でバルピパルを経営するラジェス氏の祖父もそうした商売人であり、ラジェス氏いわく「ネパールで最も早くモモの屋台をはじめた内の一人」であるという。そもそも具材として使われるバフを食べる文化はネワール族固有のものと言ってよく、その点から見てもモモとネワール族は結び付けられる傾向があるのだろう。

なお、モモの形状には大まかに二つあり、一つは三日月形、もう一つは丸い小籠包形がある。その形状をタカリーやネワールなど特定の民族に結び付けて語られがちだが、東西に細長いネパールはその国土の北部を広くチベットと接していて、複数の交易路を伝って複数の形状のモモが伝わったと思われる。従って特段民族固有の形状というより、地域や個人によるものと考えるのが自然だろう。

東京都内では専門的なネパール料理店が増殖する昨今、チベット伝来の古くからのスタイルに固執しない新しいスタイルのモモが「創作」されている。その代表的なものとして、インド中華のチリ・チキンの要領でモモにチリソースを絡めたチリモモが挙げられる。チリ（Chili）の頭文字を取って「C.MOMO」あるいはそれをさらに訳出した「シー・モモ」などと記載される場合もあり、連想ゲームのように推理を巡らせていたのも今や昔。今やインド・ネパール料理店でも定番になりつつある。あるいはコテモモ（「コテ」は焼くの意味）。油を敷いた鉄板で焼き餃子の要領で作るコテモモと、それらをワンプレートで出す「モモ盛り合わせ」という提供スタイルも現れた。明らかに日本の居酒屋に於ける「刺身盛り合わせ」の影響が感じられるが、モモだけでなくそれを提供するスタイルもまた柔軟に変化しているのが現代のネパール料理店なのである。またモモサデコという、蒸しあげたモモにサデコの要領で塩・香辛料・レモン汁などをもみ込んだ（サンドゥヌ）ものも最近見かけるようになり、さらなる変わり種としてはインド中華メニューのチョプスィーとモモをミックスしたチョプスィーモモ（メニュー表記ではチョウピシモモ）や北インド軽食のチャート風に仕上げたチャートモモ、ネワール族の調理法であるチョエラで仕上げたチョエラモモ（荒川区のママガルで目撃）、また包む皮にスパイスや色粉で色付けしたレインボーモモ（現在は閉店した新宿区のハムロダイニングで目撃）などが存在する。

こうした創作が可能なのは、そもそも外来の料理に対するこだわり意識の希薄さによるものだろう。それはインド由来の外来料理であるナンの中に、チーズやあんことといった様々な具を入れて「改造」してしまう自由さと共通する。そのような創作は、元々ナンを自らの食文化としている人たちにとって「かくあるべし」という固定概念が邪魔をするため却って難しいものとなる。その証拠に、ダルバートのダルやスクティといったネパール固有の料理には、モモに加えられるような「改造」は見られない。

留学生バブルの終焉と日本語学校問題

冒頭でも書いた通り、かつてあれだけにぎわっていた仙台駅東口の学生街のにぎわいは、現在失われてしまっている。それを象徴するのが、若林区にあるヒマラヤキッチンだ。かつてこの店はカジャガル・レストラン＆バーという名で、ニネル・ショッピングストアと同じチョウハナ・ダンバル氏によって経営されていた。店名の通りカジャのメニューが豊富である他、周囲に居住

左上・目黒区でバルピパルを経営するラジェス・マハラジャン氏　右上・大田区のマーダルで出されていたチリモモ　下・荒川区ママガルで出されていたサデコモモ

する多くのネパール人学生向けに格安ダルバートも提供していた。それがネパール人学生の減少により、今では別のオーナーに譲渡され、ヒマラヤキッチンという名で営業されている。昼時なのに客のいない店内で一人メニューを開くと、主だったネパール料理メニューは姿を消し、ナンとキーマ、シーフードなどのカレーのセットが中心の構成。しかし巻末の方にわずかにネパール料理のメニューの痕跡を見つけ、思わず「ダルバートは出来ますか？」と口にしていた。かつて札幌で働いていたというコックさんは一瞬考えて「…アア、デキマスヨ」と言って小さな厨房に消えていった。

　仙台で一時的に拡大したネパール人学生マーケットを狙ったビジネスは、留学生の減った今、岐路に立たされている。インド料理店↓ネパール料理店↓再びインド料理店という、ネパール人学生が増加する以前の姿に回帰しつつある。この留学生バブルの終焉という図式は、仙台だけでなく今後全国でも同様の動きが見られるだろう。

2008年7月、時の福田康夫内閣によって立案された「留学生30万人計画」は「日本を世界に開かれた国とし、人の流れを拡大していくために重要である」として2020年を目途に30万人の留学生受入れを目指すものだった。2010年代を通じてネパール人留学生が右肩上がりで増加していく背景には、こうした日本政府の打ち出した政策がある。

この時期、送り出し国であるネパールに日本語学校を設立するのが在日ネパール人の間でブームになっていた。知り合いのネパール人飲食オーナーもこぞってカトマンズに学校を開設していて、「富士」や「桜」などそれらしい名前の付けられた真新しい看板が実際にカトマンズの街を歩くと至るところに見られて驚いたものだった。

こうした送り出し機関、そして国内にある受け入れ先としての日本語学校は玉石混交で、必ずしも善良なものばかりではなかった。教育とは無縁の業種から参入する業者も多く、中には怪しげな団体が莫大な留学生マネーを求めて雑居ビルの一室を教室にしていたところもある。当然トラブルもつきもので、中には日本語学校だけでなく専門学校まで設立し、内部進学を強制させる悪質な業者などが報告されている。

2018年度に「留学生30万人計画」はほぼ目標達成されたため（2018年12月31日時点で

左上・若林区のヒマラヤキッチン　右上・ヒマラヤキッチンで作ってもらったメニュー外のダルバート　左下・コンパクトにまとまったクマリＡセット　右下・クマリ仙台駅前店

３３７０００人の留学生が在留）、急速に留学ビザの新規発給が厳格化された。このためネパールからの新規留学者数の急速な減少に加えコロナの影響もあって、文科省の統計では２０２１年３月現在、国内に在留しているネパール人学生総数は２４００２人で、対前年比２３０６人減となった。このような状況下、バブルを謳歌したネパール人を含む留学生ビジネスは今、岐路に立たされている。

　そんな留学生バブルに翻弄される事なく、着実に支店を拡大している店がある。それが仙台市に関連店を含め６店舗展開するクマリである。堅調な成長を続けるクマリは、２０１７年にオーナーのシュレスタ・ハリ・ゴパル氏によって青葉区黒松に一号店をオープン。その後瞬

左・純ネパール料理店カラシュ　右・凝った造りのカラシュ店内

く間に若林、落合、仙台駅前など市内各所に展開した。

　クマリはナンとインドカレーが中心の、日本人の客層を主要ターゲットにした業態である。オーソドックスながら過不足ないランチターリーなど、分かりやすく選びやすいメニューの他、行き届いたスタッフ教育や各店舗で統一されたスタイリッシュな店舗デザインなど、とても開業数年とは思えない完成度の高さが感じられる。オーナーのシュレスタ氏は元々留学生として２０１０年に仙台に来たのち起業した人物。通常このような日本人顧客層に向けたインド・ネパール料理店はコック出身のオーナーによって経営されるケースが多いので、意外に思ってよく目を凝らすと、案の定というべきか２０２０年にネパール人顧客層を意識したカラシュという店を仙台駅前のやや東の方に作っている。「本場のネパール料理」を謳い、ネワール式デザインで統一された店内ではスクティやチョエラ、ブタンの他、ネワーリ・カジャセットやカナセットも提供されている。この辺に、元留学生でありネワール族でもあるシュレスタ氏の心意気が見て取れる。通常は一つの店舗内でインド料理とネパール料理の並存メニューを用意するところが多いが、ネパール料理だけで別店舗も作ってしまったのだ。一方コック上がりのオーナーは、こうした業態には手を出さない傾向が強い。

シュレスタ氏が経営するのはレストランだけでない。同じく仙台駅前には、食材や日用雑貨などを陳列したクマリ・ショッピングセンターも展開している。元々ここには以前よりシュレスタ氏によって経営されていたH&Sという店があったが、2021年の訪問時には店名を変えてリニューアルされていた。元留学生の店には店内の片隅に棚を置き、豆や米などの食材などを並べている事が多いが、それぞれを別個に店舗化したようなものである。留学生バブルが去ったとはいえ、必ずしもそこにあるのはマーケットを失った経営者の姿だけではない。コック上がりのオーナーとは一線を画す経営で成長を続ける、たくましい姿が見られるのだ。

流民の歌

～栃木・群馬

コアな外国料理マニアの間で使われる「現地系」なる言葉がある。ある国の料理を日本人の舌に合わせてローカライズさせない、その国で食べられているのと同じ仕様で食べさせる店、あるいはそこで提供される料理などを形容し、中には「日本人に媚びない味」あるいは「ディープでガチ」などと表現される事もある。

日本は世界各国の料理が食べられる、世界的にも稀有な国の一つと言われる。しかも日本人を主要客に据えた都市部で食べられるご馳走としての外国料理の他に、日常食としての外国料理を消費する移民コミュニティーを中心としたマーケットが存在する。それは決して「現地系」を求める外国料理マニアを当て込んだものではなく、また「現地系」を出そうという思惑の元に提供されるものでもない。なぜなら日本人にとって「現地系」だと感じるエキゾチックな場所や料理は、その国出身者である当事者にしてみればごく当たり前の日常食だからである。

その当事者が、食も含めて自らの文化を濃厚に漂わせながら居住している国内最大の空間こそ

左上・西小泉駅前にあるドリーム・ハラールレストランのダカニとチュカウニのセット　右上・西小泉駅前にあるチャウラシ・パリカ　下・西小泉のチョヤ

が北関東である。首都圏に近接し、大手メーカーから中小零細まで様々な規模の工場集積地だった同地には、１９８０年代以降仕事場を求めて多くの外国人労働者が流入した。当初、ビザ無し渡航が可能だったパキスタン・バングラデシュからの移民などが多かったのは東海地方とも共通する。やがて労働力は南米からの日系人に政府の肝いりで取って代わられたが、それも２００８年のリーマンショック以降、多くが帰国するなどして低迷。その後、穴埋めをするように再び雑多な外国人労働者が集まってくる場となっている。そんな彼らの何気ない日常食こそが、目指す「現地系」料理という訳である。

大泉町のネパール人街

群馬県大泉町は日系ブラジル人の町として全国的に名高い。直近の2021年1月のデータで、総人口41747人のうちブラジル人が4596人、ペルー人が1032人となっている。ネパール人は427人で堂々の第三位。その後ベトナム、フィリピンと続く。ただしネパール人人口はここ2年で2割ほど減少している。

こうした外国人が多い背景には、スバルの大泉工場をはじめ、味の素やパナソニックの工場があるなど雇用環境が整っている事の他に、行き届いた大泉町の行政サービスも挙げられる。最大外国人人口を誇るブラジル国籍者のために、学校・病院といったインフラについてはブラジル人学校である日伯学園(ブラジル政府認可校)がある他、公立学校に入るためのサポートも充実。また外国人が医療機関を受診しやすくなるよう『多言語医療問診票』といった冊子も町では作成している(ネパール語にも対応)。食料スーパーやブラジル系の銀行・ATMなども充実している。

さて、肝心のネパール人はどうだろう。大泉町の起点となる鉄道駅・東武小泉線の西小泉駅周辺に、人口規模に比して異様に多いネパール人オーナー店が立ち並んでいる。中にはネパール食材売り場を併設し、本格的なカナやカジャをメニューに揃えた店まであって驚かされる。

まず駅から一番近い距離にあるドリーム・ハラールレストラン。週末の夜こそ周囲のネパール人客の自転車が店前に置かれにぎわいを見せるものの、平日昼などあまり活況の感じられない店だが、メニューを見るとダカニとチュカウニのセットなんかがあったりするから面白い。甘いダ

左上・西小泉のニュー・ロジャル　右上・ニュー・ロジャルで出されたダルバート　左下・西小泉では比較的規模の大きいバラヒ　右下・バラヒで出されたチョピスイー

カニと酸味の効いたチュカウニは一口目こそ取っつきにくいが、食べ終える頃にはすっかりハマってしまう味。大泉町を東西に横切る国道142号線に面したチャウラシ・パリカは2016年にオープンしたライ族オーナーの店。7割がインド、3割がネパール料理といったメニュー内容。そのネパール料理メニューにはセル・ロティがあるから「おおっ、出来るの?」と聞いたら案の定「今はちょっと…」との事で、この手のお店にはよくある話ではある。開店当初こそ意気込んで「あれもこれも」メニュー化したのはいいが、客からの注文も少なく、いつのまにか準備をしなくなったものの一つである。脂身の多い豚料理がさすがライ族という感じ。少し北上したところ

左・前橋市ジャムガートの壁画　右・デウラリマートの経営者、ランジート・マハルジャン氏（右）とジャムガートの経営者、スニル・カワス氏（左）

にあるニュー・ロジャルもまた平日は実にガランとしている。というより照明すら点いてないので営業中なのかすら危ぶまれる。厨房の奥を覗くと「何の用？」と言わんばかりに怪訝そうにコックさんが顔を出すが、訳をいえば「そっちの用か」と普通にダルバートを出してくれる。食堂でダルバートを食べる以外の用とは逆に何なんだろうか。チョヤは行き交うネパール人数人に調査した際、最もオススメ率の高かった店。いかにも元ラーメン屋という居抜き感の強い店で、やはりというか麺料理のトゥクパなんかも置いてある。ダルバートも６００円と安くて確かに美味い。価格的にも「現地系」である。

　界隈の中でも比較的店内面積が広いのが、バラヒである。他の店が割と簡素な店装であるのに対し、多少のデコレーションを施している点や駐車場の完備している点などでとりわけ入店しやすい。メニューも数多く、ネパール料理・インド料理はもちろんインド中華まで取り揃えているのがいい。実際にオーダーしてみたチョピスイー（チャプスィー）は実際にインドでよく食べられている一度麺を揚げてとろみをつけた餡掛けスタイルのものとは異なるが、日本在住のネパール人コックが独自に想像で創造したインド発祥の中国料理をいただける、と解釈すれば唯一無二のものである事は間違いない。他にもツマミ類なんかが安く充実しているので、是非ククリラムなどのアテに頼みたいところだ。

西小泉の町はずれにたたずむ食材店デウラリマートに立ち寄ったところ、ネワール人の若いオーナー（二代目だという）・ランジート・マハルジャン氏から「最近じゃ西小泉より前橋市の方がネパール人は多いよ。日本語学校もあるし」という情報を教えてもらった。「ネパール人が集まるレストランなんかもある？」と聞くと「もちろん。西小泉にも無いような本格的な店がある」と店長の友人らしきもう一人が言う。スニル・カワス氏という国内ではあまり見ないタルー族の彼が、実はその店のオーナーの一人だった事が後から分かるのだが。いずれにしても後日、教えてもらった前橋市ジャムガートに入店すると、地方の面積の広い元キャバレー居抜きといった店内の四方には雄大なネパールの風景画が描かれている。いち早く水牛肉のスクティやモモが取り入れられ、ステージもあるので若者たちのイベントスペースとしても使い勝手がいい。それはまぎれもなく最先端の「現地系」ネパール料理店だった。

栃木市のネパール人街

このようなネパール人在住者を主たる顧客とする店は、隣接する栃木県栃木市にも多い。

左・銀座レストラン＆バーのオーナー手ずから作る500円のダルバート
右上・栃木市の銀座レストラン＆バー　右下・ネワリキッチン栃木店で店を預かるサムジャナさん

栃木市は大泉町同様、日立の工場や関連工場があり、以前から外国人／日系人の多い場所柄だった。そうした環境が多くの外国人を呼び込み、２０２１年４月１日現在の栃木市の外国人登録者数によると市内在住ネパール人は５１８人。人口規模ではベトナムの９７３人、フィリピンの５４５人に次ぐ第三位となっている。

栃木市内中心部にある銀座レストラン＆バーはメニューにはないダルバートを一皿５００円で出している「現地系」。たまたま現地で知り合ったライ族の道先案内人がいたからありつけたもので、やや水っぽいダルがネパールの田舎のバス亭に併設された食堂の味を彷彿とさせる。良くも悪くもここまでローカルな味を出せるのも日本人客を想定していない北関東のネパール店の特性の一つだろうか。

料理は全てチェトリのオーナー手ずから作るものだったが、上階にパーティー・ルームがあったりして、他にも複数のスタッフが働いている。彼によると、元々栃木市内には日本語学校などもありネパール人学生も多かったが、ここ数年のビザ発給の厳格化にコロナが追い打ちをかけて激減したという。

本店は小山市にあるネワリキッチンの支店が、栃木市のやや郊外にある。現在コロナでネパールに長期帰国中のオーナーに代わりここで働くサムジャナさんは珍しいライ族の女性コックで、「ネワリ」と看板にあるもののライ族らしい美味しいポークセクワを食べさせてくれる。コックビザ所持者の証ともいえるタンドールでついた火傷跡を照れながら見せてくれたサムジャナさんの旦那は日本に来て知り合ったシェルパ族だという。

彼女によると、栃木には学生や難民申請者だけでなく技能実習生もいるという。栃木市の奥深さを物語る話だが、それでも国内のネパール人の技能実習生の総数は、2019年の統計でベトナム人の218727人に大きく水を開けられ403人に留まる。ビザのカテゴリーによって極端に構成人口が異なるのが在留ネパール人の特徴でもある。

夜も更け、蛍光灯の薄暗い店内でそんなとりとめのない話題をサムジャナさんとしていると、ポークセクワや焼酎の味と相まって、あたかも東ネパールのダランやヒレといったライ族の町でふらりと入ったカジャガルで飲んでいるような不思議な感覚に襲われる。

難民の街のシェルパ料理

栃木駅から東武日光線で南下した新大平下駅周辺には日立の大きな工場があり、勤務する外国人も多い。駅の近くにはネパール人相手の店が数件あり、人口の多い都心部でも見られないユニークな形態の店があって興味深い。まず駅から線路伝いに南下したところにある食材店併設のネパーリ・レストラン（2021年コロナで閉業）。隣接する食材店名のヤソダ・ハラルフードのヤソダとは奥さんの名前である。また並びにあるHIRAという居抜きカラオケスナックを改装した、彼らの言うところのディスコには、夜ごと若者たちが集まるという。

なお、この店舗が入る4階建て鉄筋アパートはこの界隈で働く外国人らの巣窟となっていて、天気のいい日など色とりどりのアジアンな洗濯物が風にたなびいている様は壮観である。

駅の西側には、いかにもスナックの居抜き物件だと分かるたたずまいのナンカレーハウス。コックはネワール族のスレスタ氏だが豚のメニューもあり、果たしてどれほどの需要があるのか不明だが店名通りナンとカレーも置いている。「ダルハット・セット」という表記で出されているダルバートは700円。ちなみにホステルも兼務している事が名刺の裏に記されている。食もそうだが、来日した外国人にとって住居問題もまた切実であり、まだまだ外国人には部屋を貸さない日本人大家が多い中、ホステル業というのは確実に需要があるのだろう。

さて、新大平下駅の近くで最も目立つのがセルパ・レストラン＆バーである。1階がサンライ

左上・新大平下駅から少し南下したネパーリ・レストラン　右上・店舗の入る４階建て鉄筋アパートはこの界隈で働く外国人らの巣窟となっている
左下・新大平下駅脇にたたずむ、スナック居抜き感の強いナンカレーハウス
右下・ナンカレーハウスのダルバート

ズ・ハラルフードという食材店で、食堂部分は2階となる。店名のセルパとは「シェルパ」の事なのだが、ネパール人の発音の特徴として「シャ」「シュ」などの開拗音と「サ」「ス」などの直音との差が聞き取りづらく、店主自らが元来そうしていたのか地元の看板業者がそうしたのか不明だが、カナ転写時にセルパとなったのだろう。同様の表記はゴネス（ガネーシャ）、スリクリスナ（シュリー・クリシュナ）など多い（「ネパール人の店名考」の項参照）。逆にこれら表記から店主がインド人かネパール人かが容易に判断可能となる。

　このセルパ・レストランは当然ながらシェルパ族である女性オーナー、ソナム・セルパさんによって経営されている。2017年頃のオープンで、オーナー一家も含めて栃木市を含む近辺にはシェルパ族が多く、東京にあるシェルパ族コミュニティーとは別の、在栃木シェルパ族コミュニティーが存在し、ロサール（シェルパ族の新年祭）といったシェルパ族イベントも開かれているという。つまり同店は栃木市在住のシェルパ族のたまり場となっているのである。言われてみれば確かに来店者もシェルパ族が多いようで、店内のテーブルを囲んでいたシェルパ族グループにシェルパの食文化などを問うと身を乗り出して教えてくれた。

曰く、シェルパの主食はリギと呼ばれるジャガイモで、ソマール（岩塩）で味付けしてそのまま食べるか、オクリと呼ばれる潰し器でマッシュされディィロにして食べる事が多い。付け合わせに唐辛子のつけダレが作られる事もある。ちなみにシェルパ族の住むソルクーンブ地方に南米原産のジャガイモが伝来し一般化したのは20世紀初頭と言われる。

この他、一日を通して頻繁にバター茶が飲まれる。バター茶は広くチベット文化圏一帯で飲まれる、茶というよりスープに近い飲料で、朝はこれのみで済ます家庭も多い。一般にはバター茶の名で知られるが、実際に使用されるのはギウ（ギー）である。毎朝、攪拌器に磚茶を湯に煮出しギウを入れて混ぜ合わせて作る。また干し肉にありあわせの野菜と穀物を鉄鍋で混ぜたごった煮料理のシャクパは夕飯として食べられる。最近ではレストランのメニューに載るようになってきたこの料理も、元来はありあわせのものを温かくして食べる質素なものだったという。この辺のシェルパ族の食文化に関しては、柳本杏美『ヒマラヤの村　シェルパ族と暮らす』（現代教養

左上・新大平下駅周辺で最も活気のあるセルパ・レストラン＆バー　右上・セルパ・レストラン＆バーの経営者、ソナム・セルパさん（右）　下・セルパ・レストラン＆バーのダルバート

文庫）が詳しい。

このセルパ・レストランでメシを食べていると、入れ替わり訪問する単身のネパール人客が目立つ。彼らは勝手知った様子でまるで自宅の台所にでも入るように厨房にツカツカと入っていき、積み重ねられたプレートを手にすると自らジャーのフタを開けててんこ盛りにメシをよそい、ダルをザバっとかけ、トルカリを盛り付けてテーブルに座るや手でワシワシとかき込む。そして食べ終えるとツケノートに記して出ていく。

入管法改正問題

彼らは近隣に住む難民認定申請者である。「難民」などと聞くとあまり穏やかではないイメージがあって戸惑うが、談笑しながらメシを食う彼らの表情は屈託がない。この難民認定申請者とは一体どういう人たちなのだろう。「難民」とは戦争や人権迫害など何らかの事情で故国に帰れなくなった人たちを指す。故国がそのような状況になって第三国に避難する場合もあれば、第三国に滞在している間に故国がそのような状況に陥る場合もある。後者の場合、滞在国の政府に救援を求める。これが難民認定申請である。第三国に滞在している場合、その入国経路やビザのカテゴリーは問わない。観光中だろうと就労中だろうと留学中だろうと、故国に戻れない状況は同じだからである。従って難民認定申請者は、観光ビザで来た者、就労ビザで来た者、留学ビザで来た者など様々が入り混じる。人道的にこうした人たちは保護しなければならないというのが国際的なルールだが、特に来日した一部の人たちの間では、このルールを逆手に取る、あるいはそもそもこうした「難民」要件の事を知らずに難民認定申請する人が少なくない。これに対処しようとしたのが2021年に審議されたが廃案となった入管法の改正である。それでは現在の難民認定申請の流れを主にネパール人の側から見ていきたい。

2010年の入管法の法改正で、入国時に「短期滞在」「技能実習」「留学」といった正規の在留資格があれば、難民認定申請をして6か月経過後、難民認定手続が完了するまでの間は日本で就労を認めるようになった。これは審査期間中の生活を申請者自身が補えるよう配慮されたものである。これにより、申請者は「特定活動・6月（就労可）」という在留資格を手に入れる事が出来、また学生や家族滞在と違い、就労時間も週28時間というしばりもなくなる。

また送還に関しても、難民申請の回数や理由に関係なく、難民認定申請期間中は強制送還が停止される「送還停止効」と呼ばれるルールが存在する。これは難民を迫害のおそれのある領域に送還してはならないとする国際的な人道支援の見地から制定されたもので、例えば本国の迫害から逃れてきた難民を審議もなく再び本国に戻す事を回避する目的による。

2010年の入管法の法改正以降、この法運用を逆手に取り、オーバーステイにならないうちに偽の難民認定を申請するいわゆる「偽装」難民申請者が一気に拡大した（オーバーステイ状態になってからの難民申請は収容所の収監対象となる）。こうした状況の中、ネパール人の間では、例えば留学先の専門学校卒業後に就職に失敗したため難民申請する人や、雇用先の飲食店から解雇され、次の就職先が見つからなくて難民申請する人が出てきた。彼ら同胞同志の口コミで知った滞在延長の一方法として申請するのであって、そもそも「難民」という概念すら知らず、「偽装」しているという意識すらない場合もある。

国別では特にネパール人を含むフィリピン、インドネシア、スリランカなどアジア系が急増した（法務省の統計では、2010年の約1200人から2017年には2万人弱に申請者数が増加。また2018年の国別申請者数ではネパールの1713人が最多で、他の年度も常に申請者の上位を占めている）。

また申請が却下された後も「異議申し立て」をし続ける事で長期の就労が可能となり、また28時間以内労働の制約もないため、この難民認定申請者は雇用する企業の側にもメリットがあった。申請を受け付け、審査を行うのは申請者の住居地を管轄する地方入国管理官署だが、各地方支局によって審査時間にバラつきがあるようで、こうした事情も北関東にネパール人難民認定申請者が多く集まる理由の一つとなっている（例えば2018年に1713人のネパール人が難民申請したが、その内正規に難民認定されたネパール人は0人）。

ただしあまりにも申請者が増えたため、国は2018年に法改正により厳格化。強制退去を含む在留制限が課されるようになり、増え続けていた申請は一転、減少していく。とはいえこうした処置により、本当に本国の迫害から逃れてきた人たちですら日本に滞在する事が難しくなっているのも事実である。オーバーステイなど入管法違反者は強制退去の対象とするが、本国での迫害を含む何らかの事情で帰国を拒否する場合、その身柄はまるで犯罪者のように収容所に収監される。収容所での待遇はかねてより問題視されてきたが、2021年、増加した難民認定申請者により手狭になった収監施設対策として入管法改正が審議された。それは難民認定の手続き中は強制送還が停止される従来の仕組みに例外を設け、

- 手続き中の送還停止規定の適用を新たな相当の理由がなければ2回までに制限
- 送還妨害行為などに対する退去命令と罰則の新設
- 入管当局が選定する「監理人」の監督のもと施設外での生活を可能にする「監理措置」の導入

など、難民申請者をより国外退去処分しやすくするものだった。

しかし2021年に発生した長期被収容中のスリランカ人女性ウィシュマ・サンダマリさんの

死亡事件をきっかけにブラックボックスと化した入管の収容所の中での死者を出すほどの人権侵害に対して、法改正反対の世論が高まり、事実上の廃案となったのは周知の通りである。

1700人の嘆願署名

このように、在留外国人に対して極めて厳しい態度を見せる入管当局だが、真面目に地域社会に溶け込み日々暮らしている外国人に対しては、仮に過去に何らかの事情があったにせよ例外的に在留を認めるケースがある事を、太田市のセルチャン・タカリキッチンを経営するセルチャン一家の例で知った。

同店ではコーゲンと呼ばれるそば粉のローティーを用いたセットや、ギウの香るカロダルがタカリー族の家庭の味を彷彿とさせる。ネパール料理店がその数を増やすにつれ、定番メニューとなったタカリ・セットをあたかもテンプレートのようにして、本来タカリーの味を知らないはずのバウンのコックなどに作らせて提供する店が増えてきたが、それに伴い「本当のタカリーの味」から遠ざかりつつある印象もある。その点、同店は店を仕切る女将さんであるウサさんが毎日作る本当の家庭の味なのが嬉しい。

このウサ・セルチャンさん一家の歩みは本人が語る通り「一本の映画になるような」波乱万丈さに満ちている。そもそも旦那さんのブッディ・セルチャン氏はタカリー族だがウサさんはチュトリである。異なるジャーティ間の結婚が今ほど認められなかった時代、双方の両親の反対を振り切っての恋愛結婚だった。

出会いは当時ウサさんの住んでいたバルディヤ郡のある村の役場に、ムスタン郡の役場からブッディ氏が赴任してきた事に端を発する。ウサさんの兄がやはり役場勤務で、ブッディ氏と同僚となった。当時ブッディ氏は22歳、ウサさんはまだ12歳だった。仕事以外に奉仕活動などに精を出すブッディ氏の真面目な姿に惹かれたウサさんの方から好きになって20歳の時に告白。二人は周囲の反対を押し切り結婚する。当時の習慣として結婚後、ブッディ氏の両親と暮らすようになった。やがてウサさんは長男のアシシ・セルチャン君を身ごもるが、男尊女卑的な風習の残るネパールでは義父の食事一切の世話などをウサさんがしなければならない。ネパール語ではなく母語であるタカリー語しか話さず、生活習慣全てに於いてタカリー式を要求する義父に、身重のウサさんはほとほと苦労したという。とはいえ反対を押し切っての結婚なので、実家に相談する事も出来ない。長男を出産する前日まで過酷な家事労働をしていたという。

やがてブッディ氏は周囲の友人や親戚たちの影響で、自らも海外渡航してより豊かな生活を希求するようになる。そして1991年に来日するや、解体工として過酷だが充実した日々を送るようになる。とはいえこの時ブッディ氏は観光ビザでの入国だった事もあり、家族滞在でウサさんを呼び寄せる事も出来なかった。ネパールに残ったウサさんは、唯一の理解者である夫が不在の義父母宅で、幼な子と二人心細くも忙しい家事労働の日々を送っていた。念願かなってウサさんが来日出来たのはブッディ氏が来日した5年後、1996年になってからだった。ただしウサさんもまた観光ビザだった。

その後日本で再会した二人の間に子供が出来る。日本生まれの次男アキラ・セルチャン君は幼少期から柔道教室に通い、前橋商業の柔道部時代には県大会の男子90キロ級で優勝し全国大会に進むなど輝かしい成績を収めるようになる。アキラ君の活躍を見てブッディ氏夫婦は、改めてオーバーステイ状態にある自らの不安定な立場を考えたという。

「やっぱり子供の将来のためにもビザはちゃんとしなければと思って。幸い、旦那さんの実家に一人残された時と違って、この時は学校関係とか柔道教室関係のつながりで、相談に乗ってくれる日本人がたくさんいましたので」

とウサさんは当時を振り返る。アキラ君が通っていた尾島中の担任の先生らに紹介された行政書士により、入管に嘆願書を提出する方法を助言され、周囲のお母さんがたや柔道教室関係の人たちにお願いしてみると、彼らを助けたいという人たちによって1週間で1700人もの人たちの嘆願署名が集まったという。それを持って入管に出頭すると、3か月ほど仮放免状態の間に審査された後、3年間の定住者ビザ（在留資格「定住者」）が晴れて発給された。担当した入管の審査官は膨大な数の嘆願署名の書かれた嘆願書を指して「これはあなたにとって宝物ですよ」と語ったという。ウサさんもその時集めた嘆願署名は今でも大切に保管してある。

やがてアキラ君は柔道で大学進学し、一時は東京オリンピックの柔道ネパール代表として出場

太田市のセルチャン・タカリキッチンの経営者一家

を嘱望されていたもののケガにより断念。現在は進路変更し民間企業に就職を果たしている。ブッディ氏夫婦は息子が県外の大会に出場するたびに、入管に移動するための申請書を提出して同行した。その後晴れて永住者となり、在留資格の安定したブッディ氏夫婦はネパールに残していた長男アシシ君を呼び寄せ、2019年に現在のセルチャン・タカリキッチンをオープンさせ、経営者にする事でビジネスビザを取得させた。アシシ君は接客姿勢も真面目で日本語も行くたびに上達している。

店で出されるタカリ・セットはダルやサグは元よりコーゲンまでもおかわり可。食後のドリンクもヌン・チヤ（塩茶）にしてくれて、これまたいかにもタカリーらしい味。タカリー族の朝はこのヌン・チヤを作ることから始まるという。アルンク、カプラクなどのオーセンティックなタカリー料理も事前に予約可能との事。こうしたメニューは家族全員で相談しながら決めたという。メニューブックのデザインは長男アシシ君の手によるもの。店内壁画や恥ずかしそうに見せてくれたスケッチブックには、題材によってタッチを変えた、玄人はだしのイラストや絵画が並んでいた。お母さんの悩みは目下、30歳になったアシシ君の結婚問題で、ネットを通じてミャンマー人の彼女が出来たというが、肝心の彼女とはまだ一度もリアルで会っていない。ただしウサさん自身も周囲の反対を押し切って結婚した立場上、この不思議な関係に対しあまり強く言えない。

一方のブッディ氏は今も解体業の仕事を続けながら、在日ネパール人サーザ福祉協会を組織し、群馬在住の同胞たちの生活支援や福利厚生改善に長年貢献。こうした共生社会への取り組みが認められ、群馬県側と多文化共生に関わる覚書を締結。地方新聞の一面に、山本一太知事と並んで覚書を手にするブッディ氏の姿が写真入りで大きく報じられた。たとえオーバーステイの過去があろうとも、周りに支えられながら真面目に生活していれば日本社会に認められるというのは、普段ついぞ感じる事のない日本社会への誇らしさを珍しく感じた一瞬だった。

遥かなるヒマラヤの呼び声

～長野

ヒマラヤに似た日本屈指の山岳地帯・日本アルプス山系。11月の声を聞くと幾重にも連なる高い稜線は早くも白い雪で覆われ、空の深い青さと相まってその美しさは際立つ。とりわけ長野県側から間近で見るその雄大で圧倒的な光景は、山好きの人々の心を強く掻き立ててきた。その魅力に憑かれた人たちの中には、生活の全てを山の中で過ごしたいと移住してくる者も少なくない。

そしてこの美しい山々に魅せられるのは何も日本人の専売特許ではない。本来山の民といわれるネパール人もまた然り。それも日本生活が長くなったネパール人ほどその傾向が強くなるのが面白い。日本人同様に無機質な砂漠のような都会での暮らしから抜け出し、ネパールの、それもアンナプルナ山群を背にしたポカラ郊外の丘陵地に酷似した長野の風景に彼らもまた身も心も癒されるのだ。気が向けば、故国でも「タトパニ」と呼ばれて親しまれている温泉にいつでも浸かれる環境。そんな山の生活に憧れるネパール人移住組もまた確かに存在するのである。ヒマラヤに似た長野の山の呼び声は、日本人・ネパール人問わず都会に疲れて癒しを求める人々の心の琴線を強く共振する。

長野のギリ一族

元々名古屋を拠点とするサンティプール（千種区）のオーナー、ケサラ・ギリ氏もまた、故郷の風景に似た長野に魅せられたネパール人の一人である。ギリ氏一族については「北海道」の章で詳しく紹介した通り。ケサラ氏もまた、北海道全土に散らばりインド料理店を経営している華麗なる一族に連なる人物だ。本店のある名古屋市千種区に拠点を置きつつも、長野県内に複数ある支店を監督して回るため、毎週車で奥さんを連れて通っている。県内の支店は6店舗あり、駒ヶ根市ではポカラダイニング、伊那市や飯田市ではアンナプルナという異なる複数の店名がつけられている。

1993年に来日したケサラ氏は、ギリ一族の初代来日者であるヘムラル・ギリ氏の紹介で当初名古屋市のえいこく屋（千種区）で約10年勤務した後2002年に独立し、千種区に自らの店サンティプールを開業。北海道に最初に渡った最初のギリ氏であり、北海道ギリ一族の総帥として君臨するあのラジャン・ギリ氏が2004年に来日当初勤務していたのも、実はケサラ氏の経営するサンティプールなのである。

「北海道にはウチの親戚がたくさん居ますが、元々我々は名古屋が本拠地で、今も名古屋市をは

左上・駒ヶ根市のポカラダイニング経営者、ケサラ・ギリ氏ご夫妻　右上・ポカラダイニング敷地内に鎮座するストゥーパ　左下・千曲市のザ・エベレスト経営者、セナ・ゴウチャン氏　右下・ザ・エベレスト店内には故郷バグルンの写真が大きく引き伸ばされて飾られている

じめ東海地方には親戚筋が多いですよ」
訥々とした口調で、ケサラ氏は来歴を語りはじめる。

レストラン開業後も仲間とカルナトレーディングという会社を共同経営して食材輸入などを手掛け事業を拡大する一方、在名古屋ネパール人会の役員なども歴任。おそらくこの頃がケサラ氏にとって最も忙しかった時期のようである。その後、諸事情で共同経営から手を引き(カルナトレーディングは現在も別のオーナーが営業中)、支店の出店を同業との競争の激しい名古屋市内ではなく長野に転じて進めていく。2007年に長野県第一号店となるアンナプルナを南箕輪村にオープン。ポカラとの姉妹都市(国際協力友好都市)である駒ヶ根市には2010年にポカラダイニングをオープンさせた。ポカラダイニングの広い敷地には、以前東京や名古屋のネパール・フェスティバルで建造されたリアルなストゥーパや民家の大きなレプリカが鎮座して来客を圧倒する。

「たまたま東京や名古屋の飲食店経営者に、このレプリカを敷地内に置ける者が居なかったからもらったまでですよ」

などと謙遜するが、こうした巨大な建造物を譲り受ける事自体、同胞コミュニティ内での政治力を確かに裏付けている。

常連客の中には元青年海外協力隊員などネパールとゆかりのある人も多く、ゆくゆくはネパール好きの日本人も集まれるような、小さなミュージアムを計画しているという。このように、ケサラ氏の心はいつしか名古屋という無味乾燥な大都会を離れ、故郷ネパールへのレイドバックした思いが強くなっている。それがネパールに似た長野という土地に出店したから芽生えたものなのか、はたまた他の理由によるものなのかは分からない。

本店こそインド料理店激戦区の名古屋に今も置いてあるものの、今後は長野に比重を置き、複数店舗でさらにネパール色の強いメニューも重点的に出していきたいとケサラ氏はビジョンを語る。それは、大都会名古屋のネパール人学生向けの店で出される戦略としてのローカルなネパール大衆料理店とは別種の、純粋に自らの故郷への素朴で熱い思いの具現化に他ならない。

故郷に似た風景を求めて

日本人の長野移住者が元々山岳関係者だったり、田舎暮らしへの憧れを募らせたリタイア組や脱サラ組であるのに対し、ネパール人の場合は大半が当初たまたま商売上や仕事上の理由で訪れた長野に、次第に魅せられて腰を落ち着けたというケースが多い。ただし千曲市でザ・エベレストを経営するセナ・ゴウチャン氏の場合、どちらかというと日本人移住者組に近い経緯で長野に住んでいる。

1989年頃から来日していたゴウチャン氏は東京・多摩市でマサラというインド・ネパール料理店を長く経営していた。横浜市戸塚区に移転した後も、安定的に長い経営が続く。ゴウチャン氏は名前から分かる通りタカリー族だが（タカリー族はゴウチャン、トゥラチャン、セルチャン、バッタチャンの4氏名で構成される）、比較的来日した時期が早かったこともあり、設立した在日タカリー族協会の初代会長に就任して後進のサポートや交流など、多忙で充実した日々を東京で送っていた。しかし今から10年ほど前に商売上のトラブルに巻き込まれる。元々長距離サイクリングなどアウトドア・スポーツ好きだったゴウチャン氏は、これを機にレイドバックした環境を求めて首都圏を離れようと思うようになる。しかし当初のうちは長野ではなく、漠然と福岡行きを考えていた。

「地元バグルン時代からの友人で、長野で飲食店を何店舗も持っていたパム・カトリというのが居るんです。彼に相談したら、大都会の福岡なんか東京と変わらないからこっちに来いよと。山はキレイだし空気はウマいし、まるで俺たちの故郷バグルンそのものだぞ、と言われたんですよ。それで当時長野の事なんかよく知らなかったけど、行ってみる事にしたんです」

パム・カトリ氏とは後述するが、最初期（1990年代後半）に長野で商売をはじめたインド・ネパール料理店経営者である。このカトリ氏とゴウチャン氏とは同郷で年齢も近く、今も家族ぐるみで温泉旅行などに行く仲で、つい先日行ったという穂高温泉での集合写真を嬉しそうに見せてくれた。やはり長野の環境は故郷を思わせて落ち着くらしい。なお、店内には故郷バグルンの風景写真が大きく引き伸ばされて飾られている。

当初、都会でのストレスから逃れるようにして長野にやって来たゴウチャン氏だったが、カトリ氏に勧められるまま長野市内で1年ほど店を経営しているうちに山に囲まれた環境が気に入り、長野市よりさらに奥まった千曲市に静かな現在の物件を見つけて移転した。同地で営業して今年で9年目になるが、もはや都会に戻る気はないという。その行動原理は都会に疲弊した他の多くの日本人移住組と何ら変わらない。

ザ・エベレストの厨房はゴウチャン氏の奥さんも手伝っている。ネパール諸民族の中でも最も美味しく料理を作ると定評の高いタカリー族のおばちゃんによる手料理がいただけるのである。ナンやこってりしたカレーが多くを占めるメニューの一隅に、「ネパールチキン」というそっけない名で出されていたククラコジョル。これがシンプルでありながら滋味深い味わいで、それこそ都会なら「タカリー族家庭の伝統の味」といった派手なキャッチコピーを入れて売られても不思議ではない一品だろう。山懐深い長野という土地柄がその風味をいっそう引き立てるような、実に味わい深く思い出に残る一杯だった。

さて、ゴウチャン氏を長野に引き込んだ張本人、パム・カトリ氏とはどのような人物か。長野県内でインド・ネパール料理店を経営した最初期のネパール人と記したが、実はそれより早く登場した店がある。上田市のクンビラである。ここは長野どころか日本で最初に誕生したネパール料理店として名を馳せていて、東京・恵比寿に移転した現在も燦然とネパール料理界に君臨している人気店。従ってカトリ氏は、正確に言うと長野県内で2番目に古いネパール人飲食店経営者というべきだろうか。

1994年に初来日したカトリ氏は、当初大阪市内のインド料理店に勤務していた。その後名古屋のマハラジャや柏市のルンビニなどで働いたあと、1998年に松本市で自らの店ポカラをオープンさせる。駅前という好立地でなかなか繁盛したらしい。その後も長野県内を中心に同じ松本市の浅間温泉にカトマンズ、諏訪市にマルメロといった店を矢継ぎ早に出店していく。一時期は山梨の甲府市や東京の町田市などにも進出し店を出していた。このように多くの店を開いては閉じする事で、結果的に多くのネパール人コックたちが招聘され、そのままその地で営業を続ける事になる。開店時のモットーはインド料理店の居抜きはしないこと。同業者の後塵を拝するのではなく、常に同業者が居ない場所柄を重視するのがカトリ氏流という事のようだ。

左・松本市のウエルカムカトマンズ経営者、カトマンズパム・カトリ氏
右・ウエルカムカトマンズ外観

6年ほど前から再びふり出しの地・松本市に戻り、ウエルカムカトマンズを開店。最盛期は県内外に無数にあった系列店の大半を閉めたり譲渡したりして、現在残ったのは信州大学近くにある同店のみ。ベリーダンスも出来るキャパの広い店内は、毎年4月ともなると信大の新歓コンパ会場として連日満席になっていたらしい。

「でも今年（2020年）はコロナのせいで全然ダメ。こんなにヒマな年は初めてですよ。いつもだったらこの席も、あっちの席も全部埋まっているのに…」

と遠くのテーブルを指さしながら、人懐っこい笑顔を曇らせる。

学生を顧客層の中心にしていた飲食店が、リモート授業の余波を受け軒並みコロナ禍で苦境を強いられているのは確かだろう。とはいえカトリ氏の場合それがどことなく深刻に見えないのは、長年の商売の蓄財で購入した、松本駅前の5階建ての商業ビルのオーナーとして安定した家賃収入があるからかもしれない。全テナントが埋まっているよと自慢げに語る一方で、そ

左・ネパールの風景に酷似した信州の風景（松本市）
右・八王子市のサクンタラ経営者、カマル氏

んな姿などおくびにも出さず、息子の年齢より若い食べ盛りの男子学生らが次々にオーダーするおかわり無料のナンを「ありがとうゴジャイマース」と嬉々として運ぶその後ろ姿に、やり手のビジネスマンとはかくあるべしという教訓を得た。

カトリ氏の功績はそれだけではない。氏が県内外で開店しては譲渡・売却を繰り返してきた多くのインド料理店は、現在も別のオーナーが経営を継続しているところが少なくないのだ。さらにそこから従業員が独立して店を構えるようになったケースも多い。

日本各地には先駆的にインド料理店不毛の地にわけ入り、そこで何年間か経営する事で多くの後続の同業者を生み出す開拓者としての側面を持つ経営者が点在する。たとえそれが本人の無自覚によるものであっても、種をまき発芽させた功績は大きい。誰も居なかったところに踏み出した小さな一歩は、やがて確実にその地にインド・ネパール料理店文化を根付かせるものとなる。カトリ氏は紛れもなく長野におけるその手の開拓者の一人なのである。

立地こそ東京都だが、都心から長野県へと続く甲州街道の西八王子駅近くに店を構えるネパール家庭料理サクンタラ（八王子市）を経営するカマル氏も山好きネパール人の系譜に連なる。ネワール族のカマル氏は元々学生として来日し就職していたが、山好きが高じてガイドの資格を取得し穂高などでガイドや通訳として働いていたという。ただし山の民ネパール人イコール全てが山のエキスパートと考えるのは早計である。国土に大ヒマラヤ山脈をいただくネパール人とはいえ、登山をするような人はほとんど居ず、登山の技術や知識を持つものも少ない。そもそもヒンドゥー教徒たる彼らにとって、山は神々の座す神聖な場であり、土足で登るべき対象ではないのである。

さてそのカマル氏のサクンタラ。店には陽気で社交的な氏を慕う山好きの日本人が集まる。そうした仲間たちをガイドとして引き連れて、高尾山や信州の山などよく行っていたという。

「でも今はコロナで集まれなくなりましたね。また皆さんと一緒に山に行きたいのですが、いつになるのか…」

と陽気な顔を曇らせる。

西八王子に店を構えて今年で10年になるというが、山への思慕の強いカマル氏は可能なら高尾山口、もしくは穂高あたりの山岳地に移転して山岳ファンに囲まれた店をやれたらと考えている。山深い信州は氏にとって憧憬の地なのだ。山への熱いロマンを胸に秘めながら、今日もカマル氏は笑顔で接客を続ける。

山にまつわる店名たち

ヒマラヤ山脈にまつわる名前を冠したインド・ネパール料理店が長野には多い。故郷に似た環境を求めてやって来るネパール人が居るほどだから、そこに憧れのヒマラヤへの思いを重ね合わせる日本人のネパール好きや山岳ファン、あるいは海外青年協力隊のネパール派遣隊OBなんかも集まってくる。ネパール・ヒマラヤへの憧れを持つ彼らが、必ずしもネパール料理への深い理解を持ち合わせているとは限らないものの、しばしば彼らがアルプスの麓ではじめるペンションの特製料理の中に「ネパール（風）カレー」が含まれている割合は少なくないはずだ。

とりわけ、少し凝った山岳にちなんだ店名のつく店の背後にはたいてい日本人の存在が見え隠れする。店名やセットメニュー名に関しては驚くほどネーミングセンスのないのがネパール人の特徴でもあるから（「ネパール人の店名考」参照）、少しひねりの効いた店名の裏にはほぼ日本人が何らかの形で介在すると推察して間違いない。

長野県中野市にあるランタンリルンもそんな店の一つで、当初は留学生として来日し、大阪のカンティプールなどでアルバイトしていたオーナーのカルキ氏が、長野に来て現在の物件を見つけたとき、山岳好きという日本人の知人から「店をやるなら是非この名前で」と強く言われて付けた店名なのだという。

ちなみに、ランタンリルンとはヒマラヤ山脈を構成する高峰の一つで、標高約7234メートル。首都カトマンズのほぼ真北に位置する。「花の谷」と呼ばれる美しいランタン谷を含む周辺一帯はランタン国立公園として名高く、訪れるトレッカーも数多い。

なお、カルキ氏は上田市にも2軒レストランを経営しているが、そちらの方はエベレストというオーソドックスな店名である（ただし前段で紹介した千曲市のザ・エベレストとは無関係である）。

長野市にあるマナスル食堂もまた日本人経営でスタッフがネパール人という店。ベテランコック氏の手によるナン・カレーが主体だが、モモやダルバートといったネパール料理もメニューにある。

マナスル峰は1956年、日本山岳会隊によって日本史上初登頂されたヒマラヤの高峰として、特に日本人の山岳関係者にはなじみ深い山なのだが、当然のことながらその事実は一般のネパール人にとってほとんど知られていない。

上田市のBase Camp（ベースキャンプ）もまたいかにも山岳通受けしそうな、こだわりを感じさせる店名。優しい笑顔で迎えてくれるオーナー、竹内パンデェ氏の奥様もやはり日本人である。

元々技術職だったパンデェ氏は市内外のネパール人が経営する「ネパール料理」と銘うったインド料理店の味に長年不満を抱えていた。故郷で慣れ親しんだ味とはかけ離れているのだ。そこである時本格的なネパールの家庭料理を出そうと思い立ち、店舗を設えネパール人のベテランコックを招聘した。しかし彼らはナンやカレーといったインド料理を作る技術はあってもネパールの家庭料理を作ることは出来なかったという。

「店の料理が出来る人が、必ずしも家庭料理も作れるとは限らないんですね。私はあくまでも店のマネージメントをするだけの計画だったんですが。こうやって作って、とベテランのコックさんたちに指導するハメになってしまいました」

とパンデェ氏は笑う。結局ベテランコックたちには辞めてもらい、自らが厨房で鍋を振るう事になった。市内中心部から少し離れた立地は正にBase Campという店名にふさわしい。その小さな店内で、素朴で温かさに満ちたネパールの家庭の手料理を出している。

こうしたネパール人が経営する店のほか、長野市戸隠の深い山林の中にあるヒマラヤの詩では一人営業の日本人女性オーナーが作る美味しいネパール定食を、下界とは隔絶された時空の中でいただく事が出来る。不思議な居心地の良さに、つい長居をしてしまいそうになる隠れた名店である。

また志賀高原スキー場にあるエスニックレストランかもしかでは、常勤のネパール人コックの手によるインド・ネパール料理がバイキング形式で提供され、運動量の多い腹を空かせたスキーヤーにも人気が高い。ここもホテルジャパン志賀内に併設されたレストランで、スタッフのみネパール人というスタイルである。スキー場とネパール料理という組み合わせも割と相性がいいらしい。

左上・長野市のランタンリルン　右上・長野市のマナスル食堂　左下・上田市の Base Camp　右下・Base Camp 経営者、竹内パンデェ氏

このような山にまつわる名前を冠した店は、ヒマラヤンな響きを好む山岳好きの日本人によってイメージ的に名付けられたものが多いが、中には本物のネパール人プロ山岳関係者が経営する店もある。それが大町市にあるヒマラヤンシェルパである。

　松本市から北上するにつれて間近に迫ってくる北アルプスは大町市において頂点に達する。眼前に迫る雪をかぶった山塊は、アンナプルナ内院もかくやと思わせる迫力で見る者を圧倒する。その下に大町市はこじんまりと広がっている。

　街の中心部に位置するアーケード付きの大町商店街は土日であっても決して人通りは多くない。その閑散とした商店街に忽然と現れる同店は、上部から幾重に

左・志賀高原のエスニックレストランかもしか
右・大町市のヒマラヤンシェルパ

も垂れ下げられたタルチョ（チベット仏教の経文が記された五色旗）がたなびき、訪れた客を瞬時にネパール幻視にいざなう。店内に入ると無造作にピッケルやアイゼンなどの登山道具が飾られ、ヒマラヤ山頂で撮られた写真や登頂を証明するネパール政府発行の証明書などが壁一面を覆いつくしている。これらは単なるデコレーションではなく、全て本物のシェルパ族山岳ガイドだったオーナーがかつて山で使用したものだ。

店を任されているレグミ氏によると、オーナーであるラマ氏は日本人の奥様と結婚後、当初は松本市内で出店し、２０１０年大町に移ってきたのだという。出してくれたダルバート・サラダセットに入っている、ゴロリとした数個の茹でジャガイモにシェルパらしさを感じさせられる。シェルパ族の多い北東部ネパールのソルクンブ地方は寒冷地で、米作などの出来ない環境でありもっぱらジャガイモが常食なのだ。熱いジャガイモを頬張りながら、はるかソルクンブのエベレスト街道へと思いを馳せる。

スパイスの程よい刺激に満たされて店を出ると、額の汗を冷ますかのような一陣の涼風が北アルプスの方から吹いてきた。この巨大な山塊をヒマラヤに見立て、その懐中で暮らしたい山岳に魅せられた人たちの気持ちが何となく分かってくる。その圧倒的な存在感は、日本人・ネパール人の如何を問わず、深層心理の奥底に潜む人知を超えたものへの名状しがたい憧憬と畏怖を鋭く喚起させてやまない。

Nepal column 1

越境するダルバート

ネパールを代表する「国民料理」の「ダルバート」。ネパール内外でのレストランの店名になっているのはもちろん、カトマンズのタメルあたりの店頭で「Dal Bhat Power」や「Everyday Dal Bhat」なる惹句がプリントされたTシャツが売られていたり、それを着た若者の姿を目撃した事も少なくない。

すっかりなじみのある言葉として国内にも定着した感のあるこの「ダルバート」だが、ではそれがネパールの料理を代表する「国民料理」と我々日本人に認識されるようになったのは一体いつ、どのような経緯からなのだろう。またネパール人の側はどう思っているのか。「国民料理」とまで呼ばれるほどのものならば、なぜ国内に複数あるネパール料理店の中には「ダルバート」の名を用いずネパールセットとかAセットなどの名称を用いるところがあるのか。そんな疑問がふつふつと湧き上がる。

そもそも、日本国内でいつごろから「ダルバート」という呼称がポピュラーになったのか。とりあえず手当たり次第に古そうなネパール本を開いてみた。

出版物から探るダルバートのルーツ

鎖国が解かれて間もない1950年代のネパールを旅した竹節作太『ヒマラヤの旅』（ベースボールマガジン社／1957年刊行）には、もちろん「ダルバート」という表記は出てこない。登山隊への同行記者として訪問した著者たちは、基本的に米を含めて食材を持参しているが、それでも米に関する記述としては

「ネパール米は小粒で味がよくないが、戦争直後（日本に）入って来た外米よりもうまいと思う」

「カトマンズを中心としたネパール盆地とタライ平地では米がよく実り、インドに輸出している（中略）中流以下の人たちの収入では（米は）常食にすることも出来ない」

といったものがある。

ちなみに文中、ネパールは米をインドに輸出しているとあるが、2016年のネパールの農産物貿易統計では米がインドからの輸入農産物の一位となっている（日本の農水省のデータ参照）。一方のダルについては

「ネパールにも日本の味噌に似たダルという汁があるが、私たちには飲めたものではない。私が味噌汁をミソパニ（パニは水）と教えてやると、シェルパたちは、ミソパニ、ミソパニといってすっかりほれこみ、大いに呑んだ」

などという記述がある。

西ネパールを学術調査した長澤和俊『ネパール探求紀行』（角川新書／1969年刊行）にも「ダルバート」の名は出てこない。それどころか食事に割く記述が少なく、せいぜい滞在先のドゥック村長に招かれた時に食べた

「中央に米にミルク・砂糖・バターを加えたプッディングがあり、周囲に油揚饅頭、ピーマンや唐辛子の油いため、ポテトの唐揚げなど」

とある程度である。ダルに関しては記述すらない。

かなり早い時期に食文化調査を行った柳本杳美『ヒマラヤの村　シェルパ族と暮らす』（社会思想社／1976年刊行）ですら、「ダルバート」という書き方はしていない。同書は全編に渡りシェルパ族とタカリー族の食文化について詳述しているが

「食事はどこのお店も同じような献立で、インド風定食といえるものだ。それはご飯とダルとタルカリー、そしてアチャールのセットだ」

といったように、ワンワードとしてのダルバートの表記はない。

伝説的な宿スルジェハウスの主人、平尾和雄氏の処女作『ヒマラヤの花嫁』（日本交通公社／1976年刊行）は、腰を落ち着けた生活者としての視点でネパールの事物を観察しているが、やはりワンワードとしてのダルバートの表記はない。

「白米の飯と豆スープ、ジャガイモを主とした野菜カレー、それに漬け物——街道の宿場で供される料理はどこでもこんな内容だ。（中略）私は毎日朝晩このネパール定食を食べている」

また、続く『ヒマラヤ・スルジェ館物語』（講談社／1981年刊行）にも、

「夕食はごはんとダル豆スープ、塩だけで薄く味付けした野菜の煮物」

と説明されてはいるものの、名称としてのダルバートは表記されていない。

その訳を後日、平尾和雄氏ご本人に直接聞いてみると
「いや、言い方としての『ダルバート』は当時からあったよ。ただそれを本に書くときに、そのままだと日本人の読者に伝わらないでしょう。だからああいう書き方にしたんだと思うよ」

と仰っていた。つまり当時は「ダルバート」を翻訳しなければ通じなかった時代だったのだ。

同時期に発売された『地球の歩き方3　インド・ネパール'82～'83版』（ダイヤモンド社／1981年刊行）はまだインド編とネパール編が分離独立する前の版で、こちらにも「ダルバート」という名で紹介こそされていないものの、カトマンズのレストラン案内欄に割と詳しく紹介されているので抜粋してみたい。

「Yeti Restaurantなど、ネパール定食を出す店が2軒ほどある。金属の皿に盛られる定食だけを置いている。インドの定食ターリーにあたる食事だが、違いは炊きたてのご飯がたっぷり食べられること。おかずの野菜カレー（ネパールではタルカリーと呼ぶ）、ダールの味つけもマイルドでうまい。カンチャが気前よくどんどんつぎ足してくれて、値段はどんなに食べても1人1食3・5Ｒｓ」

描写に主筆・監修の恒河芥氏の観察眼が光る。

なお、『ヒマラヤの村　シェルパ族と暮らす』の柳本杳美氏も『地球の歩き方』の恒河芥氏も、同じ

く「インドの定食」と表記している点が興味深い。金属皿に盛りつけられた「ダルバート」は、インドの定食のネパール版と認識されていたのである。

ネパール編が独立して刊行された『地球の歩き方・ネパール'88〜'89版』(ダイヤモンド社／1988年刊行)にはようやく

「これらのホテルでは、ダル(豆の汁)・バート(ごはん)・タルカリ(野菜のカレー煮)のネパール定食の他」

と、ワンセットにした呼び方が登場する。以降、次第にワンワードでの呼び方が国内で定着していくようである。

その8年後に出版された、平尾和雄『ネパール旅の雑学ノート』(ダイヤモンド社／1996年刊行)では「ダル・バート・タルカリ——国民的定食の味」という1章がまるまる入り、「ダル・バート」というワンワードとなって細かく説明がなされている。つまり1980年代後半から1990年代にかけて、ダルバートは一般名称として一般出版物の中で登場するようになっていった事が分かる。これはちょうど急激に円高ドル安が進み、バブル経済の始まりと共にバックパッカーが急増していった時代と重なる。

ちなみに、「ダルバート」というワードは有名な冒険家、植村直己著『エベレストを越えて』(文藝春秋／1982年刊行)にも登場しない。多くの登山家・山岳関係者もまたネパールを訪れて登攀記や滞在記を残しているが、食に関する記述は多少はあっても基本的に山に至る街道で出会ったも

左・竹節作太『ヒマラヤの旅』（ベースボールマガジン社／1957年刊行）
右・柳本杳美『ヒマラヤの村 シェルパ族と暮らす』（社会思想社／1976年刊行）

左・平尾和雄『ヒマラヤ・スルジェ館物語』（講談社／1981年刊行）※写真は講談社版
中・平尾和雄『ヒマラヤの花嫁』（日本交通公社／1976年刊行）※写真は中公文庫版
右・平尾和雄『ネパール旅の雑学ノート』（ダイヤモンド社／1996年刊行）

左・長沢和俊『ネパール探求紀行』（角川新書／1969年刊行）
右・『地球の歩き方・ネパール '88～'89版』（ダイヤモンド社／1988年刊行）

のが大半である。そのためシェルパ族の食文化については比較的触れられているものが多いが、そもそもシェルパ族の食文化はジャガイモを主食とするため、「ダルバート」そのものが一般的ではない。

以上、日本国内での一般出版物から「ダルバート」という呼び方の浸透具合を探ってみたが、ではレストランに於けるダルバートという呼び方の浸透具合はどうだろう。

高級ダルバートの派生

発祥の段階で国内のインド料理店の影響を色濃く受けているインド・ネパール料理店にあって、純然たるネパール料理メニューだけで構成している店が登場してくるのは2000年代に入ってからである。それ以前はどうだったかというと、集客効果が期待出来るナンやインドカレーといったインド料理をメインにし、サイドメニューでモモやネパール式アツァールを置くのが一般的だった。その中で、メニューとしてのダルバートを置いていた店を探し出すのは難しい。メニューは客の反応やコックの技量により変わりやすく、またそれらはデータとして保存されないのが常だからだ。

そもそもダルバートをダルバートと表記していない店が少なくない点も考慮されなければならない。現在、多くのネパール料理店が軒を連ねる新大久保をはじめ、ネパール人の多い地区にある店のメニューで、ダルバートをダルバートと表記しているところは決して多くない。「ダルバット」や「ダルバトセット」などという表記ゆれは別として、「カナセット」「タリセット」「ネパールセット」

「Aセット」などと表記されている方がむしろ多い。彼らはなぜ、ダルバートと表記せずカナセットと表記するのだろう。疑問に思って複数の店主に聞いてみると、異口同音に次のような答えが返ってきた。

「ダルバートというメニュー名にすると、ダル（豆スープ）とバート（ライス）しかないと（客に）思われると思って。ウチのセットはククラ（鶏）も付くし、ムラコアツァール（大根の漬け物）も付くし」

つまり少なからぬ店主にとって、ダルバートとは語義通り豆スープとライスからなる狭義の料理であるとイメージされている。従ってより広義のカナ（食事）や、食材を限定しないタリ（皿）やネパールといった名称の方が、提供するワンプレート料理への呼称として相応しいと思われているのである。

あるいはダルバートという呼称の持つ、庶民的過ぎるイメージを払拭したいと考える店主もいる。こうした人たちのイメージするダルバートとは、あくまで日常食として薄暗い家の土間にあぐらをかいて食べるもの、または長距離バスの休憩所などの脇に立つ、看板もない小さな安バッティで出される、量だけがとりえの一膳めしのようなものである。それは外食料理としての華やかさとは無縁の、濃厚に日常を感じさせるものなのだ。「Aセット」などというアルファベットを用いたハイカラなメニュー表記は、そうした日常的なイメージを変えたいという願望の表れなのかもしれない。その証拠に、Aセットの他にBセットがあるかと思ってメニューを探してみても無い場合が多い。

この日常性を外食店で出す事を嫌う店主たちは、ダルバートという名称を用いないだけでなく、使用する食器も高級感のあるチャレス（真鍮製）の皿を使いたがる。通常、ネパール本国、特に山間部のバッティで出されるダルバートは仕切りのあるステンレス製もしくはアルミ製の一枚皿（古い時代はステンレスよりアルミの方が一般的だったという）に雑然と盛り付けられたものであり、チャレスの皿が使われる事はほぼない。都内のあるネパール料理店の店主で、やはりチャレスの皿でAセットという名前でダルバートを出している人に「なぜチャレスの皿を使うのか」を聞いた事がある。返ってきた答えは「タカリー族の料理らしく見えるから」だった。こうしたタカリー族の料理らしさへのこだわりは、次に紹介するカトマンズ・タメル地区の飲食業者の動向と関連している。

1970年代のネパールを在住者の立場で知るスルジェハウスの元経営者、平尾和雄氏によれば、当時ダルバートは特に看板も無いようなバッティで食べるのが常だった。メニューもなく、客が座るとダルバートが盛られた皿がカンチャ（給仕の男児）によって無造作にテーブルに置かれた。肉が欲しい時は別注文。どの店もダルバートは食べ放題で提供され、腹の減った男たちが無言でワシワシと驚くほどの量を食べていたという。

そうした安くて量だけがとりえのダルバートのイメージが変化したのが1990年代から2000年代に入る頃。当時マオイスト運動による内戦で外国人観光客が激減する状況の中、外国人観光客の多かったタメルではネパール人客を取り込む商売に鞍替えする飲食業者が増えはじめる。ここでネパール人にとって「料理上手なイメージ」のあるタカリー族の名を店名に冠した店が登場するのである（その実オーナーはタカリー族ではないケースも多々あった。なお、現在Google Mapでタメル地区を検索すると、タカリーと名のつくレストランは優に10以上見つかる。こうした店は２０００年以前、ほとんど存在しなかった）。

そこで出されるダルバートには、もちろん看板も無いようなバッティで出されるものとは違う、洗練されたイメージがタメルという土地柄求められた。このためアイテム数も増やし、本来特別な来客などにしか用いないチャレス皿をダルバートに用いるようになっていく。日本国内のネパール店でチャレス皿を用いダルバートと呼称したがらないスタイルの出所は、おそらくこのタメルのスタイルに源流を求める事が出来るのではないだろうか。

もちろん今でもバスターミナルなどカトマンズ市内の地方出身者の多い場所には、昔ながらのダルバートを出すバッティが多数存在する。あるいは地方出身者が多く宿泊するようなホテルには、屋上などにダルバートを食べさせる食堂がたいていまだある。従ってネパール国内で、高級なものと従来の庶民的・日常的なものの二つのダルバートが混在するという事になるだろう。

ちなみに、『旅行人２００７年春号・特集カトマンズの春』で平尾氏がインタビューしているウゲン・ツェリン氏は１９７１年にタメルで最初にレストランを開いた人物である。それ以前のタメルは周りに田んぼのある、何もなかった場所だったという。

越境するダルバート

2010年代に急増した国内ネパール人人口に向けて、彼らをメインターゲットに据えた飲食ビジネスモデルが新大久保を中心に全国で見られるようになる。これに追随するように、従来インド料理をメインで提供していた旧世代のネパール人飲食業者たちの中にも、自店にネパールメニューを追加しようとする動きが見られた。彼らの中には、そもそもネパール料理が外食コンテンツとして成立しないと考えていた者も少なからず居て、どこまでネパールメニューを取り入れるかはオーナーの個人差が反映されるが、それでも次第に垣根が低くなりつつあるのは一ネパール料理ファンとしては嬉しい事である。

チャレスの皿を揃えてタメル式の高級ダルバートを出す店が出現する一方で、同じダルバートと銘打ちながらもダルが粘度の高いダルだったり、ライスが黄色く着色したイエローライスだったりとインド料理店スタイルを色濃く残している店もある。こうしたインド・ネパール料理店で出されるダルバートの特徴を思いつくままに列挙していくと

- ダルの粘度が高い
- ライスがイエローライス
- ナンがつく
- 辛さが選べる

・サラダがつく
・アチャールがインド産の瓶詰め
・ラッシーまたはソフトドリンクがつく

といったものがある。これには単にコックが従来のダルバートを作る技量が無い／材料調達ルートが分からない、という技術的な理由以外に、あまりにも庶民的な従来のダルバートを提供するのに抵抗がある、といった心理的理由が見え隠れする。

2010年代後半より、ネパールから来日するコックのビザ要件が厳格化され、現在も新規来日者数が減少傾向にある。この問題はじわりと在日インド・ネパール料理店経営者にも影響を与えていて、条件を満たさない店ではネパール人コックを雇うのが難しくなっている。その条件とは主に、家族滞在で妻を呼ぶ事とその妻がアルバイト出来る周辺環境がある事である。基本的にネパール人コックは、自身の給料や待遇面に多少の問題はあっても、この条件を満たせれば雇う事が出来る。逆に給料・待遇が良くても、これら条件がそろわなければ働かない。

こうしたネパール人コック不足の解消の一手段として、インド人コックの活用がここ数年顕著になっている。中にはインド人コックにダルバートを作らせるネパール人経営者もいるのだ。近年、インド・ネパール料理店で働くインド人の姿を見る事が珍しくなくなっているが、その中でも特に印象的なエピソードを紹介してこのコラムを締めくくりたい。

群馬県伊勢崎市のルンビニに入ると、一人で切り盛りしていたダカトピ（ネパール帽）を被ったおじさんが注文を聞きに来たのでネパール語で話かけたら通じず、改めて聞いたら何とパンジャーブ州パターンコット出身のインド人（パンジャーブ人）だった。

クリシュナ氏というこのパンジャーブ人コックは、2020年の6月までは東京都内のとある店で働いていて、オープンと同時にこの店に入った。店の方針でダカトピを被ってモモやダルバートも覚えて作っている。そのダルバートは、ダルが濃かったりタルカリがスパイシー過ぎたりするインド人テイストを感じる仕上がりだが、それが逆にインド人とネパール人の料理の差を浮かび上がらせて興味深い。

クリシュナ氏はニューデリーのフランス資本のファイブスターホテル、ル・メリディアンに勤務していた1996年に銀座ラージマハルのオーナー、マルホトラ氏に招聘されて来日。その後独立して一時期は都内で自ら店を経営していたり、再び様々な店の厨房で雇われコックとして働いてきた超ベテランだが、その彼が現在、群馬のネパール人オーナーの元で不慣れなダルバートを作っている。ラージマハル時代は1日100万円の売り上げがあったというが、今は1万円程度の日も珍しくないという。売上が100分の一に目減りする現在のインド料理店シーンにあって、かつてのラージマハル時代の同僚は皆店を持つか外国などに渡るかした人が多い一方、彼のような境遇で日々鍋を振るう人もいる。それはそれで立派なプロ調理人の生き様ではあるが、様々な事を考えさせられた。

特にアーリアン系のバウン・チェトリのネパール人とインド人とは外見上の区別は付きにくい。しかもダカトピを被ってしまうと尚更だ。この日はたまたま、言葉を交わしたからその素性が判明した

左上・メニューにダルバートと表記していない店は少なくない（この店は「チキンタリセット」と記載）　左中・ネパール本国の大衆食堂では決して一般的ではない、高級感のあるチャレスの皿に盛られたダルバート　左下・ネパール本国の大衆食堂で比較的よく見られる、仕切りのついた一枚皿に盛られたダルバート　右上・ネパール人の象徴であるダカトピ（ネパール帽）を被ったインド人コックのクリシュナ氏　右下・クリシュナ氏の作るダルバートは、越境したインドの味がした

が、普段何も言わずに食べていたら気がつかなかったかもしれない。いや、意識の鋭い人の中にはダルバートの中に見え隠れする、消そうとしても消えないインド人的調理作法の痕跡から、その正体を的中させる事があるかもしれない。元来、インドの料理を体得してビジネスとして成功させてきたネパール人たちが、今度は自らの店で出すネパール料理をインド人コックに作らせる時代が来ているのである。

このように、元来看板すらないバッティで単に空腹を満たすだけの存在だったダルバートは、やがて従来持つイメージを脱却し、タメル地区でチャレスの皿に載せられて提供されるご馳走と化した。そうしたイメージの越境に加えて、国境を越えた日本ではやがて人種の壁を越えたインド人コックによって日本人に提供されるメニューとして作られるようになる。本国ではあまりにも身近過ぎて「カナ」や「バート」など複数の呼び名が併存し、非統一だった呼称が日本人の間で「ダルバート」の呼称に収斂され、一メニューとして提供されるようになる。我々のテーブルの前で食べられるのを待つその一皿は、形や味を変え、様々な境や壁や概念を越えて今、そこに存在しているのである。

国内最大のネパール人街

～新大久保

今でこそ「リトルカトマンズ」などと呼ばれる新大久保。食べログで〈新大久保×ネパール料理〉で検索すると34件ヒットする（2021年8月現在）。料理店だけでなくネパール系の食材店や八百屋、送金屋、果てはネパール人学校の分校に至るまで生活に欠かせないインフラは全て出そろっている。もし勤務先も新大久保ならば、そこから一歩も外に出る事なく、日本語すら使う事なくネパール人は生活する事も可能となる。

東西に走る規模の大きな飲食店や送金屋が点在する大久保通りが大動脈だとすれば、そこから南北に無数にのびる細い路地は毛細血管のようであり、多くのネパール系商店はその一帯に点在している。そしてそのさらに奥に、留学生が居住する築年数の古い賃貸住宅が密集している。あるいは料理店の中には上階や別棟でホステルを運営しているところもあり、一室を複数に分けて住まわせたり、アパートでも何人かでシェアしていたりするので、物件総数より居住者はかなり多いはずである。

歴史的に多くの外国人が流入してきた新大久保は、今や世界的な一大エスニックタウンとなっている。しかも諸外国のエスニックタウンが事業者・消費者共に比較的一つの国の出身者のみで完結しているのに対し、新大久保の場合日本人消費者がかなりそこに入っている。ネパール人街化した現在も多くの店では日本語のメニューを準備し、日本人に合わせた料理を提供している。マレーシアなどネパール人移民の多い他の国の移民街では例外的なこうしたスタイルから、ネパール母国や他の移民先では生まれない、ホスト国の影響を受けた新たな「ネパール食文化」が創造され続けている。この世界的にも稀有なネパール人街と食文化がいかにして形成されたのか、新大久保の歴史と変遷を辿りながら現在も繁栄を続けるその姿を追ってみた。

前史と開拓者

「リトルカトマンズ」と称される新大久保界隈だが、ある日突然ネパール人が降って湧いたわけではない。ネパール人が集積するようになったのには伏線としていくつかの要因が存在する。そのエポックとなった出来事を中心に、ざっと新大久保の移民史を俯瞰してみたい。

戦後、焼け野原となった新大久保は、元の地主らが土地を手放した事で新たな住民が流入した。彼らは家を建て、新大久保には次第に住宅地が形成されていく。同時に駅周辺にはバラックが立ち並び、在日朝鮮・韓国人らが住み着いた。1950年に勃発した朝鮮戦争により、進駐軍

イスラム横丁と呼ばれる一角

兵士を連れ込む連れ込み宿が増えはじめる。新大久保が今もラブホテル街としての側面を持つのはこの頃に端を発する。一方、地元商店街主らにより計画された「健全な」娯楽施設の集まる歌舞伎町が出来たのが１９５５年。住宅地だった新大久保には歌舞伎町界隈で働く人が住むアパートが建つようになった。この頃から台湾人や韓国人の事業家も集まるようになっていく。１９６０年代後半から、歌舞伎町は次第に風俗産業の盛んな歓楽街へと変貌。当初日本人ホステスが中心だった歌舞伎町は１９７０年代後半になるとフィリピン人や台湾人、タイ人といったホステスの国際化が進む。当時は日本人男性のアジアでの売春が社会問題化していた時代でもあった。勤務先の歌舞伎町に近い新大久保に彼女らは居住した。1980年代になると韓国人ホステスが増えはじめ、さらに1980年代後半にはバブルマネーを求めて南米やロシア・東欧の売春婦と客引きをするイラン人のヒモの姿が見られるようになる。

一方、新大久保には戦前より続く国際学友会という日本語教育と寮を兼ねた施設があり、アジアから多くの学生を受け入れていた。1980年代から2000年代にかけて、国際学友会に居住するアジア系留学生の数は300〜450人の間で推移している。1983年、日本の国際化を目指すべく「留学生受け入れ10万人計画」が政府により策定。それに呼応して各地で日本語学校が乱立するのだが、元々ラブホテルの多かった新大久保では、ラブホテルを改築して日本語学校にするオーナーが増加。同時に先行して移住していた中国人や韓国人の中から不動産業を営む者も現れ、ニューカマーが居住する際のハードルも下がっていく。かくして新大久保から新宿にかけての一帯にアジア系留学生と風俗産業で働く外国人女性が急増していく。

こうしたアジア系住人が増えていくに従い、新大久保には彼ら相手の輸入食材や日用品を売る店が現れはじめる。当初新大久保にある外国人経営の店は主にオールドカマーと呼ばれる1950年代頃に進出してきた在日韓国人によるものだったが、1980年代後半から中国人やタイ人、ミャンマー人が商売に参入するようになっていった。このミャンマー人の参入こそが、現在の新大久保「リトルカトマンズ」化への重要な布石となる。

新大久保に於ける東南アジア系の最初のレストランは1991年開業のミャンマー料理店ヤッ

左上・大久保モスク内に掲げられた、サラート（礼拝）の時間がかかれたボード。左はビルマ語で書かれている　右上・大久保モスクが入るアネックスビル　左下・新大久保にあったミャンマー・フジ・ストアー（2002年撮影）右下・創業間もない頃のナスコの店内（2002年撮影）

タナーである。日本語学校の元校長とミャンマー人の夫妻によってはじめられたこの先駆的な店は1994年に移転し、その跡地にはタイ料理店クンメーが入った。東南アジア食材店日光が開業したのは1992年。ほぼ同時期にシンガポール・マレーシア料理店の新世界が開業している。こうして特に新大久保駅から小滝橋通りにかけての一帯は、韓国でも中華でもない東南アジア系タウン化していく。そこに集まってきたのがミャンマー人ムスリムだった。現在「イスラム横丁」と称されているエリアは元来「文化通り」と呼ばれるが、ここに1994年に開業したミャンマー食材店がフジ・ストアーで、初代のオーナーがミャンマー人ムスリムだったため店ではミャンマー食材だけでなくハラール食材も販売していた（その後ミャンマー人非ムスリムオーナーの所有となり、店名をミャンマー・フジ・ストアーに変更してしばらく営業したあと高田馬場に移転。ここに2013年ソルティカジャガルが入居）。翌1995年頃にはミャンマー人ムスリムが中心となってイニシャルハウスアネックスという雑居ビル内にムスリムのためのムサッラー（簡易礼拝所）が作られる。さらに1996年3月には日本人女性と結婚したミャンマー人（非ムスリム）が食材店ピードゥを開業、1996年8月にはミャンマー人ムスリムがハラールレストランのアジアを開業。この当時のミャンマー人ムスリムの動向こそが現在の「イスラム横丁」発祥の萌芽となる。

新大久保で2001年にハラール食材店を開いたナスコのナセル・ビン・アブドゥラ氏は元々群馬県境町を拠点としていた。東京進出時、ナセル氏が出店場所を新大久保に決めた理由の一つがこのムサッラー（現在はモスクとなっている）があったためである（他にも2001年当時、新大久保の裏通りは家賃相場が低かった事もある。詳しくは『日本の中のインド亜大陸食紀行』参照）。ちなみにモスク設立に関わったミャンマー人たちはその後霧散し、現在モスクはナセル氏によって運営されている。

このように、ミャンマー人ムスリムがはじめたハラール・ビジネスの系譜上にナスコはある。その頃豊島区を中心に、都内には既に多くのハラール食材店が点在していたが、ナスコの繁盛ぶりに刺激されたのか、バングラデシュ人やパキスタン人といったインド亜大陸出身オーナーのハ

左上・ラヒフーズアンドスパイスセンターとMOMOのオーナー、ギミレ・パウデル氏　左下・バラヒフーズアンドスパイスセンター　右・ネパール語新聞『ネパーリ・サマーチャール』発行人、ティラク・マッラ氏

ラール食材店が続々と集まってくるようになる。そうした動きに呼応するように、ネパール人として初めてこの地に食材店を開いたのがギミレ・パウデル氏である。

元々ネパールで新聞社に勤務していたギミレ氏は２００２年に来日し上智大学に留学。２００８年に修了後、既に知己となっていたティラク・マッラ氏の出していたネパール語新聞『ネパール・サマーチャール』（ギミレ氏加入後は『ネパーリ・サマーチャール』に名称変更）を手伝いつつ、同胞向けの食材店をはじめようと思い立つ。出店は外国人が多い場所がいいだろうと大久保通りから奥まった小さな物件を借りバラヒフーズアンドスパイスセンターと名付けた（現在

左上・ソルティカジャガルのカーテン　右上・カーテンを開けると拡がるソルティカジャガルのイートインスペース　左下・ソルマリのオーナー、タパ・プスカル氏（右）とカビル・タンドカル氏　右下・Aセットという名で出されているソルマリのダルバート550円

ここは同新聞社の事務所となっている）。この時、経営面などでサポートしたティラク氏は、2003年から2008年まで墨田区京島でポカラというインド・ネパール料理店を経営しながら、個人新聞のような形でネパール語新聞を発行し続けていた。

　翌2009年、より大久保通りに近いアネックスビル二階奥でハラール食材店ジャファール＆ファミリー・ストアを経営していたミャンマー人ムスリム（ロヒンギャ）のオーナー、ジャファール氏から閉業に伴い「後に入らないか」と打診され移転。食材店として営業する傍ら、付属していた小さなキッチンでモモを作り提供しはじめる。このような食材兼カジャ（軽食）屋という形式はネパールでは珍しくない。元々はスケルトン物件だったが、厨房設備工事をして保健所審査をクリアーし本格的にモモを提供しはじめる。ちなみにここで当初から腕を振るっていたのが、京島のポカラ時代からティラク氏と懇意だったチャック・プルジャさんである。やがて通りに面した階下の店舗で営業していたパキスタン人の食材店アリババが移転する事となり、迷った末にここも借りる事にした。これが現在も営業中のバラヒである。また二階では通りに面した別の部屋が空いたので、モモを出していた食材店から飲食部門を独立させ、改めて店名をMOMOと名付けて2010年より飲食営業をはじめる。メニューにはモモだけでなくチョエラやスクティ、ダルバートなどのカナも揃える一方、ナンを焼くタンドール窯を置かない画期的なネパール料理専門店だった。

「人と同じ事をやるのはつまらない。誰もやってない事をやるのが好きなんですよ」

とギミレ氏は笑う。上智大時代にはモティやシディークでのホールのアルバイト経験もあるが、その経験を参考にしつつも決して他の多くのネパール人経営者のようなインド・ネパール料理店にはしなかった。それが他の多くのコック上がりのネパール人経営者とは違う、36歳で妻子を残して留学を決意した元ジャーナリストという異色の経歴からくるものなのかどうかは分からない。

やがてMOMOのスタイルを踏襲、ないしインスパイアされたネパール料理店が乱立するようになると、ギミレ氏は「誰もやってない事」を求めてオーストラリアに飛ぶ。そこでネパール人の友人がキウイ・フルーツの農場を経営しているのに触発されて、現在大分で大規模なキウイ農場も手がけている。ネパール人経営者の中では稀に、誰かの真似ではない新しい仕事を求め、それが安定し追随者が増えてくると飽きてしまうギミレ氏のような人も存在する。

MOMO以後の世界

MOMOの出現以降、急速に大久保のネパール人街化がはじまる。MOMOの登場と成功は、確実に日本の中のネパール人社会にとってフェーズが変わったエポックだったといえよう。

年代順に追っていくと、まず2013年には元ミャンマー食材店だった物件にソルティカジャガルが入る。この頃から新大久保「イスラム横丁」化のきっかけともなったミャンマー人ムスリム店の数が減り、ネパール人店へと勢力地図が塗り変わっていく。ソルティカジャガルも当初のMOMO同様、本来飲食物件ではないところに後付けで厨房設備を入れ、仕切り壁でイートインスペースを確保したのち入口にカーテンを吊るして強引にカジャガルにしてしまった。臭みの抜けきらない山羊肉料理や強く効かせたニンニクがそのカオス感ある薄暗い内装と相まって、現地らしさを求める一部の日本人客にも局地的な人気を博していく。

2015年4月にはMOMOの厨房で約5年コックとして腕を振るっていたカビル・タンドカル氏が独立し、タパ・プスカル氏ら仲間と共にソルマリを立ち上げる。ダックのチョエラやティ

圧倒的なアーガンの内装

ル（ゴマ）のスープに浸したモモなど、出自であるネワール族の本格的な味にこだわり、美味しさだけでなく現地カトマンズの提供スタイルに忠実たらんとしているところにカビル氏の生真面目な一面がうかがえる。

ソルマリの本格志向に追随するかのように、より大きな資本をかけた規模の大きなネパール料理店がその後相次いで登場する。2015年12月に開業したナングロ・ガルと2016年6月に開業したアーガンである。オーナーのサチン・スレスタ氏を中心に複数の出資で設立されたナングロ・ガルは、経験の長いネワール人コックのナレス・タンドカル氏のアイデアにより、オーセンティックなネパール／ネワールらしさを追求した趣向が凝らされた店となった。タパリと呼ばれる葉皿に盛られたサマエバジ・セットなどもナレス氏のアイデアである。現地の工芸カーストの人たちと独自のパイプのあるナレス氏は、ネワール族の内装に欠かせない装飾品などの手配も一手に引き受けた。その直後に引き抜かれてアーガンに移ったナレス氏は、同様の手法で内装からメニュー作りまで関わっていく。やがてナレス氏はより自らの自由裁量で運営出来る新天地を求めて、2018年大塚に自店カスタマンダップをオープンさせる。

こうした華やかな祭礼料理や室内装飾での伝統的オーセンティシティーを追求したのがナングロ・ガルやアーガンだったとすれば、より一般庶民のリアリズムな生活に基づくオーセンティシティーを追求したのがカワス・ガジェンドラ氏らにより立ち上げられたムスタング・タカリバンチャガル（何度かオーナーが変更し、現在の店名はムスタング・タカリ）である。同店の入るテ

左・ムスタング・タカリバンチャガルの500円ダルバート
右・ムスタング・タカリバンチャガル

ナントの上階は学生向けのホステルともなっていて、当初そこに入居する学生や、周囲で急増する同胞留学生向けの廉価メニューとしてダルバートを500円で提供しはじめた。低価格でダルもバートもおかわり自由というのは現地の提供スタイルをそのまま踏襲したものであり、月払いのシステムも含めて学生らにとって慣れ親しんだスタイルだった。やがてこのサービスを学生だけに限定しておく事が困難となり、一般客にも同額で提供するようになる。これが「500円ダルバート」として現地での提供スタイルになじみのなかった一部の日本人客の間で驚きと共に評判となっていき、一方界隈の同業者たちは流れに同調するようにその価格に合わせたセットメニューを提供していくようになる。

そもそもダルバートとは、元来長距離バスの発着所や行商先のバッティなどで空腹を満たす、量と安さだけが取り柄のアルミプレートに盛られた豆汁ぶっかけメシだったはずである。それがいつしか外国人観光客やネパール人富裕層の口にも会うように、品数が増やされ、きれいに盛り付けられて、キラキラ光る真鍮皿に盛られて高価格で提供されるようになった。こうした提供スタイルは2000年代以降のカトマンズで特によく見られるようになったもので、そのまま新大久保の店でも踏襲されていくようになる。その一方で、ムスタングで提供されるような低価格スタイルもいまだ健在で、こちらもまた現地のバッティなどで提供される、よりオリジナルに近いものだといえよう（真鍮皿に盛られたダルバートが本当にオーセンティックなネパール料理かどうかという議論は別項「越境するダルバート」参照）。このように、現地カトマンズ社会の中で生まれる食文化の潮流やトレンドが、そのまま新大久保の地で再現され展開されているのははなはだ興味深い。正に新大久保が「リトルカトマンズ」と称される所以なのだろう。

それにしてもどうしてここまでネパール料理店が新大久保には集中するのだろう。もちろん2010年代に入り急激に増えたネパール人学生というマーケットが台頭したという背景はあるものの、冒頭記した食べログ検索での34件というネパール料理店の数はとっくに飽和状態の臨界点を超えているようにハタから見える。しかし今なお、出店予定のネパール人の噂は絶えない。

思うに、新大久保で店舗を構える事が在日ネパール人社会におけるステイタスの一つとなっているのではないだろうか。ネパール人が他のインド亜大陸出身者同様、虚栄心や承認欲求の強い人たちである事は、例えば彼らのコミュニティ内で行われる祭りや行事などの壇上で、式典に先立ち延々と世話役やスポンサーにカター（布）なをど贈呈し顕彰したりされたりしている姿からもよくわかる。また災害やコミュニティ内の誰かが病気や事故に遭った時、SNSなどで寄付を募るが、大口の寄付をした人の名は特筆大書され拡散される。同様に、新大久保への出店はビジネスであると同時に、在日ネパール人社会の間で顔役として認められるための重要な布石にもなり得る。顔役になりたがる彼らの性向はＮＲＮＡ（在日ネパール人協会）の会長・副会長選挙の白熱ぶりからも充分うかがえる。一方で、インド・ネパール料理店で成功している、根っからの打算的なネパール人飲食関係者は決して新大久保に出店しようとはしない。採算を度外視して広い店舗を借りて凝った内装づくりを施すのも、採算を度外視して５００円のダルバートを出し続けるのも、一見両者の志向するベクトルは異なるようでいて実は同じ方向を向いている。それはブランド化された新大久保への出店という、コミュニティ内の価値観でのみ成立する自己実現に他ならない。

新大久保と他国のネパール人街との比較

今や日本最大のネパール人街として君臨する新大久保。では新大久保がネパール人街化する以前、彼らはどこを拠点にしていたのだろう。

１９８０年代後半から急増したパキスタン人やバングラデシュ人が池袋、中板橋、赤羽、浦和、戸田、川口といった場所にハラール食材店を出して交流の拠点としていったのに対し、比較的後発のネパール人もまた規模は小さいながらも都内にコミュニティを築いていった。中でも比較的集中していたのが品川区の武蔵小山、西小山、戸越から大田区大森～蒲田にかけての一帯である。ネパール大使館のあった目黒区下目黒から比較的近い立地がその遠因だと思われる。日本人と結婚し２０００年代初頭から西小山でアジアンポカラフードセンターを開業していたインディラ鈴木さんや、戸越銀座のロイヤルスパイスを開業していたカマル・ゴウチャン氏らの経営する食材店には、常時周辺に住むネパール人が食材を買いがてらたむろして語らっている姿が見られた。この時代はあくまでこのような食材店が交流の中心であり、新大久保に見られるようなネパール料理店もなく、儀礼や婚礼といった行事のための集まりの場は仲間内の誰かが経営しているインド・ネパール料理店が選ばれた。まだ在住ネパール人人口そのものが少ない牧歌的な時代で、同業者間の競争も無かった。

都内ではこうした状況が１９９０年代の後半から続いていたが、２０１０年のＭＯＭＯ開業を嚆矢としてその様相が一変する。その後の新大久保のネパール人街化の加速度ぶりは前段の通りである。

実は世界の主要都市には、日本に於ける新大久保のようなネパール人街がいくつも存在する。ただし他国のネパール人街に比べても、新大久保のネパール人街はやや特異な存在である。例えば、世界最大のネパール人労働人口の受け入れ国（２０１８年まで）であるマレーシアのネパール人街と比較すると、それがより実感出来る。

ネパール政府労働省の統計によると、統計が開始された２００８年から２０１８年までの間、

左上・西小山にあったアジアンポカラフードセンター（2001 年撮影）　右上・戸越銀座にあったフェワ（2001 年撮影）　左下・フェワ店内。かつては食材販売の他、国際電話カードやインド映画をダビングしたビデオのレンタルなどが主流だった　右下・マレーシアのネパール人街、Jalan Tun Tan Siew Sin

ネパール人労働者の最多渡航国はマレーシアだった（インドを除く。ちなみに２０１９年以降、湾岸諸国のカタールやＵＡＥに抜かれる）。２０１３年の統計ではマレーシア国内で働くネパール人は35万９０００人で、これは在マレーシア外国人労働者人口としてはインドネシア人に次ぐ二番目に多い勢力である。彼らは主に製造業や建築業などに従事していて、その勤務先は広大なマレーシア全土に及ぶ。週末になると地方で働いているネパール人たちが、首都のクアラルンプールを目指して全国から集まってくる。

　この膨大な数のネパール人労働者の溜まり場となっているのがクアラルンプール最大のネパール人街Jalan Tun Tan Siew Sinである。市内中心部に位置し、

左・Jalan Tun Tan Siew Sin の中のネパール料理店
右・韓国・ソウルのネパール人街、南大門周辺のネパール料理店

ネパール人経営の飲食店や送金屋、旅行代理店や帰国前のマレーシア土産を売る店が並ぶ。近くにマレーシア各地を結ぶ長距離バスターミナルもあり、全土で働くネパール人労働者が集まりやすい立地となっている（ちなみにこの一帯はネパール人のほか、バングラデシュ人やミャンマー人も多く集まっている）。Jalan Tun Tan Siew Sin がこうした全土に散らばるネパール人の一極集中型の場となっているのに対し、新大久保は都内在住のネパール人が買い物や食事に訪れる事はあっても、必ずしも地方在住のネパール人の溜まり場にはなっていない。むしろ全国には地方ごとに小規模な新大久保が存在しているともいえる。

　マレーシアのネパール系飲食店と新大久保にあるネパール系飲食店を食べ歩いてみると、そこに大きな違いがあるのに気づく。マレーシアのネパール系飲食店ではそもそもメニューが無いところが多く、仮にあってもネパール語で表記されていてマレー語はおろか英語表記すらない。これは完全に客層がネパール人のみである事を意味する。一方の新大久保では、料理名の日本語表記はもちろん、中には丁寧な日本語で料理説明文を添えたものすらある。つまり両者ではターゲットとしている客層が異なるのである。

マレーシアの場合、地元のマレー人社会と移民であるネパール人社会には厳然たる溝があり、マレー人自身がネパール料理には関心を示さず、ネパール人もマレー人客を呼ぼうという働きかけはない。これはマレーシアに限った話ではなく、むしろ移民料理に関心を示す日本人の方が世界的に特異だといえる。例えば同じアジアで日本以上にネパール人出稼ぎ労働者数の多い韓国にも、首都ソウルの南大門近くにネパール人が集まる一角がある。同地に点在するネパール系飲食店を複数訪問したが、マレーシア同様、決して韓国人をターゲットにしたものではなく、店主たちに聞いても韓国人客はほぼ来ないとの事だった。

新大久保では既に1990年代半ば頃から、市場拡張のため中国系や東南アジア系の店で看板やメニューに日本語表記を入れるといった、日本人マーケットを取り込む試みがなされている。やがて新大久保は、「現地系」で「日本人の舌に媚びていない」「本物（ガチ）」の料理が食べられる場として好事家の間で認知されていく。後発のネパール料理店もこのスタイルを踏襲する。例えばギミレ氏らが当初、食材店バラヒの片隅でモモを出しはじめた時、そこに日本人客の姿は想定しなかったという。

「でもどこから聞きつけたのか、モモの提供をはじめたら日本人も店に来るようになってビックリした」

と当時を振り返ってギミレ氏は語る。ちなみに日本国外にあるエスニックタウンで、ホスト国側の好事家が食べ歩きをする姿や食事会をやったりする光景は、少なくとも個人的に見た範囲ではなかった。

ネパール料理の深化と進化

やがてネパール料理店が増えて競争意識が激化してくると、ネパール現地に寄せたものだけでなく、日本人向けのネパール料理、あるいはサイドメニューに日本料理を出す店までグラデーションが広くなってくる。そこには各店舗のオーナーによる日本人顧客観が投影されていて、それぞれの店の個性を形作っていて興味深い。２０２０年にオープンしたバンチャガールや２０１７年にオープンのマジックキッチンなどは、ダルバートなどネパール料理の横にカキフライ定食やサバの味噌煮定食といった日本の定食メニューが並んでいる。またチーズナンやバターチキン、キーマカレーといったインド・ネパール料理店の定番をあえて置く店も少なくない。

ネパール料理だけでは過当競争の激しい新大久保で勝ち目が薄いと考えたのか、日本人客の好みそうな和風定食やナン・カレーを並べる。このような店の出現は、当初国内で増殖するインド・ネパール料理店が出すナン・カレー主体の風潮へのオルタナティブとして登場したはずの「新大久保＝リトルカトマンズ」化の流れに逆行する動きのように思えるが、渦中に出店する当

カトマンズの米・穀物屋

事者にとればマジョリティとしてのネパール料理店の中での差別化に他ならない。ナン・カレー中心主義からの脱却こそ新大久保のアイデンティティであったはずが、差別化からさらに差別化して一周回っている。それだけ現代の新大久保ネパール人社会のサイクルが速く、かつ成熟している事を示唆していて興味深い事例である。

ネパール料理の深化のさせ方にはいくつかの方法がある。一つはネパール国内でも見られるような、廉価ダルバートの高級化。アルミ皿に盛られた量と値段だけが取り柄の食事から、キラキラの真鍮皿できれいに盛り付けられた高価格帯の料理への変化である。ただし新大久保の場合、値ごろ感こそ本来のバッティ式を踏襲しながら、提供スタイルはキラキラの真鍮皿を用いるところが多い。これもまた新大久保ならではの深化の形態である。

自分たちの伝統を遡って研究し、既にネパール国内では消失してしまった古い料理文化や素材を再現するような動きもある。例えば本来外食料理として食べられていなかったディロも既に新大久保では一般化され、多くの店のメニューに置いてある。口さがないネパール人には「あんなのはお店で金を取って客に食わせる食い物じゃない」と言ってはばからない人もいるが、「ネパール固有」の料理をメニュー化しようと思いあぐねた結果、このような料理が再発見されるケースもある。2021年に開業したヒマラヤン・マルシでは、今やネパール国内でも食べる人の少なくなったマルシ（赤米）を食べさせる。ディロもマルシも希少性という側面だけでなく「健康に良い」という観点からも好まれている。ネパール国内ではあまりにも日常的過ぎてメニューにならない食べ物が、日本という異国の地に於いては逆に非日常性を帯び商品化される例である。

従来のネパール料理がこのような深化をみせる一方で、日本の食文化の影響を受けた独自の進化も見受けられる。それは例えば日本の居酒屋バイト経験者が持ち込むアイデアの中に現れる。ネパールでは通常、カジャガルと呼ばれる軽食屋で売られているモモはたいてい大きなバーロで蒸されたものが、ゴマのスープやゴルベラ（トマト）のアツァールといったタレと共に食べられる。これが例えばインド中華のチリ・チキンの調理法に想を得たチリ・モモ（メニューには頭文字を取ってC.MOMOなどと表記される）に応用されるのは既に日本国内各地で一般化されているが、これら複数の調理法で作られたモモを「盛り合わせ」として大皿に載せた提供方法はおそらく新大久保発祥である。居酒屋による刺身の提供方法だった「盛り合わせ」をモモに転用したものだが、同様に焼き鳥風に竹串に刺したセクワや、本来ならダニヤ（香草）を散らすところを刻み万能ネギにするなど居酒屋料理に影響を受けたネパール料理が登場している。

やがてそれは提供方法や提供食器にまで及ぶようになる。居抜き前の店やテンポスなど中古厨房機器屋で仕入れた卓上用品類は便利で見栄えも良く、新大久保の経営者たちが故郷ネパールで開くレストランで応用や逆輸入されていくケースも実際発生している。新大久保発祥のスタイルが、新たなるネパール食文化のトレンドと化しスタンダードになっていき、いつしかそれが全世界のネパール人街のレストランに影響を及ぼす可能性も充分ありうる。正に世界のネパール料理店トレンドの最前線が新大久保にはある。

ネパール料理の主戦場
～巣鴨・大塚・池袋

首都圏でいえば新大久保や蒲田、地方都市でいえば名古屋や福岡など、いわゆる「ネパール人街」と称すべきネパール系多数派商圏が国内には複数存在する。その中でも盛んにニュービジネスが仕掛けられ、ダイナミックな変化に富む流行の国内随一の震源地は、もしかしたら新大久保よりも大塚・池袋エリアなのではないかと思わされる事がある。

新大久保が多くの在日ネパール人が注視する晴れの舞台としてイメージされるようになった現在、ネパール人にとってそこでビジネスをはじめるのは単に商業的な成功のみならず、多くの同胞の眼を意識したものになっている。誰かが新規出店するたびに、どのような経営者がどんな新しいメニューを出し、どのような立地でどの程度の内装なのかといった情報がネパール人同士の口コミやネットでまたたく間に拡散される。それに比べて大塚・池袋エリアは、そのような過剰なプレッシャーを必要としないぶん、まだまだ健全な競争が行われているように感じられる。

元来この地域は国内でも特にアジア系を中心とした多文化共生が最も進んだ場所の一つであ

り、池袋北口周辺に広がるネオ中華街や北区から板橋区にかけて広がるバングラデシュ系集中地区以外にも多くのアジア系が居住・商売をしている。その自由でアナーキーな雰囲気が、これから店をはじめようとするネパール人にも少なからぬ刺激を及ぼしているのだろうか。既存のビジネスモデルを模倣しがちなインド・ネパール料理店業界にあって、珍しくそこは進取の気風ある大いなる実験的な起業アイデアで溢れている。今日もまたこの街のどこかで、誰も気がつかなかった新しいネパール式の業態が静かに産声をあげているのかもしれない。

巣鴨の中のチスバン村

飲食店もまた客商売であり、店は出したものをお客に喜んでもらってお代を得る。このため店は少しでも客受けしそうなものを出そうと日々努力を続ける。客受けする要素はさまざまだが、ある店はより凝った料理を出そうとし、ある店は低価格や雰囲気で勝負しようとする。いずれにしても客が金を落とすだけの技量や付加価値がそこには必要となるが、こうした顧客の満足を得るための付加価値は一朝一夕には身につかず、またアイデアを閃いたところでそれを実現するための技量が伴わなければ意味がない。かくして多くの店は手っとり早く繁盛店を模倣する事となる。

インド・ネパール料理店の世界も同様だ。しかも模倣の多いインド・ネパール料理店は元より、本来その画一化を嫌ってはじめられたはずのネパール料理専門店においてすら、しばらく営業しているうちに他店と似通ったメニュー、似通った味に陥ってしまう。これは外食店用に定型化されたメニューの幅が少ないのに加え、厨房に立つネパール人たちの技術的限界からくる、ある種の宿命なのかもしれない。

そんなインド・ネパール料理店が抱えるジレンマの壁を、難なく超えてしまっている店が巣鴨のプルジャ・ダイニングである。ガラスの引き戸を開けると厨房の奥の方からでもよく通る甲高い声で「いらっしゃいませ〜」と出迎えてくれる（料理に集中して気づかれない事も多い）オーナー、チャック・プルジャさんは丸みを帯びた容姿に笑い上戸、笑うと無くなってしまう目など、初めて訪れた人も一瞬にして安心感を与える女性オーナーである。

ネパール料理とはかくあるべしという社会通念をいい意味で完全に無視し、自らの記憶の中のふるさとの味に忠実で、かつ入手困難な食材は群馬に持つ自らの農園で一から栽培してしまうなどオリジナリティあふれるプルジャさんの料理はインドやネパールなどといった既成概念を超えたある種のアナーキーなものであり、自他ともに認める「プルジャ料理」とでも呼ぶほかないものとなっている。とはいえ独創的でありながら決して奇をてらったものではなく、必ずやネパールという確たる概念内に帰着するその安定感と奥行きのある味わいに魅了される人は日本人・ネパール人、またプロアマ問わず後を絶たない。この変幻自在で孤高のプルジャ料理、一体どのような経緯で体得されたものなのか…。プルジャさんに改めてその辺りを聞いてみた。

プルジャさんはネパール西部の街ポカラから57キロ離れた、ミャグディ県チスバン村に5人きょうだいの二女として生まれた。12歳離れた姉の次に兄がいて、プルジャさんを挟んで二人の弟がいる。料理の点では母と共にこの歳の離れた姉からの影響が大きく、今は香港在住という姉の料理を食べると「やっぱり似てる」と感じるという。

「もちろんやろうと思えばインド風の料理も出来るけど、それじゃつまらないでしょ。料理の基本はお母さんとお姉ちゃんが教えてくれたのよ。作り方だけじゃなくて、畑も一緒にやっていたし、収穫の時期、美味しい野菜の見分け方、処理の仕方とか全部。そっちの方がインド料理より絶対美味しいから店で出してるの」

チスバン村は当時150世帯ほどの小さな村で、塩と砂糖、そしてなぜかクミン以外はほぼ自給自足という環境だった。基本的に村人たちは耕作用に牛を、ミルクと食肉用に水牛を飼っていた。雌の水牛は利用価値があるが雄はないため（気性が荒く耕作用にも不向きだという）、村では共用の繁殖用の数頭を除いて雄が生まれると数か月育てて食肉にする。山羊の場合、カシ（去勢山羊）にする事で特有の臭いを消し肉質を柔らかくさせるが、水牛の仔はまだ肉質の柔らかいうちに〆てしまうので去勢する必要はない。時折食べられるこの仔水牛は村の大切なご馳走だったという。

それ以外にもある程度ミルクを出し終えた雌の水牛は解体し、近隣や親族で分け合って食べた。当時は村には電気もなく、ましてや冷蔵庫などあろうはずもなく、保存のために陰干しして

左・巣鴨プルジャ・ダイニングのオーナー、チャック・プルジャさん　右・スペシャルイベントの際のプルジャ・ダイニングのプレート

スクティにしていた。同様に大根の葉や蕎麦の葉なども干して発酵させてグンドゥルックにした。こうした村での食糧事情、食品加工など、まるで今さっきそこで見てきたかのようにプルジャさんは生き生きと説明してくれる。その一つ一つが自ら手を動かし、体で覚えたものなのだ。このような家事仕事はネパールの農村では女性の仕事であると認識されている。職業としてインド・ネパール料理の厨房に立つ大多数の男性ネパール人コックには、こうした知識も経験もない。

プルジャさんは群馬県館林市に農地を借りていて、毎週火曜の定休日ともなるとスタッフのヌンさんらと共にせっせと畑仕事に通っている。以前はヌンさんの運転するバイクに二人乗りしていたが、現在はそのためだけにわざわざ中古の軽自動車を所有している。

日々の厨房での調理や接客の他、たとえ休憩時間といえども袋詰めで大量購入したジンブー（英名はリーフ・ガーリック。ユリ科ネギ属の乾燥ハーブ）の小さなガラ取り（この作業を怠ると主成分以外の不純物が混じって味が落ちるという）やグンドゥルックの選別作業やらをナングロ（平たい竹笊）の上に広げて延々やっている上に、週に一度の店休日も畑仕事をしている訳で、安息の時間などなさそうにも思えるが、下処理や土いじりが何よりのストレス解消になっているらしい。畑では野菜の植える時期と収穫の時期、肥料の種類と量、その他全てを適切に見定めてたとえ炎天下だろうと雨が降ろうと黙々と作業をする。こうした農作業に必要な知識も全てチスバン村で学んだものである。

またプルジャさんは生まれて初めて食べた外食の味を今も鮮明に覚えているという。それはお父さんに連れられて、初めて村を出てポカラに向かった14歳の時だった。チスバン村からポカラには徒歩で2日かかる。早朝5時にチスバン村を出た二人は、午前10時頃ミャグディ県の県庁所在地であるベニの町に到着した。

「ウチを出て初めての休憩時間。そこで朝ごはんを食べたのよ。同じチスバン村出身の人がやっている食堂で、シミ（フジマメ）とラズマ（赤金時豆）があって、大根のアツァールにゴルベラコアツァール、肉はククラ（鶏）。それがアタシが生まれて初めて食べた、家族の人以外が作ったごはん」

その全てが美味しかったという。おかず全てを仔細に記憶しているところに後年の名料理人と

ネパール西部の街ポカラ

しての姿を予感させるが、それだけまだ外食そのものがプルジャさんにとって非日常でインパクトが大きかったのだろう。村で培った家庭の技量に加え、こうした外食で出会った新鮮な味への驚きと感動が現在のプルジャ・ダイニングの味を形作っていったのは間違いなさそうである。

今でもプルジャさんはネパール料理であるなしに関わらず、外食で珍しい味に出会うと厨房で再現しようと試みる事がよくある。材料が入手出来なければどこかから種を調達して畑で栽培するところからはじめる。味に対する人一倍強い好奇心に裏打ちされたその料理技術は、日本にいる凡百のインド・ネパール料理店のネパール人男性コックたちが仕事として義務的に身につけた、画一化された料理技術では決して太刀打ち出来ないものである。「プルジャ料理」と自称するのは、商業的なインド・ネパール料理とは根底から違うという、彼女の強烈な自負の表れでもあるのだ。

バッティとネワールの居酒屋文化

巣鴨の隣駅である大塚は都内有数のネパール人集住地区である。駅周辺の築年数の長い、今どきまだこんな物件がと驚くような木造モルタル造りの2階なんかに家族で住んでいたりするほか、中には静かな住宅地の奥にある鉄筋3階、地下1階の建物に、内部は細かく仕切られ、各部屋にコック家族などが住んでいるシェアハウスのような物件もある。物件所有者は日本人だがネパール人住人を管理人として住まわせていて、その代わり部屋代は無料にしている。彼自身も本業はインド料理店のオーナーだが、家族共々この狭いが居心地の良い部屋に長年住んでいる。共同炊事場では三々五々帰宅したコックやその家族の誰かが常に何かを作っていたりして、諸事情が許せば住んでみたくなる環境である。

そんな大塚に、2021年登場したのがバッティである。新大久保を中心に、今まで散々出尽くした感のあるネパール式の飲食形態に、まだその手があったかと思わせる新たなネワール伝来のスタイルを投入。ネパール本国では当たり前すぎて気にも留めなかったような業態が日本とい

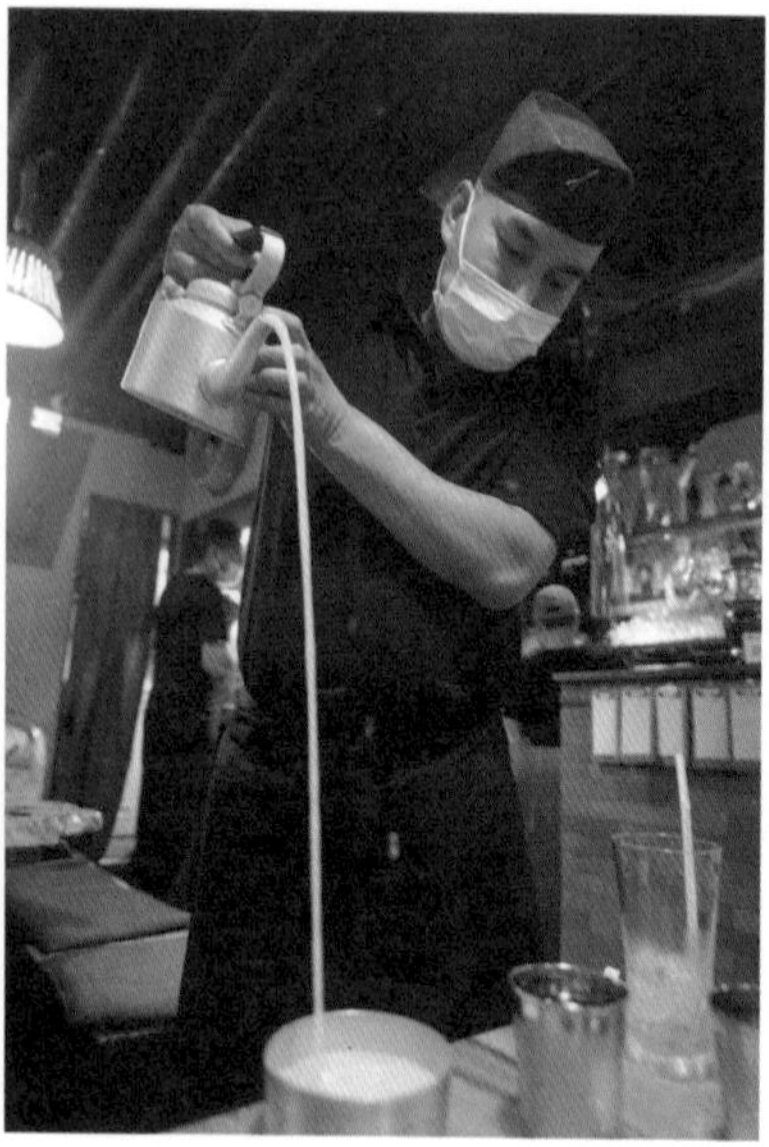

左上・大塚バッティ　右上・戸越銀座にあったフェワ（2001年撮影）　右上・大塚バッティ店内にある、おかず毎に分けられた大皿　右下・カトマンズのアサン・チョークにある典型的なバッティ

う異国の地にあるだけで妙に新鮮味を感じさせる。それがバッティ登場に対して持った在日ネパール人一般の感想だったのではないだろうか。

その前にまずバッティとは何かだが、手元の三枝礼子『ネパール語辞典』（大学書林）を開くと「1（酒類の）醸造所／2酒類の販売店、酒屋、居酒屋」と定義されている。またカトマンズでは単にバッティではなくバッティ・パサルと呼ばれる場合もあり、パサルとは「店」を意味する事から、より的を絞った意味合いでの居酒屋を表している。ただしこうしたもののほか、街中や郊外にいくらでも存在する、ダルバートなどを食べさせる小さな小屋のようなメシ屋の事もバッティと呼ぶ。古来よりインドとチベットを結ぶ交易路上で営業する、行商人や巡礼者たちを相手にした茶屋などもこの範疇だ。つまり語義通りの居酒屋を意味する狭義のバッティと、メシ屋や街道の茶屋などを指す広義のバッティとが併存するという事になる。

カトマンズでも古くからある街区、特にアサン・チョークやインドラ・チョークの裏町あたりは人がすれ違うのがやっとという狭い小路が迷路のように無数に入り組んでいる。両脇に建つレンガ造りの4階から5階建ての住居が日光を遮り、昼なお薄暗い路地裏を西も東も分からぬまま彷徨い歩いていると、ポツンとたたずむ看板のない濃い緑色のカーテンがかかった家とも店とも判別しがたい物件が目に入る。カーテンの隙間から見るとはなしに中を見ると、午前中には肉料理の仕込みがなされ、昼にはチョウメンなどのカジャを出す軽食屋として、灯ともし頃にはカウンターか小さなテーブル席で、水牛の内臓料理と共にロキシー（ネワール語でアエラまたはエラ）と呼ばれる蒸留酒を飲ませる居酒屋である事が分かる。これが狭義のバッティ（バッティ・パサル）である。

家族や個人単位での経営が多く、（旦那は別の仕事をしていて）女性一人で切り盛りする小さな店も多い。経営者の大半はネワール族で、店があるのも主にカトマンズ、バクタプル、パタンといったネワール族の多い地区に集まっている。出されるロキシーは自家製のものもあれば、ロキシーのみを製造販売する業者から調達している場合もある。基本的にネパールも酒税法によって自家製の酒の売買は禁止されているものの、市場の荒物屋には公然とロキシー蒸留用の製造器具が売られているなど法律の実効性は緩やかなようである。

ちなみにロキシー製造器具とは、
・タウロ（ネワール語でポシ／ジャルと呼ばれる原料を沸かすための金属製の大鍋）
・パイニ（ネワール語でポタシ／タウロの上に置く、底にいくつもの小さな穴の開いた壺）
・バタ（ネワール語でベタ／気化したアルコールを冷却する水を入れる円すい型の器具）
・バド（ネワール語でグル／結露して滴り落ちるロキシーを受けるための素焼きの器）
を主として指す。

原料は米のほか、コド（シコクビエ）、ジャウ（大麦）などが用いられる。これら穀物を湯で煮たのちナングロ（平たい竹笊）の上でマルチャ（麹／ネワール語でモナ）を粉末状にしてかけて冷まし、ガイト（小さな球形の土器）に入れて密封し寝かせる。季節によって異なる、発酵が進んだ頃合いを見計らって水を加えて濾したジャルを作る。このジャルを蒸留したものがロキシーとなる。蒸留はバタの水を取り替えながら数回行われるが、度数が高く美味しいとされるのが3回目の取り替え冷却水までであることから、ティンパニ（3回目の水）と呼ばれて味や販売価格の目安となっている（ビールの「一番搾り」のような概念。通常は7〜8回、水の取り換えは繰り返される）。

このように製造者や季節などによって味もまちまちで、訪れる店によって酒の味がガラリと変わるのもバッティ巡りの楽しみの一つだが、中には粗悪なものを販売している店もあり、死亡事

大塚バッティで見られる、高いところから酒を注ぐ注ぎ方はネワール族伝統のもの

故が報道されるケースもある。見方によっては清潔感を欠くように感じられるらしく、あるバウンの青年などは顔をしかめながら
「あんな汚いところ俺たちは行かないよ」

と吐き捨てるように言った。

「バッティは安く酔いたいおじさんたちの行くところ。酒に何が混じっているかも分からないし、俺たちは高くても瓶ビールの方がいい」

ある程度の金を持った若者にとって、バッティとはそのような見られ方をする場でもあるのだ。確かにバッティで出会うのは年齢層の高い男性の常連客が多く、日本の場末にある渋い個人経営の居酒屋と似ていなくもない。とはいえ安居酒屋には安居酒屋なりの魅力がある。

ネワール族は元々カトマンズ一帯に先住していた人たちで、多民族で構成されるネパールにあって、バウン・チェトリといったインド由来のヒンドゥー文化を持つ人たちやマガル、グルンといった他のジャナジャーティの人たちにはない豊かで深い飲酒文化を持っている。例えばネワール族は、祭礼や婚礼といったハレの場だけでなく、葬式といったケの場においても酒を飲む。つまり日常・非日常問わず、酒がネワールの人たちの根源的な文化でありアイデンティティの一つとなっている。バッティを経営するのもこうしたネワール族が中心であり、彼らの持つ豊かで深い飲酒文化を体感出来る場として何よりも貴重である。これがこぎれいなバーばかりになってしまったらどんなにか喪失感は大きいだろう。

バッティには看板は無くとも緑色などのカーテンがかかっているのが目印

大塚に出現したバッティの目新しさとは、このようなあまりにも庶民的過ぎて多くの若いネパール人の眼中になかった業態に着目し、それを異国の首都・東京のど真ん中に緻密に再現してしまった点にある。バッティの目印たる濃い緑色のカーテンもわざわざネパールで特注したほどだ。「ネパール人にとって日常的なものであるほど、東京という非日常空間で再現する事でその非日常性が際立つ」という、自身のネワール飲食文化をメタ認知的に解釈した戦略は見事に当たり、コロナ禍にもかかわらず大勢のネパール人の集客に成功している。客の大半はネパール本国にあってはダサさの象徴かのごときバッティを否定していたはずのお洒落な若者たちだが、いざその当たり前すぎる光景を東京という異国の都で目の当たりにすると突如として今まで感じた事のない新鮮味を感じはじめるから不思議である。それらを可能にしたのも、オーナーたちネワール族特有の自文化への強烈なこだわりによるものだろう。バッティは三人の共同オーナーだけでなく、スタッフも全てネワール族で固めている。

バッティの登場で脚光を集める大塚だが、先駆的にこの地で開業したネパール料理店はカスタマンダップである。オーナーのナレス・タンドカル氏は元々神奈川のインド・ネパール料理店にコックとして働くために来日。ネワール族の多いパタン出身で、パタンにあるネパール料理店に勤務していたナレス氏は早くから「日本でもネパール料理店を」と会うオーナーたちに提案していたという。

「でも当時、ネパール人オーナーたちは誰も日本人がこんなにネパール料理を食べるとは思ってなかったですよ」

と当初は家族滞在ビザで16年前に来日し、日本の学校を出たという息子のオマン君が日本人と遜色ない流暢な日本語で言う。周囲の無理解に悶々としながらも、ナレス氏は「その時」を待っていた。やがて2010年、在日ネパール人飲食店史に於けるエポックであるMOMOが新大久保にオープンする。その後ソルマリやソルティカジャガルが続き、新大久保のネパール化は現在に至るも増殖を続けている。

左上・アサン・チョークのバッティの内部　右上・とある店でだされたサマエバジ　左下・ネパールの街角にある金物屋　右下・金物屋で売られているタウロやパイニなどのロキシー製造用具

２０１５年の暮れ、ネワール族のサチン・スレスタ氏らが本格的なネワール料理を出すナングロ・ガルを立ち上げる。本国では祭礼時に提供される、タパリと呼ばれる葉皿に盛られたサマエバジ・セットを提供したりと開店時から他を圧倒するオーセンティックな料理が注目されたが、裏でこのメニューや内装を考案・手配したのがナレス氏だった。親戚がサチン氏の友人だったというナレス氏は、その伝手で開業スタッフとして声がかかったのだった。ついに「その時」が来たのである。

ちなみにネワール族は内部に複雑なカーストを抱える民族で、ナレス氏の属するタンドカルは農民だが、カーストが低いとされるタムラカル（銅鋳造）やナトラカル（絵師）らの作る工芸品を扱う仕事もしていたという。一方のサチン氏の属するスレスタはビジネス・カーストであり、基本的にこうした工芸仕事には立ち入らない。このように、同じネワール族といえどもカーストによって職業意識にかなりの乖離があって一枚岩ではないのだ。

そもそもネワール族とは単一民族というよりも、カトマンズ盆地に先住していたそれぞれ異なるルーツを持つ人々が、のちにカトマンズに渡ってきた人たちによって一くくりにネワールと総称されるに至ったとも言われる。ゆえに同じネワール族といえど根源的なルーツは人によって異なり、だからこそ内部に複雑なカーストも存在するのである。

やがてナレス氏は、直後に同じ新大久保にオープンしたアーガンに引き抜かれる。ここでもメニュー開発や内装調度品の輸入に携わったあと、満を持して2018年、大塚に自店カスタマンダップをオープンさせる。ネパール人学生が多かった池袋に近い事などが大塚という場所を選んだ理由だが、コロナ前までは意外にも日本人客とネパール人客の割合は半々だったとオマン君は回想する。同胞向けに日常的料理を提供したら、それを非日常的だと感じた日本人が客につくという話は他のエスニック・ビジネスでも見られる光景である。仕事で自己実現を求める事の少ないネパール人の中にあって、珍しく「ネワール料理店を出す」という自己実現を果たしたナレス氏は、今日も生き生きと厨房に立っている。

大塚には面白い店がまだまだある。2021年7月にはハムロ・ジャクソンが登場した。ニジ

左・大塚ハムロ・ジャクソンの経営者、インドラ・ガイレ氏
右・壁画で彩られたハムロ・ジャクソン店内

マスやウズラといった目を惹くメニューを揃えているが、必ずしも突飛な料理だけで気を引こうという浮ついたところの無い実力店なのは、その繊細なダルの味わいからもよく伝わってくる。

カトマンズの北東、チベットに隣接したヒマラヤのふもと、ガウリサンカル区内の寒村出身というオーナー、インドラ・ガイレ氏はモルディブのリゾートホテルなどでの勤務経験を経て2011年に学生として来日。当初は日本語も出来ず、アルバイトも見つからず手持ちの金は減る一方で、シェアハウスの部屋にこもって鬱々としていたという。やがて留学生として通学しながらネパールからの多くの学生をリクルートして紹介した事で経営陣側が接近し、卒業後は理事を任され学校運営する立場を任される。しかし理事になって初めて学校が億単位という多額の負債を抱えていた事を知る。約5年の経営で負債を半分にまで減らしたものの、追い打ちをかけるように今度はコロナが直撃。たまたま関西から学校経営をしたいという日本人が現れうまく譲渡出来たガイレ氏は、今度は飲食店経営に乗り出す。鎌倉に当初知人と共同で経営する予定だったナンカレーの店を出すものの、こちらもまた知人が離脱し自ら経営する事となる。何とか売却先が現れ、今度は長年住み続けていた大塚で故郷の味をとハムロ・ジャクソンの経営に着手。それだけでなくすぐ近くに台湾式の機械を導入したかき氷店を出したり、駅前には鶏のから揚げのテイクアウト店を準備中である。

「今後もまだまだ全国に店舗は増やしていきたいですね。経験豊富な日本人のスタッフさんもいるし」

とガイレ氏は鼻息荒く前向きだ。この波乱万丈過ぎる濃縮したガイレ氏の日本生活は、まだほんのここ10年の間の出来事である。

雑多な池袋の名店

巣鴨や大塚にネパール料理店が多い主たる理由は、元々アジア系外国人の多かった池袋に近かったからである。1980年代後半に増加したイラン、パキスタン、バングラデシュの人々は板橋や戸田、川口などに居住する事が多かったが、そのいずれもが池袋から延びる鉄道沿線にあり、かつて土日になると池袋にあるハラール食材店に買い物に来たり、西口公園周辺で談笑している姿が見られた。国内最古のハラール食材店といわれるアルファァラや系列のパキスタンレストラン・マルハバ、2000年から毎年開催されている在日バングラデシュ人主催の春祭りボイ

左・池袋アリガットの経営者、ビノド・ラウト氏　右・国内最古のハラール食材店といわれる池袋のアルファラ

シャキメラが今も西口公園で開催されるのも、多文化共生の街として先駆的だった池袋を象徴している。もちろんこうした外国人にとって居心地の良さはネパール人にとっても同様で、複数のネパール人経営の食材店があるほか、清潔で日本的サービスの行き届いた店内でいただくネパール料理が美味しいこせり、四方八方に描かれた極彩色のネパール壁画が料理の味をいや増すガルアーガン、かつてプルジャさんが営業していた伝説の店・味家の後釜に入り、自身もプルジャさんとは親しい間柄のシタ・タマンさんの経営するソルティーなどネパール料理店も数多い。

　そんな中でもひときわ池袋らしさを感じさせるのがアリガットである。ビノド・ラウト氏は約5年前、この駅からかなり離れた裏路地にある小さな店の実質的なオーナーとなった。家庭の事情で苦労して留学生となったラウト氏は、当初沖縄の浦添市のＪＳＬ日本アカデミーに籍を置く。最初にやったバイトの時給は沖縄県の最低賃金額ギリギリの６４５円。その安さは今でも忘れないという。やがて都内の大学に進学後も労働時間28時間という制約の中で懸命に働き、阿佐ヶ谷のマクドナルドでは日本人スタッフが新人のネパール人スタッフに教える際の通訳のような役割をこなすまでになった。こうした接客業が長いせいなのか、それとも元からそういう気質なのか、とにかくラウト氏はスマイリーでサービス精神に富んでいる。６００円のダルバートを運びつつ、こちらが食べる前から何度も「また来てくださいね、いつでもお待ちしております」と気ぜわしく繰り返す。

アリガットは池袋の場末にあるごく小さな店だが、それでもラウト氏にとって苦労して留学したのち取得した大事な物件であり、本人の努力次第では徒手空拳で来日しても一国一城の主になれるという例証でもある。池袋の場末の古いアパートには第二・第三のラウト氏になりそうな学生やコックが今もたくさん住んでいて、こういう小さな成功譚を漠然と夢見ている。

アート＆ファミリータウン
～蒲田・大森

いつの頃からか大田区蒲田界隈にはネパール人のファミリー層が住み着くようになった。目立つようになったのは2000年代半ば頃からだろうか。1990年代から2000年代前半あたりまでは戸越、武蔵小山、西小山、旗の台など品川区界隈に多く居住していたネパール人が、徐々に西進して西は京浜東北線で多摩川を越えた川崎・鶴見あたりまで、北は東急池上線の久が原あたりまで拡散、その中心が蒲田だった。築年数の古いアパートのベランダにはネパール人が着用しているクルタなどの洗濯物がはためいているのが見られるようになり、ごみ集積所には出し方についてのネパール語の注意書きが掲示されるようになった。中には共同玄関脇の集合郵便受けの名札が全員ネパール人の名前という物件すら存在する。

時代から取り残されたような、こうした住処で暮らすネパール人たちの働き場としては、例えば大手仕出し弁当工場があり、また付近のビジネスホテルのベッドメイキングや清掃、羽田空港内で働く人も多い。こうした働き手は主に彼らの間で「ディペンデント」と呼ばれる家族滞在ビ

左・食材店ネパーリ・バザール
右・食材店ソルマリ・ハラルフード

ザで入国した女性たち。主にインド・ネパール料理店でコックとして働く夫の家族として来日し、制約上の就労可能時間を目いっぱい使って身を粉にして働いている。

家族滞在者たちが住人の主体であるため、新大久保や大塚などの学生主体のネパール人街とは雰囲気が異なる。それが街の個性となっている。ネパール人滞在者の傾向によって、東京都内も様々な色に色分け出来るのだ。ここでは他の街には見られない、家族滞在者の集住地域がどんなカルチャーを生み、またそこではどんな生活を送っているのか、食というフィルターを通じて見ていきたい。

家族滞在者の街

蒲田という街は在住人口の割に、本格的なネパール料理店が意外と少ない。代わって目立つのがネパーリ・バザール、アジアン・バザール、ネパリマサラ・カリカ、チョウタロ（飲食店内に併設）などのネパール食材店である。基本的に家族で生活する場合、日々の食事は家庭の奥さんによって作られるため、料理店よりも食材店の方が必要とされる。それが何よりも蒲田が家族滞在者の街である事を雄弁に物語る。

ちなみに当初から戦略的に食材店を開く経営者もいる一方で、飲食店をはじめるには資金不足であるという理由でやむなく食材店を開くというオーナーもいる。飲食店、とりわけインド・ネパール料理店のような「匂いの強い」「重飲食」にカテゴライズされる業種は日本人でさえ貸りるのが難しく、ましてやアジア系外国人には貸したがらない大家が多い。それでも取り急ぎ経営者のビザを取得したい場合、匂いも油も出ない食材店なら比較的容易に借りることが出来る。こうして食材店でまず経営者ビザを取得し、来るべき飲食出店の日に備えるのである。

蒲田には主にコックとその家族が居住しているケースが多い。家族は家族滞在ビザによって滞在する。これは主に配偶者またはその子供／親を日本に招聘するためのもので、まず主体となる一人が日本に滞在し、それを頼る（ディペンドする）形で発給される。家族滞在者の就労時間はこの主体がどのようなビザを持っているかによって左右される。永住者の場合、就労時間は無制限である。一方、多くのコックが持つ技能ビザの場合は週28時間までと決められている。とはいえ、配偶者（多くの場合は妻）が弁当工場やホテルの清掃で稼ぐ安定したアルバイト代はコック家族にとって大きく、日本で生活をしていく上で必要不可欠なものとなっている。多くのコックにとって、（書類上ではなく）実際の手取り額がかなり低く抑えられているが、それでも生活出来、かつ送金まで可能なのはこうした家族滞在ビザで来日した妻の稼ぐアルバイト代に負うところが大きい。逆に言えば、妻の稼ぐアルバイト代無しにコックの薄給では生活は成り立たない。いわばコックである旦那は、妻を日本に呼び寄せ働かせるためのある種のダミーとなっているのである。

もちろんこうした事情から、中には書類を偽造し、金銭を介在させて日本に在住するコックと偽装夫婦となり来日するようなネパール人女性もいる。この場合、斡旋する仲介者や偽装の相手たるコックには当然キックバックが渡される（分割で月払いされる事が多い）。その後、一定年数働いて帰国するケースもあれば、在留資格変更で経営ビザを取得して偽装夫婦関係を離婚により解消、後日改めて正式な夫を家族滞在ビザでネパールから呼び寄せるという、大変手の込んだ在留方法も存在する。

なお、多くのインド・ネパール料理店では、コックが単身者の場合、会社側が家賃支給して住居を用意する事が多いが（ただし一部屋にコック複数でシェアさせる場合が多く、快適な環境では決してない）、家族と共に住む場合は会社側の家賃負担義務がなくなり、コックは自分たち家

左・家庭で料理を作るのは基本的に女性の役割
右・短時間で美味しいダルバートが完成

族の住居を自ら探さなければならなくなるのが暗黙の了解である。これもコックの家族滞在者がアルバイトなどで収入を得られる事が理由だろう。逆に言えば、経営者の側は家族滞在ビザで滞在する妻を持つ男性コックを、経費も賃金も安く雇う事が出来るのである。

妻たちは旦那同様ネパール中西部の山村地帯の出が多い。留学生のように特段来日前に日本語教育を受けた訳ではなく、言葉が不自由なまま来日するためホテルの掃除や弁当工場といった日本人とのコミュニケーションの不要な仕事に就く事が多い。不慣れで肉体的にもきつい仕事を終え、帰宅後は旦那のための食事を作る。日常的な家事労働は女性の仕事である、というジェンダーに基づく役割分担意識の残るネパールでは、たとえ旦那が料理を仕事としていても基本的に家庭での食事は女性によって作られる。日々の労働で疲れて帰宅した彼女たちの手料理は短時間で作る簡素なダルバートである事が多くなるが、皮肉にもそれは往々にして旦那たちが働く店で食べるどのメニューよりも美味い。

このような人たちが多く住む蒲田周辺であるので、学生の多い

左上・食材店アジアン・バザール店内　左下・蒲田ソルマリ　右・オーナーチェンジ後の蒲田ソルマリと新オーナーのバスネットさん

新大久保や大塚といった街で集客出来るようなネパール料理店と同じスタイルで必ずしも集客出来るとは限らない。多くの妻帯者にとって美味しいダルバートが食べたければ自宅に戻ればよいのである。

蒲田のネパール人の集住傾向を見込んで、新大久保で成功していたソルマリ（2016年）やナングロ・ガル（2017年）が相次いで支店を開設したが、家族で暮らすネパール人の集客は想定以上に少なく、両店共に開業して数年で撤退するに至った。なお、その後ソルマリは同じ店名のまま女性オーナーのバスネットさんに変更して現在も営業中である。店内を改装して立派な個室を設けるなど工夫しながら集客している。

アートの街

かつて大森にナタ・タカリバンチャガル（以下、ナタ）という店があった（2016〜2018年）。大森駅の西のアーケード街の外れに位置し、薄暗い地下への階段を下りて行った先にあったスナック居抜き物件で、おそらく味以前にそんな雰囲気が敬遠されたのか、日本人の客はあまり見かけず、ナタ以前も何度もオーナーが変わっている事が集客の難しさを物語っていた。ただしナタ以前に入っていた、取り立てて何の変哲もないインド・ネパール料理店とナタとを峻別する一つの大きな違いがあった。それが壁画の存在である。

ナタで勤務していたコックのバラト・セルチャン氏は、元々ネパールで手書き看板や広告などを描く仕事に従事していた。その腕を見込んだオーナーの要請により、レードルを絵筆に持ち替えたセルチャン氏が描いた壁画はまるでカトマンズの街中で見かけたあのタッチの絵柄で埋められ、あたかも道行く車のクラクションや埃っぽいカトマンズの砂塵がその場で感じられたほど味わい深いものだった。ちなみに廉価の印刷技術が導入されつつあるネパールでは、他国同様手書き広告も減少傾向にある。つまりこうした人材は本国でも貴重なのだ。

ナタはその後残念ながらオーナー変更。現在はサーランギーという店舗となり、かつての壁画は塗りつぶされてしまったが、コックとして働いていたセルチャン氏は今もそのまま厨房に残っている。新オーナーからの要請で塗りつぶされた壁面に再び少しずつ絵を描いている。やはりナ

左・在りし日の大森ナタ・タカリバンチャガルの入口　右上・ナタ・タカリバンチャガルの壁画を描いたバラト・セルチャン氏　右下・M氏のサインの入った在りし日の蒲田クシバザルの壁画

タ時代の壁画を惜しむ声が他の客からもあるのだろうか。ちなみに、スナック時代の小さなカラオケステージはネパール民謡を歌って踊るドホリ用の舞台に改装された事でも分かる通り、同店を訪れるのは圧倒的にネパール人客が多い。

　蒲田にはこのような壁画を楽しめる店が多い。こちらも現在は閉店し別オーナーの店となってしまっているが、ＪＲ蒲田駅西口ロータリーの向こう側にある、中国食材店や怪しげな風俗店の雑居するビルの６Ｆにクシバザルという店があった。現在はマーダルという別オーナーの店になり、壁画のあった壁も改装され失われてしまったが、このクシバザルが存在していた当時、その壁に描かれていた大きな風景絵は実に見事なもの

左上・M氏が手掛けた川崎市サスラリの壁画　右上・M氏が手掛けた前橋市ジャムガットの壁画　左下・S氏が手掛けた蒲田チョウタロの壁画　右下・蒲田チョウタロの壁画

だった。壁画の脇には自らのサインと携帯番号が書かれていて、本書を制作するにあたりコンタクトしてみようと連絡を試みたが、結局それは果たせなかった。壁画のサインからその絵師の名はM氏である事が分かったが、周囲の話ではM氏は元々蒲田のインド・ネパール料理店でコックをしていた。やがてその腕を買われて壁画の依頼が入るようになる。2010年代半ばから後半にかけてである。既に過当競争に入っていたネパール料理店の業界で、新たな客寄せ用のアトラクションを欲しがっていたオーナーたちに受け、いくつもの大作を残している。その素晴らしい仕事は、例えば川崎市のサスラリや群馬県前橋市のジャムガットなどで見ることが出来る。ただし

池袋ガルアーガンの壁画

作品の見事さと比例するように仕事料も高額のようで、あるネパール人オーナーは「見積もり取らせたら、あんまり高くてビックリしたよ」という。

このM氏の後を継ぐかのように現れたのが、同じく蒲田で普段はコックをしているS氏である。S氏もまたネパールに居たときは仕事として絵に携わっていたが、それとは別に趣味としても描いていたという。そう言ってスマホに入っているコレクションを見せてくれた。価格面でも先述のM氏より安く、例えば5メートル×2・5メートルの壁面にペイントする費用は描く内容にもよるが約6万円から7万円。制作日数は1日から2日だという。描く内容はもちろん依頼主との相談に応じて。農村や旧市街といった伝統的なネパールの風景のほか、日本国内の風景、果ては宇宙など題材に制約はない。このS氏の仕事は、蒲田のチョウタロや池袋のガルアーガンで見る事が出来る。

下町の人情食堂

～小岩・日暮里・三河島

東京・城東地区に広がる下町。そこで代々暮らすのは、情に厚くおせっかいな江戸っ子と呼ばれる人たちである。とはいえ地縁や血縁などによる目に見えない長年の絆によって築き上げられた人間関係の中に部外者が容易に入り込むのは難しい。東京の下町と言えど地方の村社会に似たクローズドな社会構造はあり、外部の者がその輪の中に入って行くには余程のコミュニケーション能力を要する。

そんなコミュ力を生まれながらに兼ね備えていて、日本人の新参者がなかなか越えられない壁をやすやすと越えていってしまうのがネパール人だったりする。初対面でも物おじせずに主張はする一方で、義理堅いところもあり、重い荷物を持って歩く年寄りなどいたら手伝いに走って行き、国に帰って数日間留守したあとには隣近所に土産を配って歩く。その姿は下町の年寄りたちがいかにも好みそうな、一世代前の類型的な日本人そのものだ。

下町の古い世代が大事にしてきた価値観を、当たり前のように持っているのがネパールの国民性によるものかどうかは分からない。もちろんネパール人といえど個人個人で違う。しかし気がつくといつの間にか町内会長あたりと親しくなっていたりするのだから、何かしら気脈が通じ合うものがあるように思えてならない。ここではそんな東京・下町の、ネパール人飲食店経営者たちによる奮闘努力を紹介していきたい。

小岩の老舗大衆ネパール食堂

JR小岩駅南口から延びるフラワーロード商店街にあるサンサールは1999年開業。地元客に慕われる名物女将のウルミラ・マラカールさんが切り盛りする、老舗大衆ネパール食堂である。入店するや、忙しそうな時間帯なのに「これ、こないだお客さんにいただいたタケノコで作ったタルカリ。よく出来たから食べてみて。あと昨日作ったこれも美味しいから食べて」などと、ダルバートしか頼んでいないテーブルの上が小さなカトラで埋めつくされる。こういう真心は無上に嬉しい。

思うに、飲食店経営者にとって「誰かに何かを食べさせて喜ぶ姿を見るのが嬉しい」というメンタリティは、すべからく仕事への重要なモチベーションであって欲しいものだが、残念なことにそんな心意気を感じられる店が必ずしも多くないのが実情だ。原価表に基づきシステマティックに配分量を計算した店は、確かに経営者目線では有能で称賛されるべきものかもしれないが、

左・小岩サンサールのオーナー、ウルミラ・マラカールさん　右・フラワーロード商店街にある小岩サンサール

採算よりもお客の喜ぶ顔を優先する店に対しより金を落としたくなるのが人情というものである。ネパール人の店は割と後者の比率が高い気がするが、とりわけウルミラさんのサンサールはその筆頭格である。

両親共に飲食関係だったというネワール族のウルミラさんは、特にお母さんが経営していたバッティ（ネパール式居酒屋）を手伝うなど、料理と関係の深い環境で育った。ちなみにネパールでは多くのバッティは女性によって切り盛りされている。

やがて親元を離れて同じネワール族の富裕層の家庭で家政婦として働きはじめるが、母のバッティで手伝った居酒屋料理と、この時勤務した富裕ネワール人家庭の厨房での経験がのちのウルミラさんの料理人生の根幹となったという。

「今も店のメニューにあるネパール料理は、この時に覚えたものが多いネ」

この原体験のような料理体験や知識は、国内のインド・ネパール料理店で多く働く、特段家庭での調理経験を経ず、いきなり都会に出て厨房作業員として外食料理技術を身につけた多くの男性ネパール人コックが決して持たないものである。

その後ネパールに来ていた青年海外協力隊員の宿舎でまかないを作る仕事を得る。この時多くの協力隊員の知己を得たウルミラさんは、彼らの招きにより23歳の時に観光で初来日。その後一旦ネパールに戻り、今度は学生として再来日した。アルバイトとして当時池袋西武内に入っていたアジャンタで勤務した際、同店を代表する南インド出身のシェフ、マニ氏と知り合う。この時の出会いにより、サンサール開業後にマニ氏を厨房に招く事になるのだが、それはもう少し後の話だ。

その後ウルミラさんは、パキスタン人と日本人が共同経営ではじめたロティという店でホール係としてアルバイトし、やがてその店が空中分解するとその日本人が続いて開いた船橋市のガンディ（現在も別オーナーが同名のまま継続中）で働く。ウルミラさんの熱心な接客の甲斐もあり、繁盛店になったもののここも約4年で辞める。そして1999年にようやく自身の店、サンサールを小岩にオープンさせるのである。

厨房にはロティやガンディでも共に働いたスリランカ人コックが入り、当時はまだ珍しかった南インド料理もメニューに置いた。しかし程なくしてスリランカ人コックは店を辞めたため南インド料理メニューが出せなくなる。その窮状を救ったのがアジャンタの名シェフのマニ氏で、一時的な加入後はさらに本格的な南インド料理が拡充され、その味は当時常連で現在なんどり（荒川区）を経営する稲垣富久氏をはじめとする日本人インド料理通の舌を魅了した。

やがてマニ氏が店を去ると、稲垣氏のアドバイスなどもありウルミラさんはネパール料理に比重を置くようになる。この時に役立ったのが、原体験となったお母さんの経営するバッティと家政婦経験だった。自らの経験を元にメニューを開発し、それをスタッフたちに伝えていく。当時はもちろん大久保界隈にネパール人が集まるはるか前、ネパール人経営のインド料理店すらまだ少ない時代だった。もし「日本ダルバート史」といった年表があったら、間違いなくサンサールは初期のグループに名を連ねるだろう。

サンサールがオープンして20年以上。今まで様々なネパール人コックを招聘したが、以前はコックとして日本に招聘する事で高額の手数料を取るブローカーまがいのインド料理店経営者も多く、また逆にネパール在住のコックの側が「金を払うから日本に行かせて欲しい」とオーナーの側にアプローチする事も一般的だった。ただしウルミラさんはこうした素性のよく分からないコックを金で受け入れた事は一度たりともないという。

「今までこれだけのコックを招聘してきたよ。全部自分で入管に行って手続きしてお世話した人たち」

と、分厚いファイルをドンとテーブルに置く。

左・ビントゥナ・ダイニングのオーナー、グリスマ・マラカールさん
右・新小岩駅南口にオープンしたビントゥナ・ダイニング

このようなやり取り一つとっても、ウルミラさんが筋を通さないのが大嫌いな性分である事がにじみ出ている。正義感の強い下町の女将さん気質に通じるものがあり、それもまた小岩という下町の人々に愛される所以だろう。店で食べていると、単に相談事を聞いてもらいにだけ来る客までいる。味だけでなく、地元愛に満ちた責任感の強さは日本のインド・ネパール料理店界で随一である。

このウルミラさんの遺伝子を受け継いだ店が、2021年2月、新小岩駅南口にオープンしたばかりのビントゥナ・ダイニングである。オーナーはグリスマ・マラカールさん。そう、ウルミラさんと同じマラカール姓を持つ彼女は親戚筋にあたり、サンサールで約8年働いて独立した。今もウルミラさんの事を「ウルミラママ」と呼んで慕っている。

カトマンズ出身のグリスマさんが初めて来日したのは、彼女が8歳の時だった。この時は両親と共に、純粋な観光で訪れた。観光ビザで滞在出来るだけ滞在し、とても楽しかったという。15歳の時にも二度目の来日を果たす。この二度の来日体験によってグリスマさんは完全な「日本びいき」になり、16歳から日本語の勉強をはじめる。やがてカトマンズ市内の学校で日本語の講師になるまで熟達したが、2008年から父親がサンサールの厨房で働くようになり、後を追うようにしてグリスマさんと母も家族滞在で日本へ。こうして2009年からグリスマさんもまたサンサールでホールとして働くようになった。しばらく小岩の本店で働いていたが、やがて新宿店で働くようになる。ビントゥナ・ダイニングで見せる気配りの行き届いた接客姿勢など、正にウルミラさんを彷彿とさせる。来日後、サンサールでの仕事は大変でしたか、と聞くと「全然。とっても楽しかったです。お客さんもいい人が多くて」と明るく笑う。彼女もまた根っからの接客向きタイプのようである。

当初は父母と共に小岩で暮らしていたが、勤務地が新宿という事もあり、やがて東中野に部屋を借りて暮らすようになる。住宅地のかなり奥まった立地だったらしく、スーパーも商店街も離れた不便な場所だったという。

「静かな住宅地で、何より人が少なくて寂しかったです。小岩に居た時は両親だけでなく周りの日本人なんかともよく挨拶したり、話したりしてたのが、中野では周りに知っている人も居ないし。年寄りじゃなくサラリーマンなんかが多いし」

左・新小岩ベットガット　右上・新小岩マリカ　右下・マリカ周辺の道はカトマンズの場末の下町を思い起こさせる

この中野時代に現在の旦那さんと知り合い結婚。当時彼は留学生で、一方のグリスマさんは家族滞在。留学生ビザから家族滞在ビザへの在留資格変更は出来ない。話し合った結果、二人は店を持ち経営者ビザを取得する事にした。店を開く場所はやはり小岩近くで探した。ほどなくして新小岩の現在の物件に出会う。子供も出来、店に出ている間子供の面倒を見てもらえることもあって再び父母のそばで暮らすようになった。

「一旦離れて戻ってくると、やっぱり小岩がいいですね。特に子供を連れていると、地元のおじいちゃん、おばあちゃんがよく話しかけてくれます。こういう環境の方が落ち着きます（笑）」

立地的に客層はネパール人も多い。と

はいえ相手がどこの国籍だろうと真摯な接客姿勢は変わらない。その人柄を慕って、ネパール人家族から子供の誕生会やお食い初め式、結婚パーティーなどの予約も入るようになった。もちろんコロナ禍で何度も発出される、緊急事態宣言の合間を縫ってだが。最近は日本人やネパール人以外の客も来るようになったという。

「ベトナム人学生のグループが来るようになったんです。ネパール料理を美味しい美味しいと言って、ダルバートなんかもきれいに食べてくれるんですよ」

多文化共生の進んだ小岩らしい話である。いつかビントゥナ・ダイニングで、ベトナム人たちが貸し切りパーティーをする日が来るかもしれない。そんな時もグリスマさんは、テーブルからテーブルへと、楽しそうに接客しているに違いない。

小岩界隈はネパール人居住者も多く、食材店を兼ねた食堂が点在する。小岩駅南口にほど近いベットガットは2021年で開業4年目。手前の食材陳列棚の奥に4つほどテーブルが置かれたこじんまりした店で、やはり周囲のネパール人客の利用が多いせいか、入店しようとした時「あっ、ウチはナン置いてませんけどいいですか?」と恐縮した顔でオーナーのラム・チャンドラ氏に言われた。

新小岩駅南口にあるマリカもまた、小さい店内に食材陳列棚を置く。昼なお暗い路地裏にあり、店外にはベンチと灰皿があり、いつもネパール人の若者がタバコをふかしながらダべってい

左・西日暮里ミッテリのオーナー、アケンドラ・タパ氏
右・西日暮里ブッダ

る。そのたたずまいが、カトマンズの場末の下町を思い起こさせていいのである。もちろんメニューもネパール人向けのものが中心となっている。

日暮里・三河島界隈

日暮里駅と西日暮里駅の中間に位置するミッテリは、ガラス張りの路面店のため通りから中もよく見えて入りやすい、オーナーのアケンドラ・タパ氏によって運営される食材店。ネパールだけでなく様々なアジア食材のほか、冷蔵ショーケースにはバングラデシュ人業者が製造しているラスマライなどの甘菓子が入っている。決して単一の仕入れ先からではなく、価格や品質を比較しながら適宜仕

左・三河島モモハウスのオーナー、イスワル・ダカル氏　右上・三河島モモハウス
右下・三河島ママガル

入れ業者を選んでいる事が分かる。

ちなみにタパ氏はかつて西日暮里にあった専門学校に通っていた元留学生である。食材買い出しのたびに新大久保まで通っていたタパ氏は、店がもっと手近にあればと感じ卒業後の２０１３年にミッテリをオープン。当時西日暮里周辺に集住しはじめていたネパール人留学生にとって、近所に買い物出来るような食材店が日暮里や三河島にもなかった。ミッテリ開業後の集客も順調で、２０１６年から同名のレストランも併設、ダルバートなどのネパール料理を出している。コロナ禍も含めて近年減少気味のネパール人留学生だが、学生時代に一度でも居住した場所を就職後も離れない傾向があるらしい。こうした事から同店を訪

れる元留学生は今も少なくない。

　西日暮里駅から尾久橋通りを越えたたもとにある小さな雑居ビルの2階には、何度かオーナーチェンジしつつも安定したネパール料理を食べさせる店が入っている。以前はアラティーという店が長く入っていたが今はブッダという店が営業中。500円のダルバートは丁寧で美味く、山羊肉料理も種類豊富。オーナーのブッディ・セレスト氏は、足立区内でナンやインドカレー、また酒のアテを中心としたインド料理居酒屋よろこんでを13年前から経営している。場所に応じて業態をがらりと変える、このような「二刀流」経営も、経験の長いコック上がりのオーナーの間で最近まま見られる傾向である。

　三河島駅近くのモモハウスは同じビルの3階に直営の食材店がある。充実したネパール料理を出す店だが、元コック上がりのオーナー、イスワル・ダカル氏は荒川区内でナンとカレーの店ニルヴァーナを14年ほど前から経営しているこちらも「二刀流」系のベテラン。中に入ると居抜き前のスナックのテーブルやソファをそのまま使っていて、内装だけ見ると小さなスナックそのものである。ネパール人オーナーの中には日本そば屋、焼き肉屋、スナック、中華屋など重飲食系の居抜き店舗に入ることが多いが、造作・什器に回す資金が無いのか、あっても回そうとは思わないのか無頓着に前店舗の設備をそのまま使っている業者が多い。前店舗が別のネパール人オーナーの店だったらメニューや看板、何だったらコックらスタッフごと居抜き譲渡してしまう事も珍しくない。使えるものは何でも使う「再生利用」の際たる姿が見られる。

左・三河島ビソウニのオーナー、トゥクラザ・ギミレ氏　右・三河島ビソウニ

少し歩いたママガルも食材店を併設したネパール食堂然とした店。上階がホステルになっていて、奥に広い店内は少し中途半端な時間帯でも若者が座って何か食べている光景が見られる。またホステル滞在者用の月払いノートがテーブル脇に置かれている。この店は妙に工夫が凝らされたメニューが面白く、中でもモモのページを開くと定番のスチームモモやチリモモ、スープモモはもちろん、チョイラモモ、サデコモモ、あるいは麺料理と融合させたトゥクパモモ（メニュー表記上はトクパーモモ）、チョプスィーモモ（同じくチョウピシモモ）など変わり種がユニークだ。てっきりコックさんの創作かと思いきや、彼がかつて修行したカトマンズの店のメニューを踏襲したものであるから驚く。

路地の奥にあるママガルから尾竹橋通りま

で出て、常磐線の高架をくぐり少し南下し、再び少し奥に入るとビソウニがある。ビソウニとは背負ったドコ（カゴ）を下ろして一息入れるための休み処の意味で、正に店名としてはうってつけだ。実質的オーナーのトゥクラザ・ギミレ氏は、かつてロシアやエストニア、ラトビアなど旧共産圏でインド人オーナーが展開していた店のコックとして15年働いていたという異色の経歴の持ち主。客層はやはりネパール人が多く、ネパールメニューが充実している。

他にもネパールから直輸入の衣料品やアクセサリーを扱うエカタ・コレクションは、細長い三階建ての建物屋上で風にたなびくタルチョが目印。店につるしてあるクルタ・スルワルやダカ織の布で仕立てたスーツなんかもサイズ直しが出来る。アクセサリーは毎年夏に行われるティーズというネパールのお祭りの時に、多くの女性客が買っていくという。ネパール人街はまず食材店、次いで飲食店の順で形成されていくが、日本国内の場合多くはそこ止まりで、それ以上の商店が出現するのは稀である。それを考えると、三河島という街の特殊性がよく表れている。

インド・ネパール料理店の経営シミュレーション

小岩のある江戸川区や西日暮里のある荒川区は都内でも比較的家賃相場が安い。それではこの界隈で仮にネパール人が新規にインド・ネパール料理店を開業した場合、どれぐらいの経費がかかるのだろう。時々共同経営話をもちかけてくる知人のネパール人経営者K氏に、想定する支出と売上をシミュレーションしてもらった。
まず売上だが、これは一日平均4万円とし、単純計算でざっと120万円あるとする。もちろん、コロナなど売上を変動させる要因は様々ある。これに対して支出合計はだいたい100万円になるという。その差額約20万円。もちろんこれには店舗取得時の保証金や工事代といった初期費用、ビザ申請代行を依頼する行政書士への手数料、その後に発生してくる更新費用や確定申告時の法人税などは含まれていないし、コックが単身者の場合は彼らの住居費も発生するので一律ではない。また実際には人件費がこれ以下に抑えられている場合も多いという。K氏は「ま、こんなものじゃない」と語る。ちなみに、賃料20万円＋重飲食可の条件で飲食店.comで検索したところ、小岩のある江戸川区で9件、三河島のある荒川区で5件ヒットした。

K氏の想定する主な支出／月

賃料	20万円
食材仕入	30万円
水道光熱費	7万円
通信費	2万円
従業員（コック）給料	28万円（2人）
コックの社会保険料	3万円（2人）

消耗品・備品補充費　2万円
税理士　2万円
その他雑費　4万円
支出合計：98万円

ただしこれには事務所家賃が含まれていない。外国人が飲食業を行う場合、ビジネスビザ（経営・管理ビザ）を取得する必要があり、それにはまず店舗とは別に事務所を借りて法人登記しておかなければならない。事務所物件には特に条件もなく、とりあえず賃貸契約書を交わした部屋でありさえすればいい。従って、東京など家賃相場の高い地区では築60年ぐらいの風呂無しボロアパートの一室に、事務机と椅子、応接用テーブルとソファなど事務所に必要な家具をリサイクルショップで購入し備え付ける。別途固定電話も引かなければならない。表札も必要であり、パソコンで作ったものをラミネート加工しアパートの引き戸に貼りつける。これら外装・内装はそれぞれ写真を撮り、ビザ申請時の提出書類に添付される。こうした作業はほぼパターン化していて、備品の手配や運搬など仲間内で手分けして応援するケースが多い。

事務所の登記が終わると、その法人名義で飲食店舗を借りて営業をはじめられる状態にしておかなければならない。もちろんその場合、事前に食品衛生責任者の講習を受け、保証金を出して店舗を借り、看板を設置し、内装工事を終え、メニューを印刷し、店舗所在地を管轄する保健所で飲食店営業許可を取得している必要がある。

またあくまでもビジネスビザとは経営・管理するためのビザであり、原則的には調理はオーナーではなく調理技能を持ったコックを雇用し、オーナーはそれを管理する立場となる。このため事前にコックも雇用しておかなければならない。

そののち、保健所からの飲食店営業許可が下りてはじめて法務省へビザ申請となる。その際に必要となる書類・資料は事業計画書、登記簿謄本、事務所及び店舗の賃貸借契約書、コックとの雇用契約書、飲食店営業許可証、メニュー表の写し、事務所の平面図、事務所及び店舗の外観や看板、調理場や客室の写真、営業のチラシ、営業までにかかった経費の領収証・仕入書など気が遠くなるほど膨大である。審査期間は平均で2～3か月程度だが、バラつきもあり一概には言えない。もちろん、これらの煩雑な作業は外国人が単独で行おうとしても無理な話で、基本的には案件を専門に扱う行政書士ら専門家によって代行される。ネパール人がたいてい「ロイヤー（または訛ってロイヤル）」と言っているのは弁護士ではなくこの行政書士を指す事が多い。

行政書士の中にはネパール人スタッフを雇っていて、ネパール人のビザ申請に強い事務所もある。基本的に、会社設立からビザ申請まで一気通貫で依頼出来る。こうした評判は在日ネパール人社会でSNSなどの口コミで共有されるのでそこで判断したり、在留歴の長いネパール人経営者に相談してリスクヘッジされる。中にはネパール人との結婚によってこの仕事への興味に目覚め、難関試験を突破してこの仕事に就く行政書士もいる。

この外国人が飲食ビジネスしようとするのに必要なあまりにも莫大な労力と、かたや日本人が飲食ビジネスをはじめる際のあまりのお手軽さとのギャップには気が遠くなる思いがする。仮に我々日本人が飲食店をはじめようとする場合、不動産屋で賃貸契約を交わし、最寄りの保健所から営業許可さえもらえばその日からすぐにでも店開きが出来る。会社設立も事業計画書もコックも調理師免許も必要ない。それどころか、今や「間借り」という形態でインド料理を出すところも増えてきて、営業許可すら自ら取る必要がない時代である。一方、外国人はそうはいかない。そもそもアジア系というだけで偏見の眼で見られる上に、油を多用しカレー特有の「匂い」を発生させる重飲食という業種であるため拒絶する大家が多い。初めて商売するという新規開業者ならばなおさらである。物件契約に至るだけでも相当の苦労をしているのだ。中にはあまりにも不動産屋に断られ続けるため心が折れ、ノイローゼになりかかる純真なネパール人の若者もいる。

私たちの目の前にある、何気ないインド・ネパール料理店を経営するネパール人たち一人一人は、すべからくこの途方もなく煩雑で費用も高額なハードルを潜り抜けてきた歴戦の勇者たちなのだ。日本人の店とはスタート時点であまりにも不条理なギャップがあるが、そんな苦労の片鱗を見せつける事なく、インネパ店の店主たちは屈託のないスマイルで今日もカレーとナンを運んでいる。

「オ待タセイタシマシタ、コチラ、バターチキンデゴジャイマス」

ネオ・ネパール料理の潮流

～渋谷・目黒・世田谷

今でこそ広く世界に認識されているインド料理だが、実はレストランで提供される類の料理は伝統的にインドに存在していた訳ではなく、後代、とりわけ戦後のデリーで人工的、ないし政治的に開発されたものである事は知る人ぞ知る事実である。もちろん個々のメニューの成立過程には、それぞれ長年の歴史に裏打ちされた複雑でローカルな技法があるのだが、それらを人為的に統廃合して組み合わせ、見栄えがよく対外的にも通用するレストラン料理として「創造・開発」されたものが、現代のインド料理店で提供されているバターチキン、ナーン、タンドーリー・チキンといった、現在私たちにとっておなじみの料理群である。

インド料理店の定番メニューとなったこれら既存の料理に対し、昨今新たなるインド料理の潮流が生まれつつある。一つは、インド国内や世界中で活躍するIT技術者に代表される新興中産階級に支持されるインドの各地方料理である。内外の主要都市に店舗を持ち、細分化・再解釈されて各国に住む新たなる顧客をも獲得しつつある。もう一つは最新の欧米スタイルを取り込んだオルタナティブとしてのモダン・インディアン料理で、こちらもインド内外の富裕層を中心とした先鋭的なインド料理好きの間でもてはやされている。現代のインド料理はこのように重層的な様相を呈しつつ、世界料理の一翼を担っている。

こうした隣国インドの料理界の動向は確実にネパール料理界も刺激している。国民料理としてのネパール料理が完成されつつある一方で、ネワールやタカリに代表される各民族料理の再解釈と細分化の流れは今後、他の諸民族などにも波及していく勢いがある。また既存の伝統料理をモチーフに、さらにクロスカルチャーなアプローチを試みるニューウェーブ系やネオ・ネパール料理と呼ぶべき潮流も確実に顕在化しつつある。そして何より重要な事は、こうしたネパール料理を取り巻く新しい動きが欧米各国やカトマンズではなく、他ならぬこの日本で産み出されている点である。

ナチュラル系ニューウェーブ

渋谷という流行最先端の地にありながら、中心部から少し離れているため特有の若々しい喧騒を感じさせず、落ち着いた電球色の照明がネパール民芸品をさりげなくあしらった店内を柔らかく彩っている。周囲にはフリーランスの人たちが多いのか、一般的な昼食時間をとっくに過ぎた午後3時間際になっても一人客がポツリポツリと入店してくる。そんな昼下がりのネパリコで、

左・渋谷ネパリコのオーナー、パダム・デボコタ氏　右・ネパリコのダルバート

そつなく店内を回しているのがオーナーのパダム・デボコタ氏である。

閑静な渋谷の奥まった立地は、あえて狙ってそこに決めたのかと思い込んでいたが、意外な答えが返ってきた。

「最初は新橋で、サラリーマン相手の店にしようと思っていたんです」

そう静かに微笑みながら、パダム氏は店を出すに至る経緯を縷々語りはじめた。

ネパール中央部のゴルカ出身のパダム氏は、２０００年に就職活動のために首都カトマンズに出てきた。タメルで親戚が経営していたホテルに滞在していたが、そこで当時バックパッカーとして世界中を旅していた、現在の奥様であるあゆみさんと知りあう。２００３年に学生として来日し、卒業後に二人は結婚。当初ネパールからの輸入商社として岩塩や石鹸といった商材の現地製造と輸入などを試みるも、当時ネパール国内は10年間に渡るマオイストによる内戦の只中にあり難航。何か国内でネパールらしいものを調達して販売出来ないかと模索するようになる。

「当時、ウチの事務所は品川にありました。お昼の時間になるとサラリーマンが一斉に外に出てランチします。よく見ると、彼らの食事は油っこいものや栄養のかたよったものが多かった。そこで、サラリーマン相手にヘルシーなダルバートを提供してはどうかと思い浮かんだんです」

いいアイデアだと思ったが、パダム氏には肝心の料理経験が無かった。ならばその頃既に増えはじめていた同胞のコックを雇えばいいと思うのだが、完璧主義者のパダム氏はそれだけでは不十分だと考え、神保町のマンダラでホール係のアルバイトをはじめる。ネパール人コックを雇うにも、まず店を運営する仕組みを知る必要があると考えたのだ。こうしてしばらくマンダラで働きながらシステムを学び、その働きぶりに上司から引き留められながらも2010年、念願の一号店を渋谷の現在の場所にオープンさせる。

「あくまでもサラリーマンに向けての健康的なネパール料理店、というコンセプトだったので、出店場所は新橋を希望していたんです。ただし予算や条件の面でなかなか折り合いのつく物件が見つからなくて。そこで第一候補地ではなかったのですが、渋谷にしたわけです」

ようやく店を構えたパダム氏は早速、ダルバートを提供しはじめる。味付けは一般的にネパール式の特徴である塩・油・辛さを極力避けたものにした。この味付けは奥さんのあゆみさんのアイデアでもあったという。またメニューも厳選し、ダルバート（ベジ／ノンベジ）以外はネワール料理のアルタマをイメージした「バンブースープ」などに限定した。

「私自身はネワールではありませんが、アルタマは好きでねえ。しかし発酵した筍を使う『バンブースープ』は独特の香りが不評でした。それだけでなく、『カレー屋になのにナンはないんですか』ともよく言われました。それもお客さんだけじゃなく、雇ったネパール人コックたちからも」

実際パダム氏自身、ナンとインドカレーを出せば利益を出せる事は分かっていた。ネパール人コックも出した方がいいとしきりに言う。しかしそれでは当初のコンセプトがブレてしまう。利潤とポリシーのはざまで葛藤しながら、パダム氏は日々悩んだという。

店で毎日提供するこだわりのダルバートに対し「店で出す料理ではない」と言い放つコックもいた。確かにそれがダルバートに対する当時のネパール人一般の共通認識でもあった。ダルバートが飲食店のメインメニューとして認知されるにはもう少し時間が必要だったのである。ちなみにこの時代は、新大久保がネパール人街化する数年前の事である。

営業をはじめて3年経ち、ようやく自分たちのダルバートの味を認めてくれる常連客が徐々に増え、軌道に乗った事を実感するようになった。食材にはさらにこだわるようになり、米は国産のあきたこまちを、輸入物の冷凍野菜もやめて生鮮の国産野菜へ、またダルの煮方もじっくり時間をかけて豆を溶かすような調理法にした。それはあたかも500円ダルバートで盛り上がりを見せつつあった新大久保とは真逆のベクトルだった。ダルバートに付け足す一品料理も増えていったが、それらをワンプレートの中に入れて料金を上げるのではなく、小皿料理として単品で出すようにした。これも当初は夜の時間のサラリーマン向きに、酒のつまみ用として提供したものだったが、トッピング風の可愛らしい見た目が好評で女性客からの注文が増えた。こうして順調に売上を伸ばし、2014年には2号店となる駒沢店もオープンした。

先駆者のいない時代から、ネパールの家庭で出されるダルバートが持つヘルシーさにいち早く着目して商品化し、ブレずに提供し続けてきたネパリコの手法は、当初こそ異端視されたものの今ではすっかり市民権を得たようにみえる。今やネパール料理をヘルシーさで捉える見方は、南アジア料理におけるアーユルヴェーダやヨガのイメージの深まりと共に確実に日本社会の中に拡がりつつある。

老舗の集まる街

国内で最も古く登場したネパール料理店が恵比寿にある。1978年に長野県上田市で開業し、1985年に当初は恵比寿ではなく広尾に進出したクンビラの名は日本のネパールファンの間ではあまりにも有名だ。オーナーのディルマヤさんはエベレスト街道で知られるナムチェの出身で、日本人との結婚を機に来日。上田駅近くの地下で営業していた頃にはあの植村直己が訪問

左・国内最古のネパール料理店、恵比寿クンビラ
右・ガラス張りになっているクンビラの最上階

した事もある。ちなみにクンビラが東京進出した際、都内には練馬区江古田にアンナプルナという店が既にあったという。『地球の歩き方・ネパール』の1988〜1989度版には「東京でただ1軒のネパール料理店」として紹介されていて、こちらも日本人とネパール人のご夫婦によって1985年12月に開いた店だと記事にはある。ちなみにディルマヤさんは8人きょうだいで、妹のセティマヤさん夫婦が1997年、幕張市にジャイネパールを、弟のパサン・ビスワカルマ氏が2001年、品川区にレッサムフィリリを開業し、それぞれ老舗として現在も経営を続けている。

ちなみに上田時代のクンビラでの研修経験を持つ、ジャイネパール経営者の玉置氏（セティマヤさんの夫）によると、当時から既にモモ、トゥクパ、チョウミンといったメニューは出していたという。やがて東京進出時に店のメニューは一新されたが、それでもネパール料理は店のアイデンティティでもあり出し続けていた。ただしダルバートに関しては、そもそもオーナーであるディルマヤさんの出身地ナムチェのような高地では必ずしも米は伝統的に食べられている食材ではない点（ジャガイモやマカイのディロなどが今も一般的である）、また10年以上のホテルでの実務経験を持つシェフらが勤務する都心部のレストランで提供する料理としては相応しくないという認識があったのだという。これは他の多くのインド・ネパール料理店でも共通する。

なお、同じ恵比寿には、こちらも1998年から続く老舗のソルティーモードがあり、滋味深く美味しいと定評のダルバートがいただける。ソルティーモードはオーナーシェフのマダン氏がほぼ一人で切り盛りする隠れ家的な名店である。最近でこそ日本人のワンオペ間借り店によるワンプレート盛りのスパイスカレーが興隆を見せているが、ソルティーモードのダルバートは正に時代を先取りしたかのような先駆的な提供スタイルであった事を改めて感じさせる。

ネパールへの帰着点

2020年に中目黒にオープンしたADIで提供される料理は、それまで食べたどんなネパー

左・品川区レッサムフィリリのオーナー、パサン・ビスワカルマ氏
右・恵比寿ソルティーモードのダルバート

ル料理とも異なりながらも、通底する部分ではしっかりとネパールを感じさせる稀有な味わいを楽しめる。オーナーのアディカリ・カンチャン氏はネパール南部のチトワン出身。留学生として来日し大学でビジネスを学んだ後、在学中にファッションモデル業などを経験した事もあってアパレル業界に就職。それと同時に、学生時代のネパール人の友人に乞われて代官山でバーの共同経営を開始。バーには専属のコックもいて自らが料理に携わる訳ではなかったが、この時の経験から「食」に強く興味を持つようになる。この頃、のちの奥様となられる明日美さんと知り合い結婚。元々飲食業界は畑違いだったが、「食」への興味を形にするべく代官山や麻布などで友人の店を間借りし、ネパール料理と南インド料理を混交させたフュージョン料理を提供するようになる。

この南インド料理も、必ずしも当時の国内エスニック料理業界のトレンドに乗ったというものではなかった。父方の遠祖がインドのゴア出身だった事により、カンチャン氏宅では幼少期から、他のネパール人宅では食べられる事のないラッサムなどの南インド／ゴアの料理が食卓に上がる事が多く、また自らも母親からの手ほどきを受けて作っていたという。こうした家庭環境から、南インドの要素を取り入れたネパール料理はカンチャン氏にとって当然行きつく先の一つだった。

やがて明日美さんの影響もあり、和食の店を食べ歩くようになる。実はカンチャン氏はバウンという家柄もあって菜食中心の食生活だったが、産地を厳選し、素材の味を活かす「和」の調理法で調理された肉や魚は自然に受け入れる事が出来た。そしてただ食べるだけでは飽き足らず、気に入った和食の職人さんの元に通い、処理法や調理法から食材の仕入れ方も含めて研修を重ねるようになる。この姿勢はADIをオープンした現在も変わらず、海産物は静岡、野菜は長野や山梨といった場に赴き、生産現場を訪ねて自らの眼で確かめ、それらを長く使っている地元の和食店に通って技術指導してもらう。産地で素材を選び、さらにその素材を活かす「和」の現場で学んだのちに自らのネパールの味に落とし込む。このようなスタイルで食を提供しているネパール人など、日本はおろか世界的に見ても居ないだろう。「モダンネパール料理」こそ標榜してはいるが、その言葉から容易にイメージされる、あたかもフレンチやイタリアン的なアプローチによるネパール料理だという誤解はされたくない、とカンチャン氏は語る。あくまで強く影響を受けているのは「和」の世界。こうして提供される唯一無二のADIの料理は、新たなる技術を吸収しながら今もなお進化し続けている。

素材の仕入れに通っていた八ヶ岳の清涼な環境が気に入り、近い将来長野県で二号店を出した

左・ADI のオーナー、アディカリ・カンチャン氏
右・ADI のディナーコースの最後に供されるシンプルなダルバート

いという。またもっと先の将来に対しても明確なヴィジョンがあり、故郷ネパールで食にまつわるビジネスで勝負したいという。それも首都カトマンズではなく、ポカラからアンナプルナ山系に向かう途中の標高3000メートルあたりの高地にホテルを兼ねたレストランを作り、日本で学んだ調理法などを融合させた、その時そこでしか食べられない料理を提供する。客はその一皿を求めて世界中からやってくる。その高い志には驚かされるばかりだが、明確に目標を掲げ、逐一クリアしていくその姿からは決して非現実的な夢とは思えない。10年以内に実現させたいというそのホテル兼レストランには既に名前まで考えられている。

　国内のネパール料理店にはあまり行か

ないというカンチャン氏だが、それでも好きな店はあるという。影響を受けた店を聞くと、「プルジャダイニングは好きですね。プルジャさんの料理はありふれたものとは違う強いオリジナリティがある。ウチとほぼ同時期にオープンしたOLD NEPAL TOKYOの経営者、本田遼さんはいい友達でもあり、彼のネパール料理へのアプローチはリスペクトしています。今後もお互いにいい刺激を与えあえる関係でいたいと思っています」

日本で出会った「和」の世界に魅了され今なお研鑽しつつも、究極的な帰着点はあくまでもネパールに置く。双方の伝統食への深い理解と、そこから導き出される新たなる食への揺るぎない自信とがカンチャン氏の言葉の端々から伝わってくる。他のどんな料理とも違うADIだけの料理は日々刻々と進化し続けていて、どこまでも深く追い続けたい強い衝動に駆られる。

古くて新しいネパール料理文化

2015年に大阪のスパイス料理激戦区、谷町六丁目でダルバート食堂を開業し関西圏をはじめ全国のネパール料理ファン、スパイス料理ファンに支持された本田遼氏が2020年に鳴り物入りで東京に進出。閑静な世田谷区豪徳寺の商店街で、従来の常識を超えたアプローチで提供されるネパール料理で話題をさらい続けているのがOLD NEPAL TOKYOである。

ネパール人店特有のゴテゴテした店装を見慣れてきた目には、シンプル過ぎにも見える落ち着いた外観。そこに設えられた重厚なドアを開けた先には、大きめのカウンターとテーブル席とが広い間隔を取られて置いてあり、さらにそのテーブル席は間仕切りで左右に分かれている。間仕切りに用いられたくすんだ赤レンガにそこだけ突出した「カトマンズ感」が感じられる以外、ストイックなまでに排除された内装品とピンスポットのようにテーブル上にあたる柔らかい照明が、訪れた客の目を自然に料理だけに集中出来るように巧妙に仕向けられている。

この店装もさる事ながら、しかし何といってもOLD NEPAL TOKYOの醍醐味は、今まで体験した事のない新しいネパール料理との出会いに尽きる。元々大阪で出していた、ネパールの様式に極力忠実なスタイルとは打って変わって、世界のどこにも存在しないような斬新で洗練された形でネパール料理を提供している。特にコース仕立てで構成される夜料理の数々は、素材も見た目もネパールとはかけ離れたもののように一見感じられつつも、その実味わってみれば奥深いところにネパールの味が確かに存在し、その深層の部分でネワールやタカリの料理技術的裏打ちをしっかりと感じさせる、段階を経た構成となっている。勢い「モダンネパール料理」とか「ヌーベルネパーリー」などと形容したくなる妙味だが、当の本田氏はそんな実態から離れた大げさな表現を嫌い「いや、ネパール料理でいいですよ」とクールに言う。

それぞれの民族が連綿と受け継いできた伝統的調理法に対する深いリスペクト。新しいスタイルのネパール料理を開発し提供する一方で、店名をOLD NEPAL TOKYOにしたのはそんな思いからである。変化の早いネパールでは、古い価値観が顧みられることなく忘れられていく。例えばネワール語にしろタカリ語にしろ、ネパール各民族はかつて固有の言語を持っていた。しかし今やネパール語しか出来ない人が大半となっている。料理も同様で、だからこそ古い料理法の中には今のネパール人にとって未知なるアイデアが詰まっている。ただしそうした価値を内部にいるネパール人は発見しにくい。外部で俯瞰しながら、それでいてネパール食文化に深く入り込んだ者でなければその価値に気づく事はおろか、それを事業化するところまではたどり着かない。

「ネパール料理は家庭料理が一番」とする世の風潮に本田氏はやや懐疑的で、前準備や下処理を含めて手間や食材は外食店の方がかかっていると、家庭と外食店双方の厨房で調理体験を重ねてきた目で冷静に分析する。そうした技術的な差よりも、例えば料理の温度の方こそ重要で「アツアツのダルとバートが出る、というだけで実はかなり違うと思いますよ」と喝破する。確かにネパールに限らず、インド亜大陸の大衆食堂における料理の温度に対する意識は全般的に希薄である。

またネパール料理の要の一つが素材のコンビネーションにあるとみていて、例えばダルバートのダルにしても家庭や店で配合具合が異なる。何をどうブレンドするかで味は無限に変わってくるが、限られた素材でいかに料理を美味しくするかというところにネパール料理の一つの面白さがある。国内初ともいわれる網羅的なネパール料理書『ダルバートとネパール料理』(柴田書店)にはダルのレシピだけで何通りも書かれている。ネパールではバート(ライス)もまた数種類が配合される。ジラマシノと呼ばれる短粒米が一般的に好まれるが、ダル同様、米もまた様々な配

左・OLD NEPAL のオーナー、本田遼氏・真理さんご夫妻　右上・OLD NEPAL のダルバート（昼）　右下・OLD NEPAL のダルバート（夜）

合がなされる。こうした配合の妙の中にネパール料理の本質が隠れているのかもしれない。

本田氏の啓蒙活動は決して日本人だけを意識したものではない。

「ネパール人自身が自らの料理文化に目覚めて欲しいと思ってます」

ネパール料理の魅力を他ならぬ一人でも多くのネパール人に知ってもらい、ネパール料理をインドや中国など他の料理大国に伍する地位に昇華させる。そのためには将来的にカトマンズに支店を持つ事も視野に入れている。その手ごたえは充分に感じているという。

実際、国内に住む感度の高いネパール人飲食関係者や、これから飲食業を考えている日本国内の若いネパール人の間で

OLD NEPAL TOKYOの名は確実に浸透しつつある。SNSを通じて入手した、洗練された新しいOLD NEPAL TOKYOのネパール料理の写真を見せながら「こういう食器はありませんか?」と言ってくるネパール人オーナーもいる。本田氏が狙うように、意識変革された彼ら若いネパール人たちの提供する新しいネパール料理が今後、遠からず登場してくるのだろう。

もちろん、ネパール人だけでなく日本人にももっと広くネパール料理に関心を持ってもらいたいという思いも強い。国内初のネパール料理書を完成させた理由の一つもそこにある。今後の目標は、というベタな質問には

「プレーヤーがもっと増えて欲しいんですよ。ネパール料理は南インド料理やスリランカ料理と違ってシンプル過ぎるところがあるんで、まだ作り手人口が少ないのだとは思いますが…」

シンプルなだけに奥深く、だからこそ素材の味を引き出していく和食に近い考え方がネパール料理には元々ある。それに感応する日本人のネパール料理人口はOLD NEPAL TOKYOに刺激されて着実に増えていて、こうした中からさらに新しいネパール料理の可能性を広げるプレーヤーたちが出てくる。それがさらに飛び火して、世界中の若いネパール人プレーヤーたちによる新しいネパール料理の潮流が生まれていく。古くて新しいネパール料理は、確実に今地殻変動を起こしつつある。数年後、数十年後のネパール料理がどのような姿に変貌を遂げているか、伸びしろが大きいぶん期待値は高まる。

マージナル・ブルース

～拝島・八王子・坂戸

どんな世界でもスポットのあたる華やかな中心の周辺部には、目立たないマージナルな存在がある。首都圏の中心部では、自らの伝統を遡り途絶えてしまった料理文化を再定義して提供するような新しい出し方や、異なる料理文化をかけ合わせる事で最先端のフュージョンネパール料理が生み出されている。一方郊外に行くと、大型ショッピングモールのフードコートなどに進出し、ファミレスと伍して多く集客する安定感のあるインド・ネパール料理店が台頭している。しかしそのどちらにも属さない、マージナルな店や人たちがいる。

よく考えると、ネパール人とは存在そのものがマージナルな人たちでもある。ことインド料理の世界に限っても、メインストリームはあくまでも「インド」料理とその担い手であるインド人だった。また同じインド亜大陸出身者としても、1980年代半ばから急増したパキスタン人やバングラデシュ人の後塵を拝する形で来日し業界に参入したため、既に主要な座は彼らによって占められていた。ネパール人が飲食業界でようやく独立しはじめた頃、中古車業に商売替えする、先行のパキスタン人飲食業者から居抜き物件をしばしば有償で引き継いだものの、ババ抜きのババのように後から自費で手直しが必要な欠陥物件に高額な価格を支払わされ泣かされていた。こうした状況から苦労して這い上がり、今や日本の中のインド料理業界で働く人口としては亜大陸随一を誇るまでに至っている。

インド亜大陸出身者の中でマージナルな立場だからこそ、既存の価値観に囚われず柔軟な対応で新しい顧客を獲得したともいえるネパール人。首都圏でも特に周辺部に住む、マージナルな彼らがどのような商売をしているのか。マージナルな場所だからこそ生まれる、何か新しい胎動があるのではないか。あてもないまま、行き当たりばったりの食紀行をしてみた。

拝島リトル・ネパール

昭島市拝島は別名「リトル・ネパール」と呼ばれる。この呼称は地元のネパール人の間に浸透していて、それを裏付けるように拝島駅を降りるとすぐに数軒のネパール食材店やレストランの姿や、夕方頃には仕事帰りらしい作業服のネパール人の姿が三々五々見られる。Hajima FC Clubというフットサル・チームがあったり、（コロナ前は）誕生会や本国の伝統行事にちなんだイベントがしばしば付近のレストラン内で行われていた様子がネットから伺える。昭島市の統計では２０１９年12月現在、市内に在留しているネパール人は２７５人で中国、韓国、フィリピ

八王子で開催されるフットサル大会ではモモの屋台が出る

ン、ベトナムに次ぐ5番目の外国人勢力となっている。
とはいえコロナ禍の影響か、近年厳格化の一途を辿るネパール人のビザ行政のためか街ゆくネパール人の姿はまばらである。それでも幾人かのネパール人に聞くと確かに学生こそ減ったが、まだまだ居住しているネパール人は多いとの事。理由は（時間はかかるが）都心まで直通で行ける事、そして何より家賃が安い事が大きいらしい。

ネパール人の多くは古びたアパート、それも中には日本人なら決して借り手がつかないような驚くほどボロい部屋なのにさほど安くもない家賃を払って住んでいるケースが多い。外国人というだけで貸したがらない大家も多く、部屋一つ借りるのも外国人、特にネパール人のようなアジア系にはハードルが高い。従って、例えば外国人でも居住可能な物件の情報は仲間内などで共有される事が多く、空いた部屋に仲間を呼び寄せるため一棟まるまるネパール人で埋まっているアパートがあるほどだ。またこうした住居に困っている同胞を相手に、ホステルとして部屋を提供するネパール人も存在する。ホステルとは平たく言えば「下宿」の事であり、学生が多いエリアなどで散見される。部屋は個室または複数でシェアされる。台所は共用の場合もあるが、階下または別棟に貸主が経営するレストランが併設されていて、そこでの食事代込みで代金が支払われるケースも多い。メニューなどはなく、毎日ほぼ同じような内容のカナ、つまりダルバートが提供される。住人はもちろんそこで食事しない日などもあり、それらは日々のホステル・ノートに詳細に記録されて後日請求される。

拝島駅近くにあるカルマもまた、そうしたホステルを併設している店の一つである。店内にはイートインの場所のほか、片隅の棚には食材販売コーナーもある。夕方の少し早い時間の訪問だったせいか先客は居なかったが、やがてポツリポツリと仕事帰りらしい作業着姿のネパール人たちが集まり出す。

ここでチキンカレー・セットという名のダルバートとポーク・セクワをオーダーしてみた。さほど大きな期待をせずに入店したのだが、同店に移ってまだ1ヶ月ほどというマガル族のコックさんの技量が凄かった。レモンの合う滋味深いラトダル、脂身の多い肉の火加減、豚に散らされた生レスン（ニンニク）、濃い目のゴルベラコアツァールなど味の全てがキマっている。端的に

左・拝島市のカルマで働くマガル族コックさん　右・カルマのダルバート

言うと豚好きのツボがよく分かっているのだ。聞くと豚料理で名高い新大久保ロイヤルガーデンや川崎サスラリガルなどでも働いて来たベテランなのだという。

　食事の合間、彼が製作中という新メニューの草案も見せてもらった。現行メニューと比較しながら見ると、そこから何を削り何を挿入しようとしているのか、ネパール料理のトレンドやコックさんの方向性・意識といったものが伺い知れて興味深い。

　カルマ同様、拝島駅近くにあるネパールキッチンは界隈でもかなり古株で、現在のオーナーの前にも複数のオーナーがいたという。夜半に訪れると、外に灯かりは漏れてくるものの、景観から浮き立つようなインド・ネパール料理店特有の派手な看板などはなく、構造的にも少し入りにくいたたずまい。ガチャっとドアを開いて入店するなり、この日はメニューの料理が出来ないから「ネパール・カナだけネ」と、あまり日本語の達者じゃないコックさんにつっけんどんに告げられる。やる気の無い無愛想なコックと備品類が雑多に置かれた薄暗い店内には数人のネパール人客がモソモソとダルバートを食べている。やがて運ばれてきたダルバートは、ワンコインそこそこで美味しいダルバートが食べられる昨今の状況と比べると明らかに見劣りする感は否めない。ただし食べているうち不思議な記憶が呼び覚まされてくる。そう、それは数十年前に乗ったネパール長距離ローカルバスの休憩地点で、1軒しかなく他に選択肢が無いために否応無くそこで食べざるを得なかった、掘っ立て小屋のような安食堂で出されたあの味だった。ネパールキッチンのそれは、その粗末で味のしないカナの感じがよく出ていて、もちろん計算して調理した味でないにせよ、いや、だからこそ強烈な現地感が濃厚に感じられたのだった。

味への価値観はただ美味いか不味いかだけで判断出来るような単純なものではない。例えばそこに強烈なノスタルジーという観念が入り込むことで、味は急激に美化される。あの日あの時あの場所で食べたあのダルバートが今ここで食べられる。そんな驚きと郷愁が味覚感度を変化させ、味の良し悪しを超越した別次元へと脳内を誘うのである。昨今流行りの単に安くて美味しいだけのダルバートとは一線を画す、これこそ極めて貴重でオーセンティックな一皿だったのではないかと深く思い至らしめられる。あるいはまた、ホステルの食事というのは今でもネパールではこのようなものなのかもしれない。そう考えると思いがけずリアルな現地仕様のホステルメシに出会えたのだという多幸感にも包まれる。

ホステルとは少し違うが、海外出稼ぎの多いネパールでは、小さい頃から子供を寄宿舎に預けるケースが多い。カトマンズにも寄宿舎併設の学校はあり、中でも旧王族の子息も通うという格式高い寄宿舎の食堂で長年働いた経験を持つチェトリのコックの話しが思い出される。そこでは数百人の子供が寝起きし、早朝から夜遅くまで子供たちの食事作りに毎日フル稼働していた。献立は、昼と夜は共にダルバートだが、昼の方がやや重めのダル、夜はサラサラしたダルを出していたという。つまりネパールでは昼の方がしっかりとした食事が摂られるのである。昼と夜の合間にカジャの時間があり、セル、チョウメン、ダヒチウラなどが出される。「とにかく子供たちはよく食べるんだよ」と思い出し笑い。

厨房には53人のキッチンスタッフが居るが、そのうち食事を作るのは40人のバウン・チェトリに限られる。タマン、グルンといった残り10人のジャナジャーティ（非アーリア系諸民族）は洗い場仕事、生ゴミ処理の仕事はカミの人たち（ダリットと呼ばれる低カースト層）、と完全に分業化されていたという。カーストに基づく職業差別は1990年代半ばから2000年代半ばまでネパール国内で吹き荒れたマオイスト運動（毛沢東主義運動）によって強く否定されたはずだが、長い間形成された価値観は人々の意識の中に根深く横たわっている。

料理人がバウン・チェトリであるのは、何も彼らが調理技能に優れているからではなく、浄・

左上・拝島市のネパールキッチン　右上・ネパールキッチンのダルバート　左下・福生市のナマステを経営するのは異カースト間結婚で結ばれたご夫婦　右下・ティンムールの効いたスープモモ

不浄観念に基づくヒンドゥー教の序列で上位にあるからに他ならない。ヒンドゥー教の考え方では不浄とされている下のカーストのものが作った食べ物は、たとえそれがどんなに優れた美味しいものであっても不浄視され食べられる事はない。また逆にバウンなどの上位カーストの場合、食材選びや調理の際に料理の味よりもまずその食材の浄性が優先されるため、美味しいかどうかは二の次となる。これは料理人としていかがなものかとハタからは思うのだが、長年ネパールという国はそれでやって来たのである。

　こうした宗教や伝統的価値観に基づく旧弊・悪弊を打破しようとする運動がマオイスト運動だったのであり、メディアでは政府軍との銃撃戦などその過激な闘争面ばかりがフューチャーされがちだが、運動によって人々の意識のかなりの部分が目に見えて変わってきたのも事実。その成果の一つに異なるカースト間の結婚の社会的許容がある。

牛浜駅前にあるナマステ（福生市）は正にそんな新しいネパール人像を感じさせる店だった。ティンムール（ネパール山椒）の効いた異様に美味いスープモモを出すこの店を切り盛りするのは、旦那さんがタクル、奥さんがマガルという異カースト間結婚で結ばれたご夫婦。とはいえことさらそれを強調しないのは、やはりマオイスト運動がもたらした平等観が既に浸透しているからかもしれない。

それにしても本当にここのスープモモは美味い。一般的にスープモモのスープは大抵ティール（ゴマ）ベースのややクリーミーさを感じさせるものか、ゴルベラコアツァールをベースにした酸味のあるものが多いのだが、ここのスープはそのいずれとも違うシャープで強烈に後を引く味わい。後引く味への衝動が抑えきれず、金払うからとスープだけおかわりを所望したほどだった。元々旦那さんは四国・愛媛のナマステ食堂で長く働いていたが、3年前に一念発起して上京し現在の店を構える。愛媛勤務時代に生まれた息子さんは現在5歳となり保育園に通っていて、これから奥さんはお迎えに行くという。

左・八王子市のサイリを経営するダル・タパ・マガル氏が持っているのはダルバートの食品サンプル　右・サイリで実際に出てきたダルバート

食品サンプルのダルバート

八王子は21の大学・短期大学・高専があり、約10万人の日本人学生が学んでいる。方、広大なキャンパスを必要としない専門学校や日本語学校は、豊島区や新宿区など比較的都心部に集中している印象がある。ネパール人学生たちも豊島区や新宿区に居住している場合が多いが、その後大学に進学する人たちや、都心部にはない家賃の安さに惹かれて居住するネパール人学生も少なくない。２０１８年の統計では約６５０人のネパール人が八王子市内に居住している。ＪＲ八王子駅の南側には複数のネパール食材店が存在し、この周辺にネパール人学生が多い事を物語る。

一方、八王子駅の北側にある繁華街ユー

ロード周辺にはインド料理店集中エリアとなる。インディアンスパイス・マーケット、シャンティといった店がある他、さらにその少し先にはニューアグラや老舗のインディラもある。そんな一角にあるのがアジアン料理サイリ。市内でも人通りの多い一角の一階店舗で、店舗面積もかなり広い。オーナーであるマガル族のダル・タパ・マガル氏に聞くと、やはり客層は日本人も多いが、場所柄ネパール人学生が多いという。

元々タパ氏は長く旅行関連のビジネスを手掛けていて、いただいた名刺も旅行会社のものだった。その後縁あって飲食業に進出。2019年にガウガルという名前でインド・ネパール料理店を出店。ナン・カレーのほかガパオライスやグリーンカレーといった汎アジアン料理を出していた。しかし思うような集客に繋がらず、思い切ってネパール人学生向けのネパール料理主体の店に改装。店名も新たにサイリと変え、店内もネパール民芸調に心機一転した。個人的に驚いたのは店頭のガラスケースに陳列されていたネパール料理の食品サンプルで、インド料理のそれは今までにも何度か見かけていたが、真鍮皿に盛りつけられたダルバートの食品サンプルを見たのは初めてだった。しげしげと見入っているとタパ氏がわざわざガラスケースから取り出してくれた。もちろんオーダーメイドで、製作費は約1万円もしたという。その決して安くない料金一つとってみても、タパ氏のサイリに賭ける情熱が伝わってくる思いがした。

インドナイズド・ネパール式チベット料理

坂戸駅前のパティバラ（坂戸市）もまたリアルさが持ち味の店といってよい。それも全国的にも珍しい、インドで味わえるリアルなチベットの味が味わえるのだ。

2019年に一旦オープンしたパティバラは、2021年になってオーナー・チェンジにより体制一新。元々周辺に多かったネパール人学生や労働者などをメインターゲットにしたネパールメニュー中心の店へと生まれ変わった。とはいえダルバートやスクティといった料理はもはや珍しくはなくなっている。この店がそれら幾百もの店と違うのは、事前予約すればテントゥックやトゥクパ、シャーパーレ、ティーモモといった本格チベット料理が食べられるからである。

このチベット料理、もちろん提供出来るのはその道の熟達者が中にいるからである。コックとして働くドルジ・シェルパ氏は多彩な経験を持つ好人物で、まだ来日して3年だというのに流暢な日本語で来歴を語ってくれる。

ソルクーンブ地方に生まれたシェルパ族のドルジ氏は、多くの他の親戚や仲間がそうだったように、ネパール政府公認のプロの山岳ガイドとなった。エベレスト街道が主たるテリトリーだったが、客たちと共にラサに行く事もあり長期滞在した経験も持つ。元々チベット文化の影響を色濃く受けているシェルパ族だが、ここでチベット料理に親しんだという。

「ラサではモモもよく見かけましたよ。具材は山羊またはヤク肉が使われてました」

左・坂戸市のパティバラでコックとして働くシェルパ族のドルジ・シェルパ氏（右）
右・ドルジ氏の作ったテントゥック

ドルジ氏の滞在当時、ラサで見かけたネパール人の大半はネワール族の貴金属商だったという。カトマンズで出されるモモの具材の大半が水牛（バフ）肉で、商っているカジャ店の多くがネワール族経営である事から一部ではモモがネワール料理であるとまで思われているフシがあるが、その関連を連想させる話である。チベット由来のモモをネパールにローカライズさせたのはネワール族なのだろうが、具の中身が伝播する地域や民族によって変化していくのは興味深い。

その後、ドルジ氏もまたマオイスト運動によって荒廃した地元に見切りをつけ、インドのヒマーチャル・プラデーシュ州クッルーの地で慣れ親しんだチベット料理を出す店をはじめる。お客はもっぱら観光で訪れるインド人だった。

「インド人相手にモモを出す時は必ずベジ・モモを加えないと売れません。つけダレはアツァールではなくてチリソースね」

中国政府に迫害され、インドに亡命中のダライ・ラマ猊下の居住されているヒマーチャル・プラデーシュ州マクロードガンジの他にも、インド各地にはチベット難民の定住地が存在する

（インド国内の10州に39か所のチベット人難民定住地が設置されている）。こうした人たちの定住地には彼ら自身が営業する食堂があり、そこでは故国チベットで食べられているのと同様のモモが出される。しかし実際には、インドの都市部などでチベット（風）の料理店やモモの屋台を出しているチベット人は意外と少ない。彼らはあくまでも自らの定住地とその周辺地区内で仕事をする傾向が強く、デリーのバザールの雑多な人込みの中に立ってモモを蒸しているのはチベット人よりもむしろネパール人である事の方が多いのだ。インド人の嗜好を知悉したネパール人は具に肉を使わないベジ・モモや、チベット・ネパール双方であまり一般的でないチキン・モモにチリソースを添えるなど、インド人の口に合わせたモモを出して好評を博している。

このような「インド人向けにローカライズされたネパール人の手によるチベット料理」をありのままのスタイルで食べられるという点に於いてドルジ氏のパティバラは、オーセンティックでリアリズムを体現した貴重な存在と言えるだろう。そしてまた、ネパール人がインドとチベットに挟まれたマージナルな場である事にも改めて気づかされるのである。

タカリー族の街

～横浜・川崎

蒲田から多摩川を越えて辿り着く川崎市南部から鶴見にかけての京浜工業地帯は、戦前期より沖縄や朝鮮半島を出自とする多くの人たちが居住し続け、さらに南米からの日系人をはじめ中国系や東南アジア系ら新旧入り混じる在日外国人が重層的に生活や商売を営む、歴史的に最も多文化共生の進んだ地区の一つとなっている。こうした雑多な街中には当然ネパール人も多く、周囲には単身の学生だけでなく家族で滞在するネパール人の姿も見られる。

彼らの主な勤務先は地理的に近い蒲田在住のネパール人と重なるが、幾分家賃相場が下がるためか、単身者よりも家族で暮らす比重がより大きく感じられる。このため蒲田同様、ネパール人顧客を想定した外食店としてのネパール料理店よりも、日本人相手のインド・ネパール料理店がまだ多いのだが、留学生人口の増加と共に近年その比重に変化が見られる。

余談だが、川崎駅周辺の公団にはインド人居住者も多い。主に横浜の大手企業などに勤務するＩＴ系の技術者たちで、休日ともなるとサリー姿の奥さんを伴ってアトレ川崎で買い物をした

左・川崎市のサスラリ　右サスラリの経営者、スシル・リキ氏（右）

り、川崎競輪場近くの大きな公園でクリケットに興じるユニフォーム姿のインド人を見られるのも多文化共生の進んだこの地域ならではの光景である。

妻の実家の安堵感

京急川崎駅近くにあるサスラリ（川崎区）は、そんなアジア的カオスに包まれる川崎市南部の入り組んだ路地の奥にある、雑居ビルの5階と6階という変則的な2フロアにまたがって営業しているネパール料理主体の店。入店してまず圧倒されるのが巨大な壁一面に描かれた壁画である。伝統的なネパールの山村風景やボダナート寺院の巨大ストゥーパに描かれたブッダアイなどのネパールを象徴するハンド・ペインティングを壁に施すのがここ2～3年の国内ネパール料理店のトレンドになりつつあるが、ここまで大きな面積を占領した壁画は稀である。

実はこの壁画は蒲田の某店でコックとして勤務する、元々はネパールで手書き看板描き職人だったM氏の手によるもの。専

川崎市のドゥナタパリのダルバート

門技術であるため競合も少なく、それもあってか仕事料はかなりの高額で、中には見積額を聞いて断念するネパール人経営者もいるという。それでも注文は絶えないというが、いずれにしてもその高額の仕事料を支払ってでも店内をネパール式に装飾したいというオーナーであるスシル・リキ氏の情熱が強く感じられる。もちろんメニュー内容も総合的なネパール料理が食べられる作りになっている。

サスラリは当初、特にネパール人をターゲットとしない、日本人一般向けの居酒屋としてオープンしたが、コロナによる営業自粛の余波をもろに受けたため営業スタイルを変更。近隣にネパール人在住者が多い事に着目して現在のような業態にした。とはいえスシル氏は頑なにネパール料理にだけこだわる人というよりは、南インド人コックを使って五反田のドーサベルや月島の南インドキッチンを経営していた事からも分かるように、状況に応じて様々なスタイルの店を展開しようとするタイプの人物で、ビジネスとしての飲食業を冷静に考えているといえるのかもしれない。

全般的にメニュー単価は安く抑えられている。その理由を聞くと、スシル氏は微笑みながらこう答えた。

「日本で働くネパール人は頑張っても給料安いから、こっちも安くしてあげないとね」

ちなみに店名のサスラリ ससुराली とは妻の実家を意味する。大切な我が娘を嫁がせた先の若旦那がたまに訪問してくる。それを妻の一家総出で贅を尽くした心づくしのもてなしをしようという雰囲気や料理を表しているのだ。

タカリー族の街

川崎駅を越えて小川町通りを西に進むとこちらもネパール料理に特化したドゥナタパリ（川崎区）が見えてくる。二階店舗のこじんまりした店内は小さいながらも凝った内装が施されている。店名のドゥナタパリとは、ネパールを含めたインド亜大陸で広く使われている沙羅双樹の葉を編んで作った葉皿の大きいものを指す。

川崎市にはタカリー族居住者が多い、という話は女性店主のスシュマ・トゥラチャンさんから教えてもらった。もちろん彼女自身もタカリー族である。それが実際にそうなのかどうかは、ネパール民族別国内分布図などといったデータが無い以上はっきりとした事は言えないが、ネパール国内の数多いジャナジャーティ（諸民族）の中で、国内の特定の地域に特定の民族が偏って居住していると認識されているだけでも興味深い。

このタカリー族とは主に西ネパールのタコーラ地方を拠点に、チベットとインド・ネパールの中継貿易業によって財を成した人たちで、民族としての人口は少数ながら商業の才に長けた民族としてネパール国内での存在感は大きい。

19世紀中葉、ラナ将軍家が権力を掌握してタコーラ地方まで進出する以前、この地域はチベットの強い影響下にあったという。やがてラナ将軍家が台頭すると、いち早く権力に取り入る事で徴税権を獲得、地域一帯の中間支配層として影響力を拡大した。

食文化的な側面も興味深い。タカリー族の住むタコーラ地方はヒマラヤ高地に位置し、低地に住む豚や水牛は寒冷のため生息出来ない。このため食材として豚や水牛が用いられる習慣はなく、また荒涼とした文字通り不毛の地は水田耕作にも不向きで、ポツリポツリとあるわずかな耕地では蕎麦や大麦などが栽培されている。とはいえこうした環境はタカリー族だけでなく、山岳地に居住する他のネパール人全般もほぼ同様の生活環境である。

季節になるとこの荒涼たる山あいの中に咲く蕎麦の赤く美しい花と、ヒマラヤ高地特有の濃い

トゥナタパリの女性店主、スシュマ・トゥラチャンさん

空の色との鮮やかなコントラストはタカリー族が愛してやまない原風景でもある。今でこそ道路網が整備され低地から米や生鮮野菜も入って来ているが、伝統的な食文化的にはこうした蕎麦粉が主食で、主に水を加えて練ったものを加熱してディロにするか、円形に平たく延ばし鉄板で焼いたコーゲンにして食べる。また蕎麦粉の団子をギウ（ギー）で揚げ、薬味と共に食べるカンチェンバという軽食もある。蕎麦粉の団子に大根、青菜などの野菜とスクティを入れた雑炊であるアルンクゥもよく食べられる。

副菜としては、高山動物のチャングロや山羊の肉が珍重され、とりわけフレッシュな血を腸詰にしたチンティという血のソーセージ、同じく肺に血と蕎麦粉を混ぜて揚げたドン、舌、脳、耳などから作られた酸味のあるスープであるレプクーなどがご馳走で、スクティを使ったものとしてはタヤ・スクティ・プラという、タヤ（タカリー語でジャガイモ）とスクティをギウ及びジンブーで調理したいわゆるカレーに近いものもある。

ダルに関しては、鉄鍋で黒っぽく煮込まれるカロダル（ケツルアズキ）が好まれ、現代のネパール料理店で「タカリ・セット」の名で提供されるプレートにはほぼこのダルが含まれる。またこのカロダルに青菜を入れジンブーで香り付けしたドホ・プラ・ダル（タカリー語でドホは青菜、プラは麦粉）というスープもある。

高山動物であるヤクのチュルピ（チーズ）や高地栽培で作られたリンゴ酒はアップル・ブランデーの名で嗜好品や土産物として珍重され、またヤクのギウでブジャ（炒り米）をテンパリング

左上・在日タカリー族協会主催のトーレン・ラ祭（2016年） 右上・在日タカリー族協会主催のBBQ大会（2017年） 左下・カトマンズにあるタカリー族の友人宅でご馳走になった家庭のダルバート

しロキシーにジュワっとかける擬態語から名付けられたジョワイカッテなどもタカリー族特有の酒となっている。ジョワイカッテにはハチミツが入れられる事もある。

長い間、タカリー族の男たちはヤクの背に荷を載せたチベット・インド・ネパールの中継貿易業をなりわいとし、女たちは交易路に建てた茶店や旅籠などで行き交う旅人や行商人相手の食べ物商売をしていた。

1940年代後半からのチベットへの中国侵攻～領土編入によって、チベット・インド中継貿易ルートも途絶えたため行商人相手の食べ物商売は立ちいかなくなる。代わって1960～1970年代以降増加した西欧からのアンナプルナ内院を巡るトレッキング客を相手にしたゲストハウス業に、タカリー族は活路を見出していく。元々、タカリー族女性の手による茶店や旅籠での食事はその美味さで定評があったが、この評判は西欧トレッキング客からも同様に得られた。食材調達環境としてはタコーラ地方とさほど変わらないエベレスト街道筋の、主にシェルパ族などが経営する茶店や旅籠ではこのような評判が聞かれない事から、純粋にタカリー族女性の料理技能が高かったのだといえよう。この辺の事情は飯島茂『ヒマラヤの彼方から』(NHKブックス)に詳しい。

タカリ料理の事業例

タカリー族の街である事を証明するかのように、川崎市南部にはタカリーの名を冠した店がもう一軒ある。それが国道15号線近くに位置するその名もタカリ(川崎区)である(ネパール語での表記に従い本書では「タカリー」と音引きを付けて転写しているが、音引きなしの「タカリ」の方が原音には近く、同店名として使われている事からここでは紛らわしいがあえて併記する)。メニューにはこうした店では定番の、チャレスコタール(真鍮皿)に盛りつけられたタカリ・セットが置かれている他、低価格帯のシンプル・カナセットが500円で提供されていて周囲にネパール人学生など若者が多い事を物語っている。

同店は「タカリ料理」店に典型的な二つの特徴が見て取れる。一つはこのチャレスコタールに盛りつけられたタカリ・セットが提供されている点、もう一つはオーナーのザヤカル・セラチャン氏がタカリー族であるのに調理スタッフはグルン族であってタカリー族ではない点である。

タカリー族（の特に女性）が料理上手であるという一般イメージは、前述の通りチベット・インド・ネパールという交易路上に建てた茶店や旅籠を行きから商人たちによって共有されていたものの、それがよりネパール人の間で一般化されたのは実はそれほど昔の事ではない。またタカリー族茶店や旅籠に於いて提供される食事が、チャレスコタールに盛りつけられて「タカリ・セット」などと称されて出されていたという事もない。そもそもチャレスコタールは特別な客人に対して用いられるもので、交易路を行きから行商人などに用いるものではない。

『地球の歩き方・ネパール』（ダイヤモンド社）の初期版である1988～1989年版を見ても、カトマンズ市内のレストラン紹介の欄で「タカリ料理」店は一軒も出てこない。むしろチベット料理は数軒紹介されており、当時のバックパッカーの関心の方向が分かって興味深い。それが2013～2014年版になると「タカリ・バンチャ」や「ムスタン・タカリ・チューロ」の2軒、2021～2022年版では「ムスタン・タカリ・チューロ」「タカリ・バンチャ」「ムクティナート・タカリ・キッチン」という3軒ものタカリの名を冠した「タカリ・セット」を食べさせる店が掲載されている。時代の経過と共に客の嗜好も細分化され、大きなくくりでのネパール料理からより民族色を打ち出したものへと流れていく傾向に、元々料理技術のバックボーンのあるタカリー族がその商才を発揮してうまく乗ったものと捉えられる。

左・川崎市のタカリ
右・カトマンズにあるタカリーバンチャのダルバート

ネパール在住経験のある方などに伺うと、カトマンズ市内にタカリの名を冠した店が増えはじめたのは2000年代に入ってからだという。その理由として「ネパール人や外国人観光客の食嗜好の多様化を商機として捉えて」という積極的なものから「山間部でゲリラ活動を活発化させたマオイストから逃れて」といった消極的なものなど複数考えられるという。いずれにしてもそれまで存在しなかった都市部に於いて、一民族の料理をフィーチャーしてメニュー化する際に、従来施されなかった意匠や細工、物語といったものが付与される。それはそれまでクローズドな集団の中でのみ消費されていた民族料理や家庭料理が、より一般的な顧客に向けた「商品」として昇華されるために必要な過程であり、現在レストランで消費されている外食料理の多くが同様の道を辿ってきた。この作られた「様式」に則り、顧客一般のイメージするタカリ料理に沿ってそれらしく仕立て上げられたのが「タカリ・セット」なのである。

土着性を排除し洗練化・普遍化した料理は、元来タカリー族の家で食べさせられるものと似て非なるものではあるが、逆に言えば、こうした様式と共有レシピさえあれば誰でも調理可能なものでもある。このためカトマンズ市内には、今や無数の「タカリ料理」店が存在するが、必ずしも作り手がタカリー族女性であるとは限らない。今や日本でラーメンを中国人が、カレーをインド人が作らないのを誰もいぶからないのと同様、今や普遍化され民族性を離れた「タカリ料理」はタカリー族が作らなくてもいい料理となりつつある。川崎区のタカリのコックはグルン族の青年だったが、それは外食コンテンツ化された現代の「タカリ料理」を象徴する例として、むしろ正統と言えるのかもしれない。

コロナ対応万全店

JR横浜駅裏手に広がる雑然とした商業区の中には日本語学校などが複数あり、行きから若者たちが話す言葉もアジア系言語が目立つ。中国語やベトナム語といった中にはもちろんネパール語も聞こえてくる。聞いてみると案の定、ネパール人学生の多い日本語学校が3校あるらしい。こうした客を当て込んだ食材店がいち早く出店し、ほどなくしてレストランも出現。それが2019年にオープンした横浜市西区にあるルーフトップ・ビアガーデン・ヨコハマ（以下ルーフトップ）である。

細長いビルの狭い階段を登ってたどり着く4階とその屋上に店はあり、その名の通り屋上は季節になると涼しいハマの海風に吹かれながら、スクティやチョエラなどのネパール料理をアテに

左・横浜市のルーフトップ・ビアガーデン・ヨコハマ
右・ルーフトップのタカリー族女性コックのニマさん

生ビールが飲めるビアガーデンになる。実はネパールのカトマンズ市内にも、特にタメルなどの人口密集地区には4〜5階建てのゲストハウスがかたまっていて、屋上でスタービールなど飲んでいた旅行者は多いはず。そんなデジャヴ感も味わいの一つである。

　スクティが林のようにぶら下がる厨房の奥には、タカリー族女性コックのニマさんをはじめ3人のコックさんが働いている。タカリー族の女性コックというだけで期待値が高まるが、実際にその期待を裏切らない料理が出てくる。それもそのはずで、このニマさんという人は新大久保アーガン創業時から3年間厨房で勤務していたという、ネパール人社会ではちょっとした有名人なのである。「アーガンの成功は厨房に入った彼女の功績が大きい。じゃなければあんなに大きくはならなかったヨ」などとまことしやかな噂が尾ひれをつけて語られるのも在日ネパール社会あるある。そんな時は「なるほど、やっぱりそうなんだ」と真顔で相槌を打つのがセオリーだ。ちなみにチェトリのオーナー、プラディプ・カルキ氏とニマさんとは来日前からの知己である。

ここで提供されるカーナセットは、タカリー族らしいカロダル（他ミックス）のダルバートで独特の風味とコク。グンドゥルックもバートが止まらない味。コロナ感染防止には密を避けるのが重要だが、この店の屋上は正に飛沫対応万全。ハマから吹く強い潮風が、コロナでふさいだ気分ごと風に流してくれる。

米軍基地とインド・ネパール料理店

～福生・横須賀・全国

　第二次大戦後に締結された日米安保条約によって、日本全国各地には米軍基地が置かれている。基地内には数百から数千人規模の米兵とその家族が居住していて、米系の飲食店やスーパー、娯楽施設が一応基地内にも設えられているものの、好むと好まざるとにかかわらず塀の外の地域もまた彼らを相手にした周辺経済圏を構成している。

　特にゲートと呼ばれる出入口付近にはアメリカ人相手の商店が何軒も連なっていて、日本人の感覚にはない色使いをした外観ペイントや、〝TATOO〟や〝Money Exchange〟の看板、夜ともなればけばけばしい横文字のネオンサインが煌めいて異国情緒を掻き立てる。米軍基地問題の是非はともかく、そこには小さなアメリカがあり、その独特の文化圏に吸い寄せられるようにして集まってくる日本人やアジア系外国人も少なくない。

　そしてこの界隈の中にも、ご多分に漏れずインド・ネパール料理店の姿が見え隠れする。他の米兵相手の店と同様インド・ネパール料理店までもが看板やメニューに横文字を多用し、その奇妙なアメリカナイズが見知ったいつものインド・ネパール料理店の姿をエキゾチックなものに変えている。では一体、こうした店で出されるメニューにもアメリカ人向けに工夫がなされているのか。日本人客向けにマニュアル化されたメニューとの差異はどれぐらいあるのか。またアメリカ人用の特別なメニューがあるのか…。疑問はふつふつと湧き上がる。解決の糸口を求めて、日本各地にあまたある米軍基地の街を食紀行してみた。

福生界隈

福生の街を象徴する米軍基地は、旧日本陸軍によって造成された多摩飛行場がそのルーツである。戦後米軍に接収された多摩飛行場は米軍横田基地となり、さらに戦後復興期、そのゲート近くの福生駅東口周辺には米兵相手の歓楽街・特飲街が出現した。さらに朝鮮戦争の勃発で基地内の人口が増加、米軍側の市への要請によって米兵家族用の戸建て賃貸住宅が建設されはじめる。これが通称米軍ハウスと呼ばれ、１９６０年代にかけて建設ラッシュとなった。その後もベトナム戦争の激化・長期化に伴い駐留する米兵も増え、米軍ハウスには多くの米兵家族の他、無国籍な独特の街の雰囲気に魅せられた日本の若者たちも多く移り住んだ（米軍ハウスは民間の賃貸物件であるため日本人も居住出来る）。当時の様子は有名な『限りなく透明に近いブルー』ほか、多くの文学作品や映画で追体験出来る。最盛期の１９７０年の統計では、福生・横田基地前商店

左上・ダナチュラ福生店　右上・アメリカ人に人気だというチキンガーリック・カレー　左下・福生市のマハトマ

街にテーラー（仕立て屋）が16軒、日本みやげ物屋が17軒あったという。現在、往時の面影は失われてしまったが、その残り香のような強烈な街の個性はそこここにまだ漂っている。

そんな米軍横田基地の出入り口である第二ゲートの真ん前という好立地にダナチュラ福生店はある。２０１６年、オーナーのクリシュナ・カレル氏によって武蔵村山市伊奈平にオープンしたのち、同じ武蔵村山市の残堀に移転。支店である福生店は２０１９年からだという。日曜の昼の少し遅めの時間帯に入店したが、ほどなくして米兵らしきアメリカ人の家族が入店してきた。

日英両文併記のメニューを開きながら、「アメリカ人には何が人気ですか？」という私の奇妙な質問に

「チキンガーリック・カレーとガーリッック・ナンです。アラカルトのハニー・クリスピー・チキンも人気ありますよ」

と、まだ入店して半年というホール係氏はよどみなく即答した。果たして、少し離れたテーブルに座ったアメリカ人の家族のオーダーに耳をそばだててみると、確かに〝クリスピー○△×…〟と言っている。しかしよどみのなさ過ぎるホール係の応答に一抹の猜疑心が芽生えてしまったのもまた事実。適当に思いつきで答えているのではないか…。

ゆったりとした店内はアメリカンな感じの電光ポスターが掲示されたり、やはり米兵家族を強く意識している印象。とはいえコロナ禍の影響は大きく、特に軍内部でも厳しい外食制限のお達しが出ているという。これにより一時は米兵関係の来客が激減。ワクチンのおかげか客足は戻ってきているというが、軍ならではの厳しい規律が地域経済に与える影響について考えさせられた。

同じく第二ゲートの近くで営業するマハトマはインド・デリー出身のジート・ラーム氏が経営するインド料理店。元々日本人の経営する銀座のインド料理店に勤務するため25年前に来日したラーム氏は、その後独立して新宿や池袋、秋川市などで経営したのち約4年前に福生市にやって来た。アメリカ人の嗜好傾向を聞くと、

「チキンなど肉料理を好むのは日本人と同じ。やっぱりバターチキンなんかが人気ですよ。ただし日本人は辛みの中にも甘みを求めるが、アメリカ人は辛いままの方がいい」

とのこと。実は現在のダナチュラ福生店は、元々はラーム氏がマハトマの支店として開設した

左・川崎市のタカリ
右・カトマンズにあるタカリーバンチャのダルバート

物件だったのだという。諸事情で手放したが、昨今興隆を極めるネパール人経営者の動向に、一インド人経営者として忸怩たる思いが言葉の端々ににじみ出る。

福生市に隣接する羽村市にあるKC's Diningは金曜の午後に訪問。元々はKC氏というチェトリのオーナーが福生市の中心部で2008年頃から経営し、羽村市に支店を開設したのが2018年。夜の営業時間は16時から。夕食時間には少し早すぎると思いながら、まだ客の来ていない時間帯に店内をゆっくり観察してみるのもいいかと16時少し過ぎに行ってみると、既にYナンバーのスポーツカーが店前の駐車場に止まっている。その後も時間を空けず続々とアメリカ人客がやって来て広くない店内は半分ほど埋まってしまった。やはり16時に店を開ける意味はあるのだ。

店内はウッディで明るいアメリカンなイメージで、ところどころ英字新聞がさりげなくあしらわれている。暗い照明の奥にヒンドゥー教神格のポスターなどがゴテゴテと貼られたインド・ネパール料理店の内装とはこうした点でも一線を画している。複数のアメリカ人客への接客もむろん店内のネパール人スタッフが行う。特にカップルで来た体格のよい客がメニューを指しながら〝Ahh…その具をこうして、焼き方は○○に。ドリンクは僕が○△で彼女には△△、その前に追加で×○を一つと…〟といったかなり込み入った注文にもそつのない対応。もちろん使用言語は英語である。傍でかなり耳をそばだてて聞いていてもネイティブの話すアメリカン英語は私にはほとんど理解不能。改めてネパール人スタッフのポテンシャルの高さに驚かされる。

メニューを開くと当然の事ながら日英両文併記。英文の方がやや書体が大きいところにどちらの客をより強く意識しているかがうかがい知れる。日本国内の平均的なインド・ネパール料理店のメニューともちろん重複するものもあるが、ポテト・チーズ焼きやジャーマン・ポテトなどアメリカ人対応らしき普段見慣れない料理も置いてある。ここでもダナチュラ同様に、他のアメリカ人客も頼んでいたガーリック・チキンカレーとガーリック・チーズナンをオーダー。ほどなくして登場した料理にはたっぷりの油で炒められた乾燥ガーリック・チップが山のように盛られている。アメリカン・ステーキの上に添えられるガーリック・チップをイメージしたものだろうか。こうした形状の料理がアメリカに存在するのか、あるいはアメリカ人の好みに応じてお店がオリジナルで考案したものかは分からないが、少なくとも日本人を意識したインド・ネパール料理店のメニューにはないスタイルがこうした店で発生し、独自進化しているのは興味深い事実である。

横須賀界隈

横浜横須賀道路から支線の本町山中線を伝って車を走らせると、緑深い山中のつづら道から突然視界が開けて海に出る。そこで真っ先に目に飛び込んでくるのが横須賀海軍施設。フェンス越しの向こうに、時には巨大な巡洋艦が停泊していてその威容をたたえている。海が間近という雰囲気も手伝って、福生と違い明るく開放的な環境にある横須賀は、行きかう米兵の数も圧倒的に多い。中には軍服をそのまま着た体格の良い集団も居たりして、まざまざとこの街が米軍基地の街である事を感じさせる。

ここで2006年から営業を続ける最古参のインド・ネパール料理店がニルヴァーナである。昼時ともなると店内は、アメリカ人・日本人ほぼ半々の割合で満席となる。オーナーのウォスティ・ロクナト氏はゴルカ出身のチトワン育ち。横須賀市とチトワンの姉妹都市化に向けて奔走したり、チトワンの優秀な若者を新しい労働力として市内の中小企業に紹介するプロジェクトを立ち上げて横須賀市長をチトワンに招聘する（2019年）など地元政界にも強いパイプを持つ。在日ネパール人社会の中だけでなく横須賀の政財界にも顔の効く、したたかな実力者である。「そういえば、こんなのもありますよ」と、数年前にネパールを訪問した鳩山由紀夫・元首相とのツーショット写真もさりげなく見せてくれる。大仰に驚くこちらを見て満足そうな笑みを浮かべた。

ロクナト氏は元々国立公園で有名なチトワンで、有名ホテル支配人など観光関連の仕事をしていた。1996年頃に一度観光ビザで来日後、改めて2000年に本業である観光業の勉強を深めるべく日本に留学。都内の観光系専門学校に進学した。その後習得した知識を元にチトワンで事業を起こすつもりでいたが、縁あって仲間たち数人と起業。2005年に鶴見区矢向でニルヴァーナを開いた（現在閉店）。その後川崎市幸区でも同名の店を開き（現在は別オーナーが経営）、知人の紹介で横須賀に開店したのが2006年だった。

「当時横須賀には他にカレー屋さんが無いから出店場所にいいんじゃないか、と知人から聞いて決めたんです。基地がある事ぐらいは知っていましたが、まさかここまでアメリカ人が多い街だとは知らなかったですね」

もちろんアメリカ人客が多い事から、メニューの英語表記やドル払い対応、英語の出来るスタッフを置く事などを心がけている。特別に彼ら向けのメニューなどはあるのだろうか。

「特別という事はありません。あくまでも日本のお客様と同じ対応ですね。店のメニューでアメリカ人客に一番人気なのはバターチキン、次いでチキン・ティッカマサラです。カレーをライスで食べる方は少なくて、皆さんナンで食べられます」

そう言われてみると確かに周囲のアメリカ人客たちは、まるでハンバーガーのように具材をたっぷり挟んだナンを両手で持ってかぶりついていた。ただし好みの差は日米で特に差はないとロクナト氏は感じているらしい。辛さへの嗜好も日米差というより個人差の方が大きいという。

左上・横須賀市のニルヴァーナ　右・ニルヴァーナで提供されている海軍カレー　左下・ニルヴァーナ及びゴルカパレス、ロータスなどを経営するウォスティ・ロクナト氏

「体格の良い米兵客たちはかなり酒を飲むんでしょうね？」と聞くと

「日本人は酒を飲んでから〆に食事をするでしょう？　アメリカ人は逆なんですよ。しっかり食べてからバーなんかに行って飲むんです」

だから意外とアルコール代は入らないのだとロクナト氏は笑った。

現在、ニルヴァーナのほかに、ゴルカパレスとロータスという店舗も同じ横須賀市内に構える。店名を統一しないのは

「日本のチェーン店のようにセントラルキッチンがある訳ではなく、別々の厨房で作るため全く同じ味が出せないから」

である由。そこまで思い至らないオーナーがインド・ネパール料理店業界には少なくない中、誠実な経営姿勢がうかが

える。リピーターが多い理由もその辺にあるのかもしれない。

ロクナト氏はカトマンズでも事業を展開している。その一つがウルトラ（Urutora Japanese Restaurant）という和食レストランの経営で、驚くことに海の無いネパールで刺身盛り合わせや寿司などがメニューにある。こうした故郷での展開のほか、国内的にはよりネパール料理に特化した店を今後は構想しているという。ダルバートでも商売になる、という気づきは新大久保辺りから発祥し、今や全国レベルのネパール人の間で共有されるようになった。コロナで日ネの行き来が制限される中、必然的にロクナト氏の次なる一手は国内をターゲットにしたものになるだろう。

交通量の多い16号線に面した2階店のデリシャスは、入口に貼られたメニュー表の横にアメリカ人ファミリーが和気あいあいと食事をする店内写真を貼って道行く米兵にアピールしている。実は米軍基地のメインゲートからの距離の近さでいえば、こちらの方がゴルカパレスよりも近い。２０１３年頃に初代オーナーによってはじめられたこの店は、閉店の危機を挟んで２０１８年に馬堀海岸の方で経営していた現オーナーによって継承されて現在に至る。しかしオーナー継承後すぐにコロナ禍が発生。コロナに対する危機感は日本人より米兵の方が強いらしく、こうした米兵をメインの顧客に据える店の側も、各テーブルに透明シートを挟んだり従業員のマスク着用を徹底するなど一般の日本人客をメインとする飲食店よりさらに強固なコロナ対策を講じている。それでも当局から外食を控えるよう通達があるのか客足は鈍いらしい（２０２１年４月現在）。平日午後の遅い時間帯に訪問すると、店内には滞日歴の長そうな黒人夫婦らしき客が一組居て、少し甲高い声の英語で延々としゃべっていた。お勘定の際は「ごちそうさまー」と慣れた感じの日本語で挨拶して行った。こういう客を見かけるのも米軍基地の街のインド・ネパール料理店ならではだ。

このほか、街中にあるインド・ネパール料理店、例えばロイヤルキッチンやサリナといった店も当然のようにメニューやホワイトボードは日英両文併記である。観光立国であるネパールは欧米からのツーリストが多く、カトマンズやポカラなどに住む人たちはむしろ日本人などよりよほど欧米人慣れしている。接客時に使う英語も過不足なく、こうした米軍基地の街での如才なさもネパール人の面目躍如たるところである。

ネパール人の作るよこすか海軍カレー

基地の街横須賀にはもう一つ、カレーの街としての顔がある。毎年5月に三笠公園で開催されるよこすかカレーフェスティバルや、海軍の間で伝統的に継承されてきた「よこすか海軍カレー」で街おこししている。公式ガイドブックである『よこすか海軍カレーガイドブック』にリストアップされた「よこすか海軍カレー認定店」を開くと、あまたの日本人経営店に混じり前述のロクナト氏が経営するニルヴァーナとゴルカパレスという2軒のインド・ネパール料理店が堂々

米兵が行きかう三笠公園近くのゴルカパレス

入っている事がわかる。氏によると2016年頃から加盟しているという。

よこすか海軍カレーはどの店でも食べられるものではない。主催団体であるカレーの街よこすか事業者部会役員会が定義する厳密な「よこすか海軍カレー5原則」をクリアーし、同事業者部会役員会で承認された店舗のみが提供出来る。認定されなければよこすか海軍カレーを名乗ってはならないのだ。

その狭き門を潜り抜けたロクナト氏の卓越した政治力を感じない訳にはいかないが、ともあれ日本海軍の作りだしたレシピを継承した、インド・ネパール料理店のコックが作るよこすか海軍カレーとはいかなるものなのか。せっかくなのでオーダーしてみた。

ターメリックライスに程よい割合でかけられたカレーは給食のカレーのような日本人的郷愁を感じさせる懐かしい味わいで、インド・ネパール料理とは違った美味しさが感じられる。このカレーライスが、他の店のよこすか海軍カレーとの比較においてどの程度の差異があるのか、厳格な定義の中でネパール的要素はどれくらい感じられるのか。味の比較のために他店の海軍カレーも食べるべきではあったが、満腹につき大変残念ながら検証出来なかった。

その他全国の米軍基地周りのインド・ネパール料理店事情

日本の中で米軍基地が突出して集中しているのは周知の通り沖縄県である。在日米軍中、沖縄県に占める米軍兵力の割合は全体の約70％と言われる。この不均衡な沖縄への一極集中を巡っては長年議論が絶えないが、一方で「アメリカ世」と呼ばれた米国統治下時代、その強い米ドルを求めて華僑や印僑、東南アジアから多くの外国人が来沖し、また復帰後も米軍は沖縄に存在感を持って居続け、彼らを相手にした多くの商売もまた存続している。

ただしインド・ネパール料理店という観点から沖縄を見ると、必ずしも沖縄にはネパール人経営による「米兵並びにその家族相手の」インド料理店は多くない。２０１０年代より増加傾向の留学生向けの店は多少乱立傾向ではあるのだが、米兵並びにその家族を対象とした店の多くはインド人によって経営されている。

沖縄において米兵相手の店が並んでいるのは旧コザ、現沖縄市にあるゲート前通りが有名だ。ここで商売をしている人たちはスィンディーと呼ばれるインド人が多い。スィンディーとは現在ではパキスタン領となったスィンド州の出身者で、古くから海外に渡って貿易業に従事している人が多い。沖縄市のスィンディーたちは主に洋品店などを商っているが、中にはごく少数だが飲食業を手掛ける人たちもいる。ゲート前通りと交錯して走る国道330号線沿いにはアーユルヴェーダがあり、また少し奥まった北中城村にはラクシュミーがある。同じ国道330号線上にあるコザ・ミュージックタウン内にはパールさん家のカリー&ナンがある。ここは比較的新しく、2017年の創業。元々東京・赤坂のモティで長年勤務した北インド人オーナーのパール氏が、旅先で訪れた沖縄を気に入って開業し家族と移住したという、インド料理店の開業理由としてはやや珍しい部類に入る店である。

辺野古キャンプにほど近い名護市のシヴァはこじんまりとした店だが、週末の夜は米兵たちでカウンターは埋まる。若い米兵たちはタンドリー・チキンとビールで日ごろの訓練のウサを晴らすのだろうか。こちらのオーナーはパンジャーブ人とのことである。

現在は高級商業地区として開発された中頭郡北谷町の沿岸部には高級感のあるインド料理店が集中する傾向があり、ボリウッドドリームズ、ボリウッドジュエル、ア・ダニーなどインド人やバングラデシュ人経営者の店が集まる。いずれもスタイリッシュな店内は常時アメリカ人客でにぎわっていて、米ドルでの支払いが可能なところも多い（アメリカ人同士の情報サイトではその

左上・旧コザ、ゲート前通りのインド人商店街　右上・名護市のシヴァには辺野古キャンプ勤務の米兵で週末はにぎわう　左下・三沢市のアンクルインドレストラン　右下・岩国市のデヴィ

店が米ドルでの支払いが可能かどうかの記載も重要である）。

一方、県内で米兵をも意識したネパール人経営によるインド料理店としてはカスタマンダップ北谷店があるぐらいのもので、関東圏であれだけ優勢だった基地周辺のネパール人オーナー店の数が、こと沖縄に来ると影をひそめるのは不思議といえば不思議である。

ちなみに沖縄市には返還前から居住する、ゲート前通りで商売をやっているインド人が集まるヒンドゥー寺院が存在するが、ここに学生を中心としたネパール人が訪れることはまずない。同じ沖縄本島に住むヒンドゥー教徒であっても、あくまでもインド人とネパール人は来沖年代も仕事も異なる。双方互いに没交渉なのである。

その他の地区でも、例えば青森県の三沢基地ゲート前で商売するアンクルインドレストランはインド人、あるいは同じゲート前のデリーはパキスタン人オーナー店で、沖縄と同様、三沢基地周りにネパール人オーナー店は存在しない。

一方、山口県の岩国基地ゲート前にはソニヤとデヴィという2軒のネパール人オーナー店が存在する（経営者は親戚同士）。特にデヴィは広島市を拠点とするガネーシュに長年勤務したチュトルブジ・サプコタ氏が２０１４年に岩国駅前に開業した店の支店で２０１９年にオープンした。周囲にはバーやタトゥー屋が点在する典型的な米軍ゲート前の雰囲気で、腕やふくらはぎにタトゥーの入った体格の良い白人やプエルトリコ系の若者が通りを闊歩している。デヴィのメニューは日本語のものと英語のものの2パターン用意されていて、今まで日英併記は見た事があっても日英別々のメニューを準備している店は初めて見た。また特にデヴィのグーグルマップでの口コミの大半がアメリカ人客によるものという点からも彼らが主要顧客である事が分かる。ではアメリカ人客が好きなメニューは何ですか、と聞くも特に偏りはなく「皆さん何でも万遍なく食べますよ」との事だった。特定メニューへのこだわりは感じられない。

このように全国の米軍基地周辺をインド・ネパール料理店に限定して食紀行してみると、その所在地によってインド／ネパール／パキスタンといった個々のオーナーの偏りが見てとれた。そのいずれもが、豊かな在日アメリカン・マネーを取り込むべくあの手この手を日夜講じている。

交錯する新旧勢力
～名古屋

「日系人多いところにネパール系あり」

日本全国をネパール系に的を絞って食紀行していると、そんな不文律が漠然と認識されてくる。人材としての日系人が集まる自治体には、同様にアジア系を中心とした外国人人材が集まる。そしてその中にはネパール人も含まれるのである。

1980年代、東海地方や北関東といった国内の工業地帯では日本人労働者人口の不足を埋めるように、アジア系労働者が多く働いていた。その多くがオーバーステイといった問題を抱えていたため、政府は彼らの代わりに主にブラジルなど南米出身の日系人を合法的に受け入れるべく法整備。1990年に出入国管理法が改正され、3世までの日系人とその家族の受入れが開始された。それに伴い各地には独特の雰囲気を感じさせる日系人タウンが形成されていく。

しかし2008年のリーマンショック以降の不況で失職者が増大すると、翌2009年には厚生労働省による帰国支援事業が開始され、希望する日系人には支援金が支給され帰国が促されていく。この人手不足の時だけ入国させ、不要になったら体の良い手切れ金を渡して帰国させるご都合主義的な国のやり口に内外から批判が集中。一方、日系人が国の好不況や恣意的な法運用でその数を増減させている間も、その周辺には一定数のネパール人がいた。中には帰国支援で不在となった日系人の穴埋めをするかのように働いたネパール人も少なくなく、仮に日系人を日本人労働者の穴埋めだとするならば、その日系人の穴埋めをネパール人がしているという事になる。

このように古くからネパール人の集まっていた東海地方、とりわけ名古屋における動静を見ていると、あたかも現在、勃興するネパール人多住地域の諸問題を先行して経験しているように思える。名古屋におけるネパール人は、国内ネパール人社会の諸相を読み解く鍵を与えてくれるのである。

来日経緯のパターン

愛知県、特にトヨタ自動車のお膝元である豊田市には自動車関連工場で働く外国人が多い。2006年の統計では豊田市在住のネパール人人口は260人、ちなみに同年の名古屋市在住のネパール人人口は336人（国籍別には10番目）と大きな差はなかった。もちろん統計に現れないネパール人は反映されない。こうした豊田市在住のネパール人を対象に、1990年代後期から2000年代半ばにかけて、故郷から招聘された民謡歌手にステージで歌わせるイベントが散発的に行われた。会場となった豊田市の公民館には周辺地域から「どこにこんなに居たのか」と思うほど、多くのネパール人が集まっていた。

しかしその後、豊田市のネパール人人口は横ばいが続く。2019年の統計でも572人である。一方、名古屋市在住のネパール人の増加は目覚ましく、2019年の統計で7534人。国籍別には全外国人中5番目の規模で、うち在留資格等別では留学ビザで滞在するネパール人が4931人。これは名古屋在住外国人中一番多い。

とはいえ、この目を見張る名古屋への急激な留学生数の増加も、長い年月をかけて諄々とネパール人の流入を受け入れてきた愛知という土地柄と全く無関係ではない。

（北海道の項で詳しく紹介した）北海道でアジアン系飲食事業の立ち上げを画策中の日本人事業者A氏が、2004年当時インド料理コックの少なかった北海道では思うように人材が見つからず、人づてに名古屋近辺で募ったほどに、既に名古屋にはネパール人材が豊富だったのである。A氏の求めに応じ、単身北海道に渡ったネパール人コックのパイオニアがラジャン・ギリ氏であり、のちに親族で道内の8割ほどのインド・ネパール料理店を占める経営者一族の長となる人物となる。「ネパール人コックを探すなら名古屋へ」というのが、当時の業界内の一部でささやかれていた合言葉だったらしい。

ラジャン氏のルーツをさかのぼると、名古屋市千種区にある1979年創業の老舗、えいこく屋に初代コックとして招聘されたヘムラル・ギリ氏にたどり着く。バグルン出身のヘムラル氏が、求めに応じ追加スタッフとして自らの親族を紹介する形で次第に名古屋にバグルン出身のコックが増えていく。そのうち特に初期の段階で重要だと思われるのが、ヘムラル氏の甥にあたるケサラ・ギリ氏とシヴァラル・ギリ氏である。

インド・ネパール料理店第一世代

（長野の項でも詳しく紹介した）ケサラ・ギリ氏は1993年に来日。えいこく屋で約10年勤務したのち2002年に独立し、千種区でサンティプールを開業する。現在、東海地区ではこの千種区の一号店のほか、愛知県長久手市に1店舗、長野県内にアンナプルナ、ポカラキッチンなどの名前で6店舗を経営している。現在、北海道一円で支店を持つラジャン・ギリ氏は来日当初、ケサラ氏の経営するサンティプールに勤務し調理技術や店舗運営のイロハを学んだ。

ケサラ氏に遅れる事4年、1997年にシヴァラル・ギリ氏が来日する。同じくヘムラル氏の紹介でえいこく屋で約10年勤務したのち2008年に緑区境松にダウラギリを開業。現在、緑区内にもう1軒、イオンタウン弥富店の中に1軒経営している。

現在でこそ学生を中心に、急激にネパール人人口の増えた名古屋だが、シヴァラル氏が来日した当時学生はおろかネパール人の経営者すら居なかったという。招聘されて働いていたネパール人コックはわずかながら居て、彼らは市内地中心部のアクバル（中区）、ガンジー（中区／現在閉店)、マハラジャ(中村区/現在閉店)といった店で働いていた。こうした店で働いていたネパール人たちは、主にインドのデリーまたはボンベイ(現ムンバイ)などのホテルで勤務中に、日本からのオーナーにスカウトされたり知人からの紹介で招聘されたりした人たちだった。

「2006年頃からですかねぇ。ネパール人のオーナーが急に増えはじめたのは。もちろん我々のように10年ぐらい日本で働いて、それから独立する人もいましたが、中には日本に来てすぐにお店をはじめるような人たちもいましたね」

とシヴァラル氏は流暢な日本語で回想する。

インド・ネパール料理店経営者は来日時期によって大まかに三つの世代に分類出来るが、2005~2006年前後というとシヴァラル氏のような来日第一世代と呼べる人たちが、日本国内で働きはじめてちょうど10年が過ぎ永住権の申請資格を得る頃合いである。コツコツと資金を貯めてようやく自分たちが一国一城の主となる日を迎える。そこで新規のコックを本国から招聘するようになる。このような形でネパール人が増えていった時代でもあった。

さらに、ネパール人の経営するインド料理店で働くコックが増えていったのにはもう一つの理由がある。ネパール国内でのマオイストによるゲリラ活動の激化である。故国の内戦状態の余波を受け、避難するための国外流出が増えていく。その手段の一つとして、コックに化けて技能ビザを取得する手口が横行し、来日するネパール人コックが急増した。こうした来日第二世代とでも呼ぶ人たちに呼応するように、名古屋市や主に首都圏を拠点とするネパール人経営者の側も定

左上・1979年創業の老舗、えいこく屋　右上・緑区境松のダウラギリ　左下・ダウラギリの経営者、シヴァラル・ギリ氏　右下・2019年に開催された名古屋ネパールフェスティバル

型式の支店を急拡大させていった。

　内戦が終了した２０００年代後半になっても増加傾向にあった来日ネパール人、特に留学生の数は２０１０年代に入るとさらに顕著となるが、とりわけ２０１５年に発生したネパール大地震以降加速化する。地震により元来脆弱だった国内産業が壊滅し、見切りをつける若者が増えたのである。

　卒業後も様々な要因で起業する事を選んだ元留学生は、来日第三世代に数えられる。彼らが起業するにあたり最も身近かつ、同胞による先行事例として手本にしたビジネスモデルがインド料理店だった。もちろんそこには彼らなりのこだわりから、単純に既存のインド料理店モデルを踏襲するのではなく、学生時代に経験した居酒屋やファミレスなどの接客スタイルを導入してより広い日本人客層の取り込みを図ったり、メニューや装飾にネパールらしさを打ち出して、市場として成熟しつつあったネパール人同胞をターゲットにするなどして業界は多角化・多様化していった。

そうした観点から見ると2019年6月に開催された「ネパールフェスティバル名古屋」は国内のインド・ネパール料理店史に於ける、確かなエポックの一つであった。来日年代を別にするコックや飲食店関係者、あるいはその他の人たちもフェスの名のもとに一同に会したからである。例えば同イベントでNewari Khaja Gharの名で飲食出店していたヒマラヤキッチン（北区）を経営するサキャ氏は、元来家系が仏像をはじめとする金属工芸を仕事としており、2005年開催の愛・地球博のネパール館に出店するため先行来日した親戚筋を頼って来日。当初は国内のお寺などを相手に仏像や仏具の販売をしていたが、販路拡大も厳しく飲食業に転じた。サキャ氏のように仏像や民芸品などを博覧会、物産展で営業・販売する短期滞在目的で来日し、その後根を下ろしていくネパール人も1990年代後半から2000年代初頭にかけて少なからず存在した。来日年代的には第一世代に分類される人たちである。

このように名古屋ネパールフェスでは、出店者・入場客共に雑多な経路で来日した様々な人たちが集まった。1980年代後半から中小工場などに勤務していた人たちから、日本語学校や専門学校などに通う現役学生まで入り乱れてネパール民謡に合わせて歌い踊る様は、最も層の厚い在日ネパール人コミュニティを抱える東海地方ならではのものだった。

左・名古屋ネパールフェスティバル
右・ネパールフェスティバルには新旧様々な在名古屋ネパール人が交錯した

台頭するオーセンティック店

この名古屋ネパールフェスで最も印象的な出店の一つが、ヴィントゥナダイニングアンドバー（中区）だった。往々にしてこの手の野外フェスでは、普段日本人客を相手にナンとカレーを出している店も、この日ばかりはセル・ロティやアルジラなどを拵えてネパール人を意識したメニュー構成にするのだが、このヴィントゥナは他の店に比べてそのネパール料理充実度数が抜きんでて高く、それがゆえに一番長い行列を作っていた。後日、中区にある実店舗を訪ねると、まだ若干20代という女性オーナーのシャルミラ・ダンゴルさんが出迎えてくれた。２０１８年の12月にオープンし、その翌年開催された名古屋ネパールフェスでは故郷からたまたま来日中だったお母さんにも調理を手伝ってもらったという。道理で家庭的で美味しかった訳だ。

シャルミラさんは当初学生として東京に滞在し、その後進学のために名古屋に来た。東京在住時代から、仲間などと連れだってたまに訪れるインド・ネパール料理店の味には不満があったという。

「このままでは日本人が持つネパール料理のイメージも悪くなるのではと心配になったんです」

尊敬する父がビジネスマンであった事もあり、卒業後は自らも起業を決意。料理への思いが開業の重要なモチベーションだった。ちなみに彼女もまたネワール族だが、このような自文化への強烈な自負と誇りは他の民族にも増してネワール族が最も強いように感じられる。店のメニューから内装まで全て自らが考案。昼は近くのサラリーマン客向けにナンとカレーのセットも置くが、名駅周辺の大衆ネパール店のような廉価のダルバートは置かない。味へのこだわりから、価格は上げても質で勝負したいという。その静かな闘志と高い意識に、話を聞いているこちらの背筋が伸びてくる。

インド・ネパール料理店に対するイメージの払しょく、特に味への不満が開業のモチベーションとなる例は、丸の内にあるネパールステーション（中区）を見てもよく分かる。

名古屋市中区および東区にまたがる丸の内には、例えば群馬県伊勢崎市に本部を置く東京福祉大学の名古屋キャンパスがあるなど外国人留学生が多く通う大学・各種学校が集まっている。このうちネパール人留学生の場合、住居は比較的家賃の安い名古屋駅西口に広がる中村区に置きつつ、丸の内に通学しているというケースが多い。コロナが流行する前は、昼休みともなると東京福祉大の校舎からネパール人留学生たちがどっと食事に出てくる姿が見られたものである（ちなみにコロナ後はオンライン授業に切り替わり、あれだけいた学生たちの姿はぱったり見なくなっ

左上・中区のヴィントゥナ ダイニングアンドバー　右上・ヴィントゥナ ダイニングアンドバーの経営者、シャルミラ・ダンゴルさん　左下・丸の内のネパールステーションのダルバート　右下・ネパールステーションの経営者、サガル・ダカル氏

た）。こうした大勢のネパール人留学生にいち早く目を付け、２０１７年12月にこの界隈で最も早くネパール料理店を開業したのが、当時若干27歳のサガル・ダカル氏だった。

観光立国カトマンズの中でも最も多くの外国人ツーリストが集まるタメル地区で生まれ育ったダカル氏は、当初日本人だけの環境に身を浸そうと、なるべく同胞が少なそうな環境を求めて沖縄の日本語学校に留学する。今でこそ沖縄には多くのネパール人留学生がいるが、ダカル氏の留学した２０１０年代初頭はまだまだ少なかった。料理の心得があったわけではないが、当時沖縄で唯一廉価なネパール料理を出していた浦添市のカスタマンダップに行くほかはほとんど自炊していたという。作り方の不明点は実家のお母さんに電話で聞いていていたが、「ネパール料理はそんなに難しくはないですから」と謙遜する。

やがて千葉市内の専門学校に進む。学生時代のアルバイト先だった東京ディズニーランドでの接客体験が現在の店舗運営にも非常に役立っているとダカル氏はいう。当時は自炊もしていたほか、食材の買い出しなどで訪れた新大久保でナングロ・ガルやアーガンといったネパール料理店にも魅せられ、「いつかこんな店を」との思いを強めていった。卒業後に就職した会社の転勤で名古屋へ。外食が好きだったダカル氏は休日などに何軒かのネパール人経営のインド料理店で食べ歩いてみる。しかし

「全然美味しくなかったんですよ。（外食）インド料理で使うたくさんの玉ねぎとカシューナッツで出来たグレービー、ああいうのはネパール料理では使いません。油っこくて食べ慣れていないし、ダルバートみたいにおかわりが出来ないのも不満でした」

そういう不満を他の名古屋在住のネパール人学生も持っているはずだ、との考えを強めたダカル氏は、独自にリサーチした結果をもとに丸の内に純ネパール料理店の出店に打って出る。名古屋市の中心部に位置し、広い面積を持つ店舗を借りることは当時若干27歳の若者には大きな賭けだったに違いない。しかし蓋を開けてみると、丁寧に作られた料理と見やすいメニュー、学生時代にサービス業のアルバイトで培った接客応対でネパール人学生だけでなく地元を中心とした日本人の集客にも成功した。メニュー作りには日本で結婚したネワール族の奥さんの功績も大き

い。バウン族であるダカル氏が気づかない、細かいネワール料理などを適宜提案しメニュー化してくれた。かくして店は軌道に乗り、客層はネパール人客六割、日本人客四割で安定している。とはいえ不安がないわけではないという。

「ビジネスをやる上で一番大切なのはスタッフですね。いい人材が長く働いてくれるのが理想なんですが、ネパール人スタッフ、特にコックさんなんかは他所から好条件を示されるとどうしても移ってしまうんです」

こうした不安を解消するため、オーナーであるダカル氏も奥さんも一通りの厨房作業はこなせるようになったという。安定しないコックを補うため、見よう見まねで鍋を振っているうちに料理技術が向上するネパール人オーナーは少なくない。こうした成功が呼び水になったのか、丸の内界隈にはその後ダルバール（2018年開業後移転）やネパール人向けメニューを増やしたチョウタリ丸の内店（2019年〜）が集まってくる。

ネパールステーションの経営も三年目に入り、従来とは異なる新しい展開を構想していた矢先、新型コロナが発生。結局予定していた計画は頓挫し、主な顧客だったネパール人学生は皆リモート授業となったため来客数は激減。学生を主要顧客とするネパールステーションのような店は今、岐路に立たされている。とはいえダカル氏の表情に悲壮感はなく、むしろ次なる構想を楽しそうに語っている。その逞しさが眩しい。

大きなロータリーと商業ビルが立ち並び、表のイメージのある名古屋駅桜通口側に比べ、同じ名古屋駅でも太閤通口は建物の密集度も限られた裏のイメージがある。しかし、この中村区は1998年に開設された名古屋モスクをはじめ外国人人口の多い一帯でもある。住宅地の中にあるアパートには、もちろんネパール人学生も多く居住している。

この中村区でいち早くネパール人学生を主要ターゲットにしたのがカトマンズ・キッチンである。オーナーのアジャイ・カレル氏は、かつて東海地区で5店舗展開していた日本人オーナー店、インドカレー・ヒマラヤに勤務。2018年7月に独立してこの店をオープンさせた。先行して営業していた食材店アジアンフードストアー（中村区）は彼の親戚筋にあたるという。店内は学生らしき若いネパール人で賑わっているが、確かに何度か訪問しているとネパール人学生の減少傾向を肌で感じるようになる。

中村区には他に、この一帯では最も早くから出店しながらも（2013年）、当初は事前予約のダルバートしか置いてなかったのに、ネパール人客の急増に伴いどんどんネパール料理メニューを増やしていったゴルカや、やはり元々中川区でナンカレー中心だったマチャプチャレがネパール人向けメニューを増やして出店したり、またコロナ禍の最中でありながら果敢に出店したナマステなどがあり、点在するネパール系食材店などと合わせると名古屋でも最もネパール系ビジネスが盛んなエリアかもしれない。

中心部に近い中区大須には、志を持った日本人経営者、三田村氏が開いた学生向けホステルに併設する形で営業するサードプレイスや、そのすぐ隣には食材店の大須スーパーパサルなどがあ

左上・多くのネパール人留学生が在籍する東京福祉大学・名古屋キャンパス　右上・コロナ禍の 2021 年に開業した中村区のナマステ　左下・大須のサードプレイスを経営する三田村氏　右下・北区の KC cafe & Food shop

る。一方、熱田区金山には２０１６年から良質なダルバートを提供してネパール人学生からの支持も高いネパーリチュロや、同じ２０１６年に熱田区神宮前で開業したバンチャピリティカハウスなど早い時期から本格的と呼ばれるネパール料理を提供していた店も健在。このように名古屋のネパール料理店は、東京・新大久保のような一極集中ではなく、市内複数個所に個性的な店が分散して点在している事がわかる。比較的古いタイプの店、中期に勃興したスタイルを継続する店、新しい業態の店がコンパクトに並存しているので食べ歩きも楽しい。

　名古屋市北東部の北区と東区に南北にまたがる大曾根で２０２０年２月から営業開始したKC cafe & Food shop（北区）

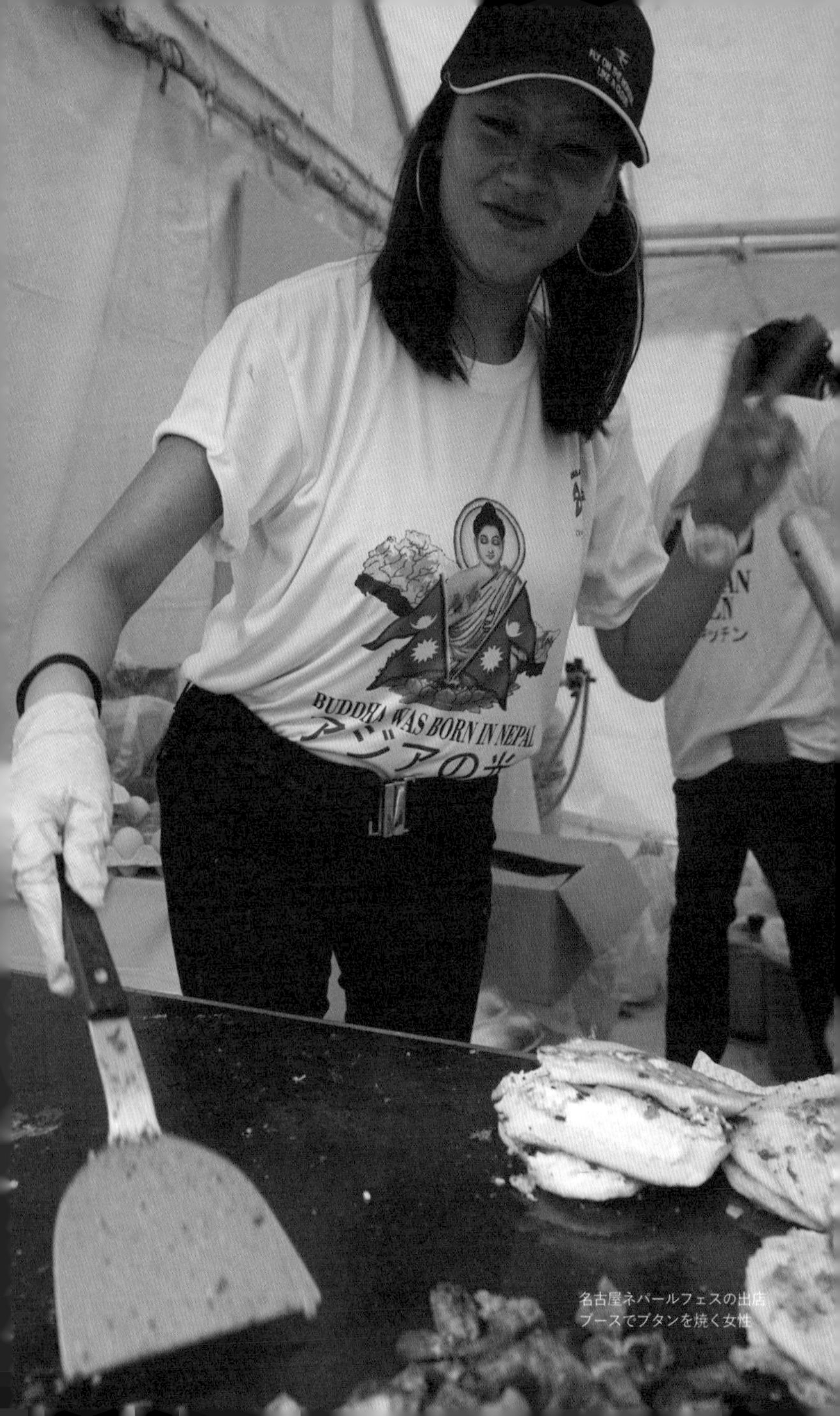

名古屋ネパールフェスの出店
ブースでブタンを焼く女性

は、カフェとはいえカジャ（軽食）だけでなくしっかりとしたダルバートを食べさせる。オーナーのマノージ・KC氏は名古屋市内で数店のインド料理店を経営していたが、それらを一旦畳んでこの地に投資。当初からネパール人の多いエリアを狙って出店したというよりは、出店した場所にたまたまネパール人が多かったため業態をネパール人向けにしたという後付けの理由。このような理由で業態を決めるネパール人オーナーは実は少なくない。「どんなメニューにしたい」というアイデアが先にあるのではなく、居抜きで入れる店の造作形状や、借りられた居抜き店の周囲の環境に合わせてメニュー作りをするのである。

外から中をうかがうことは出来ないスナック居抜き店だが、扉を開けるとスタッフがフレンドリーに迎え入れてくれる。メインで働くコックさんはかつてインドのグジャラートでも数年間の勤務経験があり、またカトマンズ市内でインド人ネパール人相手に自らの食堂も経営していたことがあるという変わり種。腕は確かで、少し大ぶりの真鍮皿に乗った850円のダルバート（ネパール・カナセットという表記）はしっかりとした味付けで美味い。キャベツをサーグ代わりに炒めて付け合わせにしていたが、ネパール本国ではあまり見たことのないスタイルだ。香ばしいトリ（ブラウンマスタード）のテル（油）がふんだんに散らされて歯触りも心地よい。オーセンティック性を強調する事のない、自然体のネパール店で食べる何気ないダルバートの美味さ。これもまた長いネパール人移民史を持つ名古屋が到達した、最終的な進化系の一つではないかと、濃い味付けのダルと共にしみじみと噛みしめたのだった。

名古屋様式の行方を追って

〜愛知・静岡

インド食器屋などという奇特な仕事を長年続けていると、もらうオーダーもまた時として奇特な事がままある。そもそもインド好きの集まるこの業種、奇特なものを求めがちな奇特な人たちの割合が他分野に比べ幾分過多なのは重々承知の上だが、それでも食器という実用的な商品を扱っているぶん、非実用的なものを求めがちなタイプの人たちとの接点は比較的多くはないはずである。しかし時には一度聞いてもなかなか理解が出来ないような問い合わせをいただくケースがなくもない。とりわけ東海地方で新規開業するネパール人オーナーからの

「ハンディ（つぼ型の、口の開いた食器／調理器具。写真参照）と、その下に敷くプレートも欲しい」

という依頼は前々から気になっていた。要するにハンディだけでなく、その下に敷く茶たくのような小皿も欲しいというものである。

茶たくがある種の食器文化となっている日本人ならこうした使い方をするのも理解出来る。し

左上・アジアハンターで販売しているハンディ　右上・チョウタリ伏見店で見かけた下皿つきハンディ　左下・尾張旭市のコピラで見かけた下皿つきハンディ

かし、そもそもインドやネパールではハンディを載せるための下皿を用いる習慣などない（ちなみにパキスタン人オーナーから「フタ付きのハンディが欲しい」という依頼を受ける事は時々ある）。従って、これは来日したネパール人の間でいつの間にか創り上げられた作法なのではないかと推察された。それも依頼の発信元が集中する、東海地方のネパール人の間でのみ習慣化されている用法なのではないか。そう思い食べログ写真で全国の料理写真をランダムに確認してみると、このような使い方をしているところは案の定東海地方に集中している。

東海地方のネパール人店の間で主に散見され、「そうでなくては格好がつかない」とまで言わしめる独自の食器文化の形成は、味や作り方を重視するインド料理界の本筋からすれば一見些細でどうでもいい事のように思える。しかし些末な食器の使用法から導き出された結果に、ネパール人自身気がつかない、彼ら独自の食文化や食の価値観を読み解くカギが潜んでいないとも限らない。そしてそのカギのありかは、むしろネパール人の食文化を客観的に俯瞰出来る立場にある私のような外部のインド食器屋こそが見つけ出すのにふさわしいのではあるまいか。そんな奇特な使命感に急き立てられ、確かなアテもコネもないままに、気がつくと私は東海地方へ社用車を走らせていたのだった。

代用品の伝統化

前項のとおり、名古屋市を中心とする東海地方は大手自動車工場とそれに関連する大小様々な工場、付随する様々な産業が集積し、ネパール人を含め外国人労働者数の多い土地柄である。特に愛知県豊田市は1990年代後半から2000年代の初頭にかけ、人口統計に計測されないような人も含めて、おそらく同時代の他の都市圏よりある程度のまとまった数のネパール人が居住していた。

2000年代に入ると次第に名古屋市在住のネパール人人口が他を圧していき（当初人口の多かった豊田市などは横ばい状態）、2017年の統計によると名古屋市は自治体単位としてのネパール人人口は日本最大を誇るに至る。このように全国的にみても比較的長いスパンでネパール人が住み続けているのが東海地方の特徴である。

その居住の過程で、例えば故国の行事を再現しようとする場合、現在ほどの便利な国際流通が乏しく限られた調達環境の中で得られるモノや道具で代用しなければならない状況にあって、たまたま代用されたモノがその後も踏襲され、いつしか伝統化されて今に至る場合がある。「代用品の伝統化」とでも言おうか。名古屋を本拠とするインド・ネパール料理店の間で独自進化した、いわば「名古屋様式」とでも称すべきこのハンディプラス下皿スタイルもそうした文脈で捉えられるものであり、流通網が未発達で十分に故国から物資が届かない頃から多くのネパール人人口を抱えてきた東海地方ならではのものであると思われた。

さて、電話でハンディの下皿も欲しいとリクエストされた際

「では、実際どんな風に使われているか写真を見せてもらえますか」

と送ってもらった写真数枚から、それが食器ではなくヒンドゥー儀礼用の銅製プジャプレート（儀礼皿）である事が分かった。確かに同じ材質である銅製のハンディの下に置くと、あたかもセットであるかのような印象を与える。そして下皿なしでテーブルに直接ハンディを置くよりも、少し上品に見えるのだ。

これは茶たくに親しんだ日本人客にもウケが良さそうな提供スタイルだと、そのアイデアに長年インド食器販売業をしている私も感心した。早速インドの業者に手配し、納品日など事務連絡する。さて、問題はこのやり方を一体いつ誰がどこではじめたかだ…。

肉薄への道程

名古屋地区の食べログ写真を見ていくと、下皿つきでサーブの仕方をする店が少なからずヒットした。とりあえず手掛かりを求めてたまたま宿泊先近くにあった名古屋市中区にあるチョウタリ伏見店に入ってみる。ここも下皿つきサーブ店だったのだ。

定番らしきバターチキンとナンを頼むと、ハンディの真ん中にどっかんとバターが浮かび、ラテアートのようにフチに沿ってクルクルと生クリームで輪が描かれたバターチキンが、確かに下皿つきハンディでサーブされてきた。実際の使用例を初めて見た事に少しばかり感動しつつ、まろやかなバターチキンを千切ったナンにディップさせて食べ進めていく。粘度の高いグレービーは程よくナンに絡みつく。ここではサラダバー、ドリンクバーもセットになっているほか、ガラスボウルに入ったヨーグルト系のデザートまで食べ放題。実にコストパフォーマンスが高い店なのだ。

ただし下皿問題については、慣れた感じで一人店内を切り盛りしていたパートさんらしき日本人中年女性に聞いてみたものの、きょとんとされただけで確証は得られなかった。あまり質問を続けても怪しまれるだけだ。まあ出だしはこんなものだろうと、食べ過ぎたナンと解明出来なかった下皿の出所という二つの消化不良を抱えて宿に戻り、食べた料理を何気なくSNSに投稿してその日は就寝した。

左・詳細な情報を提供していただいたコピラのディーパク・カトリ店長　右・コピラの海老マヨセット

翌朝。投稿したSNSにコメントが付いている。名古屋市在住のしかるべき情報筋Rさんからのもので、このように下皿サーブする店は市内に複数店ありますよ、とのコメントと共に、下皿使用の起源について通暁しているであろう人物が、尾張旭市のコピラで店長をしているのではとの重要情報が書かれていた。なるほど疑問はSNSに投げてみるものである。営業時間を確かめて、私は早速現場へ急行した。

開店直後のコピラに入り、単刀直入にその人、ディーパク・カトリ店長に情報を当たってみると、確かに彼のかつての勤務先であるフルバリ（現在閉店）がその発祥で間違いないという。

カトリ氏は2009年に、当時名古屋市内に2店舗展開していたフルバリにコックとして入ったが、その際オーナーが従来使っていた白い陶器のカレー皿から、現在の名古屋様式的スタイルであるハンディプラス下皿スタイルに変更した、正にその現場に立ち会ったのだという。興奮気味に、前夜食事をした伏見のチョウタリでも同じように下皿を使っていましたが、とカトリ店長に問うと

「ああ、このチョウタリのオーナーもかつて我々と一緒にフルバリに勤務していたんですよ」

と仰る。つまり名古屋様式とは名古屋フルバリで発祥したものであり、そこに勤務もしくは何らかの形で関与していたネパール人たちによって拡散されていったという訳なのである。

解明への道筋が得られて安心すると、急に空腹だった事を思い出した。メニューから名古屋感を前面に出した海老マヨセットを選択し、さらに普通のナンをあんこナンに変更してもらいご当地的食事を楽しむ。ちなみにコピラには、前夜訪問してCPの高さに感心したチョウタリよりも更にスケールアップしたサラダバーがある。中でも出色なのが、インネパ店で食前に必ず出てくる千切りキャベツ＆オレンジドレッシングまでもが食べ放題である点。これがセルフのサラダバーで提供されているのは初めて見た。隣にはドリンクバーも併設して至れり尽くせり。こうしたスタイルもまたフルバリ時代からの踏襲と推測される。

訪問したのは平日昼の時間帯。ランチ時のピーク前だが、既にご近所の老人たちが半ば席を埋めている。このご時世、お年寄りが近所に集まってゆったりと食事出来るスペースはどんどん減少している。この手のインド・ネパール料理店が、日本の高齢化社会を支えるある種のインフラ

として機能している実態を垣間見た気がした。

ちなみに下皿様式を考案したフルバリのオーナーに会いたい由をカトリ店長に伝えると、現在は隣の静岡県富士市で、フルバリではない別の名前の店をやっていると教えてもらった。これでようやくハンディプラス下皿の考案者にたどり着いたのだ。思えば長いようで短い、意外とあっけない道のりだった。

発案者との邂逅

名古屋様式の考案者であり、かつて名古屋市内で複数店を展開していたフルバリの元オーナー、ラビン・ビスヌ・カダカ氏は現在奥様と共に静岡県富士市のママパパダイニングを経営している。なぜ長年商売をしていた名古屋の地から富士市へと転居したのかについては多くを語らなかったが、それでも割と饒舌に、自らの来歴を語ってくれた。

バグルン出身のラビン氏は、1990年代後半に当時日本人オーナーによって経営されていた名古屋市千種区のジャイプール（現在閉店）に数年間勤務するために来日。その後2003年に独立し、天白区の野並駅前にあった喫茶店居抜き物件に手を加えてガネサという小さな店を構えた。当時の名古屋市内のインド料理店は、日本人が経営するジャイプールとえいこく屋、インド人が経営するアクバル（中区）、インダス（中区）があるぐらいで、ネパール人経営者は名古屋では自分たちが初めてだったのでは、とラビン氏はいう。当初奥さんと二人だけではじめたガネサは現在ほどインド料理店が多くなかった事もあって繁盛した。野並のガネサは最初の物件という事で家賃6万円という小予算の店舗だったが、最盛期の月の売上は250万円ほどになったという。

やがてガネサをフルバリという名に変えて名古屋市内にチェーン展開。一時は市内に7〜8店舗構えていたという。フルバリをはじめて数年後、ある場所でネパール雑貨を見る機会があったラビン氏は、その中にあった儀礼皿と銅製のハンディ皿を合わせると思いのほか高級感が出て見栄えがいいという理由から、それまで白陶器のカレー皿を使っていたのを銅製のハンディプラス下皿に変更した。メニュー写真も変え、全店をこのスタイルで統一。これが長年の個人的な謎だった「名古屋様式」の誕生の現場である。そこにはやがて独立するコピラのオーナー、カトリ氏やチョウタリのオーナーたちがいた。彼らによって踏襲・継承された提供方法、あるいはサラダバーの設置、食前に提供されるスープといったスタイル定型が、そこからさらに派生した人たちによって拡散されていく。今や店の看板写真やのぼりにまで登場する「名古屋様式」は、既にその出所を知らない層にまで受け継がれている。そして今日もまたそうした店から独立しようとするネパール人から食器の問い合わせが入るのだ。「ハンディとその下に敷くプレートはありますか」と。

話の後、ママパパでも海老マヨセットを注文。ナンはチーズナンに変更。フルバリ出身者店に

左上・静岡県富士市のママパパダイニング　右上・自らが考案した下皿つきハンディを手にするオーナーのラビン・ビスヌ・カダカ氏　左下・ママパパダイニングで見かけた下皿つきハンディ　右下・ママパパダイニングの海老マヨセット

継承されている海老マヨだが、元々はオーナーだったラビン氏が知人の日本人飲食店オーナーのアドバイスで取り入れたもの。こうした先駆者による有形無形のアイデアが、後続の元従業員たちによってオーナーの意思とは無関係に拡散されていく。歳月を経るに従って、この何気ない様式がマナーやルールに変わっていくのかもしれない。逆に言えば、現在マナー化されている厳格な習慣も、元をたどればこのような何気ない一人の思いつきにたどり着くのかもしれない。

全国展開する名古屋様式

話は東海地方から一気に九州の佐賀県唐津市に飛ぶ。全国を食紀行中だった私は、ある店で偶然「名古屋様式」に出会って驚愕した。名古屋から遠く離れた唐津の地で、一体なぜ名古屋に出会うのか…。

その店、マサラマスターで食後自らの疑問に耐え切れず、思わず店内スタッフにオーナーさんを呼び出してもらう。ほどなくして姿を見せた女性オーナーのバラティ・サプコタさんは、テーブルの対面にどっかと座るや朗らかに来歴を語ってくれた。

チトワン出身のバラティさんは、元々カトマンズで木製家具を商う女社長だった。当時名古屋市のフルバリを経営していたラビン氏とは来日前からの知り合いで、2010年に来日後しばらくはフルバリに籍を置いて働いていたという。そう、彼女もまたフルバリと関連があったのだ。

フルバリで一通りの経営ノウハウを学んだバラティさんは、早くも翌2011年には愛知県瀬戸市でスパイスキッチンを開業。この段階で既に下皿プラスハンディは使っていたという。このスパイスキッチンは2~3年経営して別のネパール人に譲渡し、友人の誘いで今度は石川県能美市でガネサという名前で開業。ラビン氏の初期の店名と同じだが、もしかしたらそれも意識していたのかもしれない。既にここも別オーナーの手に渡っているが、別オーナーの元で今も下皿プラスハンディスタイルで提供されている。ただしうまく国内調達出来なかったのか、その下皿はラビン氏が使用しているような銅の儀礼皿ではなく陶器の白い皿だったが。

2015年にバラティさんは、当時何のツテも土地勘もなかった佐賀県唐津市浜崎でマサラマスターをオープン。なぜ佐賀県に？　との疑問にバラティさんは

左・佐賀県唐津市のマサラマスターのオーナー、バラティ・サプコタさん　右・マサラマスターで見かけた下皿つきハンディ

「当時、弟が長崎県島原でタージ・マハルをやりはじめたとです。それで私も近くに物件を探していて、ここが見つかりました。弟は今も島原で店ばやりよるとですが、宮崎県門川町と鹿児島県指宿市にあった店はコックに売ってしまいました」

と地元になじんだ佐賀弁混じりで答えた。２０１６年には同じ唐津市の和多田に支店を出す。その後、和多田の人たちと雰囲気が気に入り、本店を浜崎から和多田に移して腰を据えた。その変遷する間も、店でカレーを提供する際は下皿つきの「名古屋様式」で出し続けた。

同時代にフルバリで働いていたコックは無数にいて、彼らが全国に散っている以上、「名古屋様式」もまた全国に拡散しているのではないかとバラティさんは指摘する。事実、バラティさんが経営するマサラマスターも九州地方を中心に多店舗展開中であり、これらの店からやがて独立したコックたちによって、「名古屋様式」的用法が全国的に拡散・伝播していっているのは間違いない。さらにそれが何者かによってネパール本国のインドレストランに持ち帰られ、いつの日かしきたりとしての正統性を付与されて定着しないとも限らない。だとすれば私たちは今、正に「伝統が創造」される歴史的な瞬間に立ち会っているのかもしれないのである。

中古車系ネパール人たち

～新潟・山形・秋田

ヒジュラ（イスラーム）暦1439年のラマダーン月（西暦2018年6月）、私は初めて訪問したマダニ・マスジド（新潟マスジド）の堂々たる白亜の外壁と高くそびえるミナレット、そして何よりそこに集った大勢のパキスタン人たちの血走った熱気に圧倒されていた。時刻はマグリブ（日没）寸前。日中の長く厳しい断食を終えようとしている彼ら敬虔なムスリムたちは、眼前に置かれたデーツ（ナツメヤシの実）、フルーツミックス、パコーラーが入った皿とシャルバットがなみなみと注がれたグラスをじっと凝視しつつ、日没を告げるアザーンが鳴り響くのを固唾を飲んで待っている。

やがて日没時を告げられるや、一心不乱にイフタールをむさぼりはじめる。日中、食料はおろか一滴の水すら口にしていない人々が露わにする激しく圧倒的な食欲。しばらくしてようやく飢餓状態から解放された人々は、三々五々マスジド内奥に進み、横一列になって集団礼拝を行う。その後特別に調理されたマトンやチキンなどのさらなるご馳走を食べて、日中の飢餓を共にした同胞たちと互いの健闘をたたえあう。普段マスジドに来ない同胞たちも礼拝が奨励されるラマダーン月だけは顔を見せていて、彼らにとって絆を確かめ合うと同時に重要な情報交換の場ともなっている。これが世界中のムスリム・コミュニティで見られるラマダーン月の日常的な光景である。

双子のネパール人中古車業者

全世界をコロナが襲った2020年以降、集団礼拝・集団共食というラマダーン月おなじみの光景は、海外ならまだしも国内どのマスジドに行ってももはや見られなくなった。とりわけ外国人に対して風当りの強い日本においてそこでひとたびコロナ・クラスターでも発生しようものなら、一見温和な日本人社会がどのように豹変し攻撃の刃を向けてくるのかを滞日歴の長いムスリムたちは熟知している。2021年、コロナ禍のラマダーン月に新潟マダニ・マスジドを訪れた際、200人以上のムスリムが密に集まっていた2018年の熱狂的なイフタール風景は見る影もなく、赤い絨毯の敷き詰められたガランと広い礼拝堂にはたった3人のムスリムが互いに距離を開けてお祈りをしていた。

この3人のムスリムはいずれもパキスタン人の中古車業者だった。新潟・東港は富山の富山港・伏木港に先駆けて1990年代から増えはじめた対ロシア中古車輸出の最初の拠点であり、

2000年代に入って多くのパキスタン人業者が伏木港に近い富山県射水市に拠点を移した後も、輸出中古車を扱う外国人や日本人業者にとって重要拠点であり続けた。

ちなみに貿易統計上、日本の中古車輸出産業にとってロシアは2005年以降2021年に至るもほぼ最大の輸出相手国として推移（2010年代半ばの数年を除く）している。海外向けの中古車輸出港としては台数の上では横浜港、名古屋港、神戸港が上位にランクされるが、ロシア向け輸出港としては北陸にある富山港、新潟港、伏木港が上位を独占する。これら3港の仕向け地はほぼ100%ロシアに特化しているのである。

中古車輸出史上のピーク時である2008年には、対ロシアだけで年間輸出総台数の半数近い42%を占める563369台を記録している。この「対ロ中古車輸出バブル」に群がるように、日本人の業者だけでなくバングラデシュ、スリランカ、アフリカ諸国といった多くの外国人事業家が北陸の地へと集まってきた。その内最も存在感があったのがこの分野の開拓者であるパキスタン人で、未登録業者も多いため正確には未知数であるものの、中古車輸出業界に占めるパキスタン人業者の割合は40%とも50%ともいわれる。業界歴も長く様々な事情に精通したパキスタン人こそ日本の中古車輸出業界における中心的存在だ。そしてその勢力を象徴するのが、在新潟パキスタン人を中心に集められた浄財で設立された、堂々たる白亜のマスジドなのである。

それまでプレハブ建てだった礼拝堂は、2018年4月に同じ敷地内にリニューアルされた。とはいえコロナで密集が禁じられた堂内は、建物が大きく立派なだけに余計に空虚さが目立つ。

私は堂内の片隅でミスバハ（数珠）をはじいていた初老のムスリムの一人に3年前にも訪問している事を伝え、さらにネパール人中古車業者について何か知らないか聞いてみた。

「ネパール人？　ああ、居るね。特に島見の辺りには多いよ。中でも顔役が居てね。ええと、名前を何と言ったか…。」

とカーンさん（仮名）はミスバハをはじく指を止めずにしばらく虚空を見つめる。

「ああそうだ、ラーマとラクシュマンだ。彼らは兄弟で車のビジネスをやっているよ」

言われた通り東港からほど近い北区島見町を車で一回りしてみると、確かにエベレストやブッダ、クマリといった飲食店名として見覚えのあるネパール系の名前が記された看板が目に飛び込んでくる。違うのはそれに続く言葉がレストランやダイニングではなく「モータース」や「オート」である点。鉄格子の向こうに無造作に積み上げられた中古車が並ぶ自動車墓場のようなこの場所で、確かなネパール人の痕跡が感じられた。噂では今や東港のネパール人中古車業者は、数的にパキスタン人を凌駕しているともいう。

さて、カーンさんらパキスタン人業者らも一目置く、ラーマとラクシュマンという、インド古代叙事詩『ラーマーヤナ』の主人公である英雄兄弟の名を持つ二人のネパール人は一卵性双生児との事である。「顔だけ見てもどっちがどっちか分からないんだ」などと少し眉唾なネパール人の噂ものちのち聞いた。彼らこそ先駆的に新潟・東港に入り、あまたの同胞をこの道に導いたネパール系指南役でありドンなのである。

左上・新潟市のマダニ・マスジド　右上・マダニ・マスジドの礼拝堂。コロナ前にはナマーズに来るムスリムたちであふれかえっていた　左下・新潟東港近くの北区島見町には中古車業者が集まっている　右下・中にはいかにもネパール人経営である事が分かる看板も

チトワン出身のラーマ・ラクシュマン兄弟は１９９０年代半ばに来日し（ラーマ氏が先行して来日）、新潟・東港を拠点とする日本人中古車業者の元で数年間働いた後、１９９０年代後半に初のネパール人中古車業者として独立。業界内で多数派を形成していたパキスタン人に倣ったのか、次第に自らも多くの地縁・血縁者、あるいは同国人を自らの業種に呼び寄せるようになる。

業界全体も２０００年代に入ると対ロ中古車輸出台数は右肩上がりに伸長。同時にラーマ・ラクシュマン兄弟の下でビジネス指南を受けたネパール人中古車業者たちがこの頃より独立し増殖していく。中には後に新潟・東港を離れて付き合いのある日本人ディーラーを頼ったり、他の諸事情により日本海側を北上し、東北地方に自らの拠点を構えた者も少なくない。あるいは中古車ビジネスと同時並行して飲食ビジネスに触手を伸ばす経営者もいる。開拓者であるラーマ氏もまた、かつて新潟県北部の村上市でインド・ネパール料理店を経営していた事がある。ただし多くの外国人中古車業者がそうであるように、ラーマ氏のレストラン経営もうまく行かず数年後に閉業。車と飲食とではビジネスとして根本的に何かが違うのだろうか、車屋と同時並行に飲食店を続けている人の話はなかなか聞かなかった。そんな中で例外的に、中古車業者でありながら新潟市内でレストランを繁盛させているネパール人がいるとの情報をある筋から聞いた。それが新潟市中央区にあるプルニマのオーナー、レガミ・ビスヌ氏である。

プルニマのレガミ氏

プルニマがここまでの繁盛店だとは、恥ずかしながら訪問時まで全く知らなかった。そろそろ席も空く頃だろうと高をくくって平日昼の遅めの時間帯を狙って訪問したものの、その思惑は見事に外れ、広めの店内にはまだ数組の客がナンやこってりしたカレーを食べながら談笑している。日本人女性もホールをしている中で、同じくホールもし、レジも打ち、気づくとタンドールでナンまで焼いて忙しく立ち回っているダカトピを被った中年男性こそがオーナーのレガミ氏その人である。てっきりオーナー然としてレジ前にデンと座っているものかと思っていたので、その点でも意外に感じた。結局この日はあまりにもレガミ氏が忙しそうにしているので話を聞くのを断念。ポークカレーとチーズナンだけ食べて一旦仕切り直しする事にした。

指定された翌日の夜、再びプルニマを訪問するとまたもや客席はほぼ埋まっていて、レガミ氏は相変わらず忙しそうだった。品数の多いネパールセットを注文して食べて待つ。ネパールセットは通常のダルバートとは異なり、ムラコアツァールなどは付くものの、粘度の高い豆カレーと肉カレー、ライス型で模られたターメリックライス、サラダが付きドリンクにラッシーも付くというゴージャスな内容のもので、インド・ネパール料理店で出される典型的なタイプのプレートである。ゆっくりと食べ終えてもまだまだ客足は引かず、チヤなどを飲んでさらに待っていると、ようやく仕事が一段落したレガミ氏がテーブルまで来てくれた。

「お待たせしてすいませんね。なるべく店の仕事は何でもやりたい質でして。社長だからってレジの前に座っているのは性に合わないんですよ。水も運ぶしナンも焼くしネ」とニヤリと笑った。

チトワン出身でカトマンズの旅行会社で働いていたというレガミ氏は1996年に留学生として来日。千葉県内で学生生活を送った後、埼玉県熊谷市にあったトヨタ系列の自動車整備工場に就職した。同僚にネパール人は居ず、ブラジル人やタイ人が働いていたという。ここで6年働いた後、同郷だったラーマ氏の招きに応じて新潟へ向かう。このように国内の整備工場などで実務経験を積んだ、専門知識のある外国人は実はこの業界では珍しい。パキスタン人を含め、技術的・商売的なものの多くは先行する同胞が指南役となって日本人の介在なしに伝授されていくのが一

左上・新潟市中央区にあるプルニマ　右・プルニマの経営者、レガミ・ビスヌ氏　左下・プルニマのネパールセット

般的だからだ。

ちなみにレガミ氏同様、日本語学校卒業後に自動車整備の専門学校に入って勉強をしてトヨタ系列の自動車整備工場で４年ほど勤務したのち独立し、現在は名古屋市南区でジャパン・デジタルモータース（株）の代表取締役をしているアデカリ・チャンドラ氏のような人もいる。チャンドラ氏もまた学校などで専門教育を受けず、見よう見まねで技術習得して業界に参入していくパキスタン人業者たちに対して批判的である。

かくして他の外国人にはない正規の専門技術を持つレガミ氏は、ラーマ氏の元でしばらく働き外国人相手の商売の実務を学んだ後、２００４年から個人事業主として晴れて独立、２００６年には法人設立して本格的に業界に参入していく。

「当時はロシア向けの輸出が盛んでね。ラーマさんが呼び寄せたチトワン出身の人たち以外にも、北陸3港には全国からどんどんネパール人が集まって来たんですよ。その中から、山形に行ったり秋田に行ったりする人が出てきたわけです」

やがて対ロ中古車輸出台数がロシア政府の税制改正などにより落ち込んでいくと、新潟での事務所は温存しつつ素早くニュージーランドに本拠を移して8年ほどかの地で中古車業を経営。その間NRNA（在外ネパール人協会）のニュージーランド支部長も歴任した。

「ニュージーランド人は少しネパール人に似たところがあって、物事が適当なんです。時間も守らない人が多い。あと一見おおらかで友好的なんだけど、しかしそこから先に、どうしても我々外国人、というかアジア人には立ち入れない溝みたいなものがある。目に見えないバリアみたいな。そういうのが日本にはなかった」

見えざる壁に突き当たってレガミ氏のニュージーランド生活は終わった。2012年、再び新潟に戻ったレガミ氏は中古車ビジネスのほかに飲食店を開業する。これが現在のプルニマである。当初のうちは、仲間内で一緒に食事やミーティングが出来る場がなかった事から、主に自分たち用に、ほとんど採算を考えずにスタートしたという。この設立動機はパキスタン人中古車業者が副業として飲食店を開く場合と全く同じである。ただし多くのパキスタン人オーナーがマネージメントごとスタッフに丸投げしがちなのに対し、レガミ氏はやがてサイドビジネスではじ

日本海の向こうに鳥海山を眺めつつ北上する

めた店に立ち、注文を取りレジを打ち、挙句の果てにはタンドールでナンまで焼いてしまうようになる。この辺にパキスタン人とネパール人の気質の違いが垣間見える。

中古車仕事は長距離移動が多いという。ある県のディーラーから車を仕入れて別の県の業者に納車する、あるいは自社工場に持って帰って整備や解体をする。全国を飛び回るために時間を拘束され、扱う金額も大きくストレスのある仕事だという。一方飲食ビジネスは、もちろん客単価は車の比ではないものの一つ箇所に腰を落ち着けて仕事が出来、販売するごとにお客さんから「ありがとう」の声が聞こえるやりがいのある仕事だという。そう言えば、福岡市でマルハバを経営する元中古車業者のパキスタン人、ジャマール氏も同様の事を言っていた。長距離移動に疲れたジャマール氏は、当初周囲からすすめられてハラール食材店としてはじめたマルハバに腰を落ち着ける事で料理の才能を開花させていった。今や氏の作る絶品のナハーリーは遠路はるばる食べにくる客がいるほどの人気アイテムとなっている。

かくして飲食ビジネスに開眼したレガミ氏は、中古車ビジネスからその比重を徐々にレストラン経営に移し、多店舗展開も視野に入れながら今日もナン焼きに余念がない。

ビシュヌのギャワリ氏

秋田県横手市にも中古車関連業をしながらレストランを経営する夫婦がいる。それがビシュヌ横手店のビシュヌ・プラサード・ギャワリ氏夫妻である。横手店は2015年に作り、支店であるビシュヌ天王店は2018年末にオープンした。ちなみに天王店の方は「東北」の章で紹介しているのでそちらを参照していただきたい。

ビシュヌの店内に入ると、壁一面にA4サイズのコピー用紙に子供の絵のような、それでいてタッチが日本人のものではない絵が並んでいる。これはギャワリ氏の長男で今年22歳になるサントス君が書いたもの。父親の家族滞在で来日して数年、ホール係としての仕事もこなし、ゆくゆくは後を継いで飲食ビジネスをやっていきたいとの事。

その父親であるギャワリ氏に中古車事業の事も含めて話を聞こうと挨拶するも、なぜかテーブルについてくれない。聞くと「スミマセン、ワタシ、アマリ日本語デキナイカラ…」との事だった。いや、何だったらネパール語でもいいですよ、私ちょっとなら分かりますから、と言うもシャイなのか最後まで同席せず、代わりに日本語がまあまあ出来る奥さんのカビタ・ギャワリさんが対応してくれた。ギャワリ氏は遠くから我々を眺めるばかり。このような性格で果たして交渉ごとのうるさそうなパキスタン人や日本人の中古車業者と渡り合っていけるのか不思議に思えた。

ブトゥワル出身のギャワリ氏は当初コックとして2006年に来日。奥さんのカビタさんもほぼ同時期に家族滞在ビザで来日し、ギャワリ氏は座間市のマハトマで、カビタさんは相模原市の弁当工場で働いた。2014年まで働き、独立が視野に入って来た頃、店舗経営の実務面も習得しようと親戚筋にあたるガヌシャム氏が経営するアジア・エスニック料理キリパ（山形県新庄市）へ移る。

このガヌシャム氏もまた、2000年代初頭から新潟・東港を拠点にして中古車ビジネスを手掛けていた人物だった。東北を拠点とする日本人ディーラーの誘いに応じて山形へと移ったガヌシャム氏は、そこでメインの中古車ビジネスの傍ら、サイドビジネスとしてキリパ（「恩恵」の意味）を2008年頃に開業。当初は鶴岡市美原に構え、その後移転を繰り返しながら一時期は3店舗まで増やした。ギャワリ氏が手伝ったのはこの頃だろう。

左・ビシュヌの経営者、ビシュヌ・プラサード・ギャワリ氏とその家族　右・秋田県横手市のビシュヌ横手店

結局、長年車の商売をしてきたガヌシャム氏による、サイドビジネスとしての飲食店は上手く行かずに閉業。最後まで残っていた新庄市の国道沿いの店舗は、現在カレーハウスという店名で別オーナー（平塚市のカリキ氏。中古車ビジネスは無関係の人）の手に渡っている。ギャワリ氏はここでコックとして働く傍ら、オーナーのガヌシャム氏から中古車ビジネスの手ほどきを受けたという。

やがて開業するにあたり、当初は県庁所在地である秋田市内の物件を探したが、同じ市内で親族のイシュワリ・パルシャド・ギャワリ氏がラクスミ（秋田市外旭川）を経営していたため、商圏のバッティングを避けて少し離れた場所である横手市に落ち着いた。ちなみにこのラクスミは２００７年創業と秋田市で二番目に古いインド・ネパール料理店である（秋田市最古のインド料理店は1997年創業のピーコック）。

それにしても複雑な中古車売買でのやり取りなど、日本語不自由なギャワリ氏はどうしているのだろう。そんな素朴な疑問にカビタさんはこう答えてくれた。

「ダンナさん一人で難しい時は、私も一緒についていきます。ディーラーさんでもオークションでもどこでもネ」

そういうカビタさん自身、決して日本語が堪能という訳でもない。ただ奥さんを伴って仕事現場に現れるネパール人の車屋さんというのも微笑ましいものがある。商談現場は和むのかもしれない。

言葉以外でも苦労を重ねてきたと思うのに、そんな様子は表に出さない。それどころか、実際に本心から苦労とも感じていないのかもしれない。特に秋田に来てからは、相模原に住んでいた頃には感じなかった、地元横手の人たちの雰囲気や優しさが好きになったという。純真な人だけが持つ、爽やかな逞しさを感じさせながら、終始笑顔のカビタさんの話を聞き終えた頃には、熱々でボリューム満点のビシュヌセットがすっかり冷めてしまっていた。

ちなみに秋田市に於ける中古車事業は、現在市内各所に系列店を連ね、また同市山王にパキスタン・インド料理店デラを経営するバシャラット・ホサイン氏が切り開いたものである。バシャラット氏は来日後、国内最初といわれるハラール食材店アルファラ・トレーディングのほか、パキスタン・インド料理店マルハバも経営していた実兄のガーリブ・ホサイン氏の元で働きはじめた。マルハバは当時キッチンカーを所有し、加盟していたケータリング出店の業界団体から全国のイベントを紹介してもらい出店していたという。たまたま紹介された秋田市の千秋公園で開かれたイベントに27〜28年前に出店した際、秋田市内の中古車販売店から車を仕入れた事をきっかけにしてその後も買取りで秋田に通うようになり、２００５年には事務所を開設し本格的に秋田に根を下ろす。外国人に保守的な秋田という土地柄で、買取りに訪問したバシャラット氏の姿を見るや何も言わず両手で×印のゼスチャーをして追い返した業者も当初はいたという。しかしこのバシャラット氏の成功事例が一つの先鞭となってその後のパキスタン人業者やネパール人業者の進出に繋がっていくのである。

ミラクルワールドのシルワル氏

山形市の中心部、ＪＲ山形駅からほど近いミラクルワールドもまた、中古車ビジネスを本業とするネパール人がオーナーの店である。元々この場所は別オーナーが経営していたインディアントマトというインド・ネパール料理店であり、そこを２０１６年に現オーナーであるドルナ・パラサド・シルワル氏が引き継いだ。その内装工事と共に備品や食器類も一新された際、食器注文は弊社アジアハンターが承った。

訪問日、オーナーのシルワル氏は不在だったが、代わりにまだ来日3年というのに日本語堪能

左上・山形県新庄市のキリパは、現在カレーハウスという店名で営業中　右上・秋田市のパキスタン・インド料理店デラ　左下・デラを経営するバシャラット・ホサイン氏　右下・山形市のミラクルワールド店長、モハン・パンディ君（中央）

な甥っ子のモハン・パンディ君が対応してくれた。パンディ君によると、シルワル氏は4兄弟の3男でカトマンズ出身。兄弟の長男であるプラディプ氏が最も早く1990年代後半に来日し、新潟・東港を拠点としていた日本人業者や指南役ラーム氏兄弟の元で実務経験を積んだ後に独立。ネパールから兄弟を呼び寄せて本社を天童市に置いた。本社の所在地に関して付き合いのある日本人業者のすすめで山形の地を選んだというが、「東北の方が安く車が仕入れられるからかな」ともパンディ君はいう。なお、天童市にある本社の規模はかなり大きく、4人のネパール人兄弟のほかに日本人社員も3人ほどいるという。25歳という若さのパンディ君自身も最近結婚したばかりという新妻と共に天童市に住んでいる。東京なんかと違って周りに友達が少ないから、日本に来たばかりの奥さんは寂しいでしょうと聞くと、

「お兄さん（叔父）の奥さんなんかも近くに居るから大丈夫じゃないかな」

と、意外とあっけらかんとしている。奥さんの方もその内どこかのパートの仕事を見つけるかもしれない。地方に於けるネパール人の新婚生活がどんなものなのか、時間に余裕があれば食事時を狙って再調査したいところだ。

たまたまこの日パンディ君はレストランを手伝っているが、普段は事務所で事務作業をしたり、日本人社員と共に小山市のアライオートオークションまで仕入れに出かける事も多いという。そして飲食店は完全に「サイドビジネスです」と言い切る。確かにコロナ禍で客足は鈍いようで、広い店内は閑散としている。それでも一般的なインド・ネパール料理店とは趣を変えていて、店内にはスペインとイタリアの国旗も掲げられている。ここではイタリアンやパエリアなんかも食べられるのだ。厨房にはインド人（オリッサ出身）とネパール人（バグルン出身）の中東での勤務経験を持つ二人のコックが居て、こうした料理はお手の物だという。それならばと、この手の店ではなかなか食べられないトマトパスタとイカリングを注文。イカリングには思わず醤油が欲しくなったが置いてないという。まあ、それもそうかもしれない。一瞬日本に戻りかけた食意識を、醤油の代わりに振りかけられたチャット・マサラの複雑な妙味がインド亜大陸へと押し戻す。かくして山形の中のネパール食紀行の夜はしんしんと更けてゆくのだ。

ネパール農業の明るい未来 ～富山

日本全国津々浦々、至るところでネパール人を見る。それは何も本書のテーマであるインド・ネパール料理店に於いてだけではない。コンビニ、居酒屋、ファストフード店…。今や日本人の生活圏内で、彼らネパール人との接触なしに日常を過ごす事など不可能のようにすら思えてくる。

日本をはじめ、海外出稼ぎをするネパール人は年々増加傾向にある。2000／2001年度のネパール政府の統計では、雇用目的の出国許可を得た人の総数は年間約5・5万人だったのが、2013／2014年度には約53万人に急増している。また海外在住ネパール人は2011年には192万人を計上。こうした人たちの稼ぎだす金額は莫大で、2014年にはネパールのGDPのおよそ29・2％に相当する出稼ぎ送金が流入している。しかしその一方で、海外出稼ぎは深刻なネパール国内問題を引き起こしてもいる。それが農村部の労働人口減少問題である。

来日してコンビニや居酒屋で働く彼・彼女らはカトマンズやポカラといった都市部からの在留者も多いが、山間部の農村出身者も少なくない。何よりネパールの基幹産業は農業である。元来脆弱だったネパールの農業基盤は、若い農業労働人口の海外流出によってより一層深刻な状況に陥っている。高齢化が進み、中には離農してしまう人たちも少なくない。そんな深刻な問題を抱えるネパールの農業世界に、一筋の光明を射すかのような活動をされているネパール人が富山にいる。

富山射水の曼陀羅絵師

私が富山を訪問したのは、眩い白い残雪をいただいた立山連峰が、田植え前の鏡面のような水田にその雄姿を映し出す早春5月の肌寒い折だった。目指す射水市の葉っぴ〜カフェ tutti は、そんな広大な水田の中を通る細いあぜ道を、側溝に落ちそうになるのを慎重に避けながら奥へ奥へと車を進めた先にある。月一で開かれていたというイベントでは、収穫されたばかりの新鮮な小松菜のサグを使ったダルバートをふるまわれていた(現在はコロナでお休み中)。そのダルバートの美味しさは東京に居る私の耳にも漏れ伝わってきており、一口食べる事を心より所望していたが、おいおい述べる事情により果たせなかったのが唯一の心残りだった。この葉っぴ〜カフェ tutti の管理を一任されているのが、その人ダルマ・ラマ氏なのである。

ダルマ氏はラマ姓である事から分かる通りタマン族である。タマン族は主に仏教を信奉しているジャナジャーティで、ダルマ氏の家系は代々仏画を描いて寺院や檀家に奉納または販売を生業

左・射水市の葉っぴ～カフェ tutti
右・tutti の内部。二階にはダルマ氏の描いた曼陀羅画がいくつも飾られている

としてきた。他にも家業が曼陀羅絵師であるというタマン族の人たちに日本国内で出会う事は少なくない。依頼者によって大小様々な絵が描き分けられるが、中には極細筆を使い24金を溶かした絵の具で丁寧に金縁を描いていくような、気の遠くなるような緻密な仕事もある。その仕事を続けてきた父親の横で、幼少期のダルマ少年も見よう見まねで絵筆を取り画用紙に向かっていたという。

　そんな絵の好きなダルマ少年だったが、父は別の道を歩ませたかったらしい。高校を出ると国立トリブバン大学へとやらせてくれた。実家のあるシンドゥパルチョーク郡からバクタプルで兄と共に学生生活をはじめたダルマ氏は、アルバイトでボダナート近くの曼陀羅工房に仕事を得た。親元を離れた学生時代、もっぱら食事は近くの食堂で、月契約で食事を出してもらっていたという。これはどういうものかというと、当時月1000ルピーほど出して朝夕二度の食事をおまかせで出してもらうシステムで、これは昨今日本でも注目されるサブスク方式を先取りしたシステムだ。メニューは基本的にベジのダルバートが中心で、週に一～二度バフ（水牛）かククラ（鶏）が出た（カシ＝去勢山羊は高いので出なかった）。美味しいとか美味しくないなどの感想を差しはさむタイプの食事ではなかったという。

そんなある日、工房をふらりと日本人女性が訪ねてきた。それがのちに奥様となる美雪さんで、彼女は元々富山県利賀村（２００４年に周辺町村と合併し南砺市の一部となった）にあった「瞑想の館」に展示されていた曼陀羅絵に魅了されネパールを訪問したのである。ちなみに利賀村とネパールとのゆかりは深い。昔から冬になると「ごんべ」と呼ばれる蕎麦会が利賀村内の各地で開かれる風習があり、現在も冬の時期に地域を上げた一大イベントとして南砺利賀そば祭りが開催されている。１９８８年、当時の利賀村では村立１００周年を記念し、蕎麦の食文化を紹介する「そばの郷」構想が計画され、世界の蕎麦文化を探るため有名な蕎麦の原産地のひとつであるネパール国ムスタン県ツクチェ村に友好交流調査団を派遣。翌１９８９年には、ツクチェ村で多くの村民が見守る中、友好調印式が行われ2つの村は姉妹都市となった（以上外務省ＨＰより）。こうして蕎麦を通じてツクチェ村と利賀村の交流ははじまり１９９１年に「瞑想の館」が、続く１９９５年には「瞑想美の館」が完成。両館には巨大な十一面千手千眼観音図、チベット版両界曼荼羅、金剛界曼荼羅が安置されその迫力は圧巻である。またネパールからタカリー族の研修生を毎年受け入れるなどの文化交流が続いている。

ダルマさんが転んだ

2005年にダルマ氏は初めて来日。奥さんの出身地である富山で新生活をはじめる事となった。来日後に一番閉口したのは食事で、当初はなるべく日本人の味覚嗜好に馴染もうと、ご飯と味噌汁、おかずという毎日を送っていたが、ダルマ氏にとってのそれは極めて単調で味気ないものだった。

言葉の通じない不慣れな地で生活へのストレスもあったのだろうか。ある日気がつくとダルマ氏は、用意されていた味噌汁をフライパンにぶち込み、油と大量の一味唐辛子を入れて煮込んでいた。そして一口すすって激しくむせたのち、ハッと我に返ったという。時代的にも既に関東や東海地方ではネパール人経営の食材店が複数存在し、全国発送などにも対応していたのだが、富山という国内ネパール文化圏から隔絶された空間ではそうした情報にアクセス出来なかったのだろうか。なお、ダルマ氏が富山に居住した当初、周りにいたネパール人は、2人の富山大学の留学生と立山に嫁いでいたというネパール人女性のみだった。

その後、栃木市に住んでいた親戚の元を訪ねて久しぶりにネパール料理のおもてなしを受けた。ダルマ氏にとって実に3年ぶりとなるネパールの味で、そのあまりの美味しさに感動したという。そこでその親戚らに食材の入手先など詳しく教えてもらう。実はダルマ氏は幼少期、長期間檀家に預けられた経験があり、その時に自らが調理していた経験を持つ。食材さえ調達出来ればネパール料理を作る事など訳ないのである。こうしてダルマ氏は日常生活の中にネパール料理を取り入れ、自らをも取り戻していく。

食材も調達出来るようになり調理環境も整ったが、ダルマ氏にとって一つ気になる事があった。都市部の食材店から宅配便で届くのは全て乾燥食材で、フレッシュな野菜が無い事だった。もちろん地元の国産野菜はあったが、ダニヤ（香草）などのハーブやネパール野菜は入手が困難だった。そこで当初は小さな庭で自家栽培を試みる。やがて野菜作りそのものの面白さに目覚め、のめり込むようになったダルマ氏はより大きな農地を求めるようになる。そこで出会ったのが射水市の小松菜農家、荒木さんご夫妻で、ダルマ氏は農地を借り本格的に農業に参入していく事になる。

ダルマさんのダルバート

2015年、ネパールをマグニチュード7・9の大地震が襲う。ダルマ氏の出身地シンドゥパルチョーク郡は震源地に近く、被害も甚大だった。地震の多い日本国内では迅速に直接・間接的に被災地支援の動きが見られた。ダルマ氏も故郷の窮状を訴え支援を集めようとした。その時必要となったのが、様々な支援を集めてネパールに届けるための窓口機関だった。そこで富山在住のネパール人と日本人有志が支援のための団体を設立するが、その代表に白羽の矢がたったのがダルマ氏だった。当初ダルマ氏は代表の柄ではないと辞退を考えたが、自ら描いた曼陀羅絵を持って時折地元の小中学校で特別授業するなど、地道に国際交流活動をしてきた実績が買われての推挙だったという。

その後も支援活動を兼ねた国際交流活動として様々なイベントを開催していくが、中でも人気があったのが料理教室だった。

「やっぱり食を通して理解してもらうのが分かりやすいかもしれないですね。終わったら皆でワイワイと楽しく食べられるし。コロナの今は無理ですが…」

とダルマ氏は当時を振り返る。

やがて当時徐々に増えていった在富山ネパール人学生なども合流し、ネパールのダサイン祭などのイベントを催すようになっていく。ここで人気だったのが、冒頭でも触れたダルバート。自らが採る小松菜など、野菜にこだわったその味は「ダルマさんのダルバート」として富山や石川のネパール好きの間で人気を博していく。

実習生制度と明日のネパール農業

ダルマ氏は今、広大な小松菜畑で日々収穫に追われている。約30のハウスで栽培される小松菜は、それぞれ播種期を一日ずつずらす事で毎日の収穫が可能となっている。小松菜は生育スピー

左上・自ら描いた曼陀羅画を前にするダルマ氏　右上・ハウス栽培されている小松菜　左下・ビニールハウスを案内してくれるダルマ氏

ドが速く、播種後約30日で収穫が可能となる。従って一年３６５日収穫が可能という事だ。一つのハウス当たりの収穫高など生々しい話も交えつつ、高度にシステム化された農業スタイルは近未来の食料工場を思わせた。もちろん無農薬栽培である。広大な畑作業には人手が必要で、下は20代から上はなんと90代のおばあさんまで、合計８人パートで手伝ってくれているという。

「パートさんたちは高齢者が多くて。ダルバートを一緒に食べたかったけど、食べられない理由はそれです」

それは至極もっともである（ダルマ氏にお話を伺った２０２１年5月の時点で、高齢者へのワクチン接種はまだ行き渡っていなかった）。万が一でも感染リスクは避けなければならない。気が緩み、あわよくばと思っていた我が口と胃袋は、ダルマ氏の責任感の高い一言でキュッと尻すぼみに引き締まる。

「付加価値のある高価格帯の国産野菜が毎日収穫出来るんです。無農薬だから安心安全。とはいえ、自然災害でハウスがダメージを受ける事もあります。例えばこないだ降った大雪で一つのハウスがダメになった。でも生きていれば、いくらでも再建出来ます」

それはネパール大地震を身近に体感したダルマ氏だからこそ到達した境地なのだろう。小松菜畑の中で、ダルマ氏はさらに持論を展開する。

「私が思うのは、やっぱり故郷のネパールの事ですね。今もネパールから世界中に若い人が働きに出ている。その多くは農村からです。ネパールの農村は人手不足でますますダメになる。今残っている若い人たちも、いずれいなくなってしまう。その原因は、やっぱりネパールの農業に魅力がないからなんですね」

確かに収入的に安定した環境が農村にあれば、何も彼らは海外に出て働く必要はない。

「富山に来て、こういう魅力的な農業がある事を初めて知りました。私はこの事をもっとネパールの人たちにも知ってもらいたい。そのためにネパールの農村から技能実習生を呼び、ここで手伝いながら学んでもらって、今後のネパールの農業に役立てて欲しいと思っていたんです。いろいろと準備をして、さあこれからという時にコロナが発生して…」

技能実習制度の創設は1993年に遡る。当初は1年間の「研修」、さらに1年間の「技能実習」が在留資格「特定活動」の一類型として誕生した。この在留資格で都合2年間の技能実習での在留が認められ、4年後の1997年には「技能実習」の期間が2年に延長された。

2010年には入管法改正により在留資格「技能実習」が創設され、従来「研修」とされた在留資格が技能実習1号（1年目）、「技能実習」とされた在留資格が技能実習2号（2〜3年目）に区分けされた。従来の制度では実習生は労働者として扱われず、労働関係法令が適用されていなかったため、労働環境や賃金トラブルが多発していた問題を解消する狙いがあったが、それでも不十分だったため、さらに2016年には実習生の保護強化を目的とした技能実習法が成立、実習生の保護や監理団体の監視を目的とした外国人技能実習機構が全国に設立され現在に至る。

こうした背景もあり、技能実習制度に対してあまり良いイメージを持っていなかった私だったが、確かに日本以上に脆弱な農業基盤であるネパールなどから一時的に若手を受け入れて、農業実習を積ませることで本国にフィードバックさせ、将来的にネパール農業の生産性を高めて発展させる事が出来るのならば双方にとってこれほどメリットのある制度はない。何より農業（耕種農業）は、技能実習制度に於ける対象職種の筆頭にある。ここで私は、技能実習なる制度が初めて建設的なものである事を実感したのだった。いつかコロナが収束したら、間違いなくダルマ氏の構想は実現され、日本とネパール双方で歓迎される事だろう。その先にネパール農業の明るい未来が見える。いつか高付加価値の付いたネパール野菜が世界中に輸出される日が来るかもしれない。それは日々農業で汗を流す、地に足の着いたダルマ氏だからこそたどり着いたリアルな理想である。

絢爛たる美食世界

～京都・大阪・兵庫

あの海原雄山のモデルとなった北大路魯山人の例を引くまでもなく、世の名だたる美食家たちは皆、関西圏を拠点としている。数千年の古い歴史と雅やかな空気が本物の美食文化を育てるのだろう。この関西圏の人々の中に脈々と受け継がれる美食への深い理解とDNAは、同地におけるインド・ネパール料理店の中にも確実にその影を落としているかにみえる。

大阪という国内屈指の商都を抱えながらも、関西圏には東京や名古屋、福岡で見られるような厚みのあるネパール人学生層がなく、その特徴である雑然としたたまり場のようなネパール料理店も見かける事はない。代わってそこにあるのは、あくまでも日本人客を対象としたインド料理店であり、そこで競われるのは価格ではなく豪華さや優雅さ、またきめ細かく落ち着いたサービスである。

成熟した土地柄や客層によって形作られる、関西圏特有のエレガントでラグジュアリーな美意識が、この地域のインド・ネパール料理店文化にも独特の彩を添えている。そこには全国的にも稀有で絢爛な美食世界が華々しく咲き誇っているのだ。

緻密な内装とご馳走系ネパール料理

京都のヤク&イエティ（京都市中京区）は府内随一の目抜き通り、四条通から少しだけ奥まった立地に位置する、京都最古の格式高いネパール料理店である。店名は1977年創業のカトマンズにある老舗高級ホテルの名にちなんでいるが、このようにネパールの名店にちなんだネーミングは東京のナングロ・ガルやバジェコセクワガルなど他にも見られ、地元有名店からの引用がネパール人の間ではごく日常的なスタイルである事が分かる。

店はタカリー族の初代オーナーが2005年にオープンさせ、その後ほどなく現在のオーナーであるララチャン・モハン・シン氏に引き継がれた。シックで落ち着いた店内装飾はララチャン氏の代になって設えられたものである。ララチャン氏は高齢という事もあってネパールに戻っており、通常は娘さんが接客対応されているとの事だったが、訪問時その娘さん（噂では非常に行き届いた接客をされるという）はネパールに帰国中で、代わりにやはり親戚筋の若いビカス君がこちらもそつのない接客をしていた。

以前は東京や大阪にも支店を構えていたというが、現在は京都の同店のみと縮小している。とはいえ味や接客に定評のある店内はお客が途切れない繁盛店である。

左・京都市のヤク＆イエティ
右・経営者のララチャン・モハン・シン氏に代わって店を預かるビカス君

タカリー族といえば故郷のタコーラ地方で栽培されるそば粉を使った料理が有名で、実際にかつては同店でも出されていたらしい。残念ながら今は提供していないそうだが、オープン時より微調整をしながら大きくは手を加えないで続けてきたというメニューには、老舗ネパール料理店ならではの特徴が見え隠れする。例えばここで提供されているスクティは、大きめにカットされた玉ねぎやニンジンといった野菜類と共に炒めて餡掛けにした、インド料理のチリチキンを彷彿とさせるもので、割と老舗などで出されるスタイルである。他にも全般的にオールドスタイルで提供される料理が多く、１９９０年代末から２０００年代初頭にかけてのネパール料理店体験を持つオールドファンにとってそのノスタルジックな味わいもまたひそかな楽しみとなっている。

窓枠や支柱、ドア板から壁材に至るまで、海路の無いネパールから一体どうやって運んできたのか不思議になるほど大きな建材を様々に用いて、本国を凌ぐような壮麗な建造を好むのがネワール族の特色だが、大阪市のアジア村ASAN（都島区）はその伝統文化好きのネワール族の真骨頂が店内随所に感じられる店。もともとこれらの装飾建材は2019年にボエチェ（淀川区）をオープンする時に準備されたものだったが、大型店舗を常時満席にするのが難しかったのか約1年で閉店。その後満を持して少し規模を抑えたアジア村を2020年10月にオープンさせたのだった。

オーナーのアニル・サキャ氏は長い滞日歴の中で多くの飲食店を経営してきた方。インド・ネパール料理店を経営するネパール人としては最古参であり、その経歴は初期来日世代のある種の典型である。

アニル氏は元々10代の頃から民芸品を扱う商売をしていた。時期的には1980年代初頭で、当時から既に多くの外国人観光客が集まっていたカトマンズでは、露店の民芸品販売もいい商売になったという。また日本人を含む外国人とのやり取り、対応なども実地で学んでいった。

1988年、手伝っていた民芸品業者のアシスタントとして「なら・シルクロード博覧会」に参加すべく初来日。初期のネパール人オーナーの来日方法の中で、この「博覧会／物産展への参

左上・大阪市のアジア村 ASAN　右・大阪市のアジア村 ASAN の圧倒的な内装
左下・アジア村 ASAN の経営者、アニル・サキャ氏

加」というのは比較的多く見られる。当時観光ビザの取得が身元保証人などを必要とし厳格だったのに対し、日本側主催者からの招聘という形での博覧会／物産展へ参加するためのビザは比較的容易に取得できたという。現在全国各地に居る、老舗クラスのインド・ネパール料理店オーナーの中には博覧会参加のためのビザで来日し、そのまま留学／配偶者ビザに変更した人が少なくない。

アニル氏も来日後、ひとまず日本語学校の学生として東京で暮らしはじめる。学生時代は五反田ＴＯＣビルに入る大手アジアン雑貨卸業者のところでアルバイトも経験した。その後、元々の商売であった民芸品やアクセサリーをネパールから仕入れ、全国のデパートの催事場を回る仕事を友人と共にはじめる。回っていた中で、故郷カトマンズに似ているといった理由で京都が特に気に入ったという。ほぼ同時期、仕事のパートナーが商品を持ち逃げするというトラブルが発生。借金を抱えたアニル氏は、失意のうちに京都に降り立ち、友人の協力の元、京都市中京区の木屋町で小さな居酒屋を１９９３年頃はじめる。店名は自らの名前をとってアニルとした。

「実はそれまで飲食店などやった事なかったんですよ」

と、当時を思い出してアニル氏は笑う。

好きな銘柄の酒とネパール風の小料理などを出したところ、接客技術に長けていた事も手伝ってアニル氏の店は繁盛する。またネワール族は大衆居酒屋バッティに代表される、ネパール諸民族の中で最も深い居酒屋文化を持つ人たち。こうした商売への適性という点では随一なのかもしれない。

アニル氏の経営するアニルは成功し、最盛期には京都市内に6店舗出したという。それから知人の誘いで東京に拠点を移すまでの17年間、京都に滞在した。

東京では新宿歌舞伎町のアジア横丁内にティハールをオープンさせる（現在、別のオーナーが経営）。また東京駅八重洲口近くにお座敷ダイニングTikaをオープン。靴を脱いで上がる和のスタイルとネワール族特有の民芸品で飾られた、和とネワールを融合させた内装が好評で、渋谷、池袋、五反田など都内主要箇所に瞬く間に支店拡大していった（ちなみに同じネワール族である新大久保ソルマリのカビル店長も、来日当初Tikaに勤務していた）。また２０１４年から

左・シュレスタの経営者、シュレスタ氏
右・天王寺区桃山にあるシュレスタ

２０１５年にかけてTikaは沖縄の宮古島と石垣島にも進出。２０２１年現在閉店してしまっているが、もし今でも経営していたら「日本最南端のインド・ネパール料理店」の栄誉に浴した訳である。

拡大していたTikaも、今では松陰神社前店を残して整理された。しかしTika店内を装飾した、アニル氏の原点ともいうべきネワールの民芸・調度品の数々は、現在大阪市のアジア村ASANにしっかりと受け継がれ、訪れる客を魅了している。

店装や料理に於ける絢爛豪華さはネワール族の大いなる特徴で、とりわけ関西圏のネワール族オーナーの店にはそうしたこだわりが随所に見られ、一方の客の側にもそれを受け入れ賛美する土壌のようなものが感じられてならない。天王寺区にあるシュレスタも、スタイリッシュですっきりした内装ながら、要所要所にネワールらしさを感じさせる店。実はこの店を設計したのは35年前に留学で来日し、現在建築施工会社を営んでいる現オーナーのシュレスタ氏の実兄にあたる方。元々はネパール料理店をする予定だった日本人オーナーの依頼で14年前に設計施工した物件だが、諸事情でシュレスタ氏が日本人の奥様と経営する事となったもの。初期の頃から出している美味しいダルバートも、ようやくここ数年でお客さんに認知されるようになったという。また店がある桃山界隈には古くからネワール人たちが複数在住していて、ダサインなど地元の祭りを店内で行った事もあるという。

あくなき味と発酵の探求

池田市にあるズーズーダウも、特にその豪華絢爛な真鍮食器がいかにもネワールらしさを感じさせてくれる店。しかしオーナーのカドカ・バラト氏はネワール族ではなくチェトリである。一体なぜ、カドカ氏がこのようなネワールスタイルを取り入れたのか。ネパール時代は日系旅行社のガイドとして多くの日本人に触れ、食器一つとっても本物を求める日本人の性格を熟知していた事と、多くのネワール族が居住し日常生活を送るバクタプルの出身だった事が大きい。

１９９０年代半ば頃からカドカ氏は観光ガイドとして働きはじめた。当時はロイヤルネパール航空の直行便が就航していて、シーズンになると日本人観光客を満載した飛行機が毎週トリブバン空港に到着していた。のちに奥様となるケイコさんもその中の一人で、ランタン峠にブルーポピーを見に行く際にガイドをした事で知り合った。ガイドとしての生活は順調だったが、次第に山間部を中心にマオイスト運動が激化していく。カドカ氏自身、マオイスト武装集団による強盗恐喝に数度遭遇、観光客も激減した事でガイド業に見切りをつけ2003年に来日。ケイコさんの実家のある池田市に居住をはじめる。たまたま近所にいい香りのするパン屋が人員募集していた。ネパールでも特に観光客の集まるタメル地区やポカラなどには西欧人仕込みのパン屋が多く、ネパールでも通用する技術である点も考慮して勤務を開始する。続く2005年には大阪市内の某高級ホテルの洋菓子部門が人員募集しているのを見て、更なる技術向上のために応募。見事に採用され、ズーズーダウを経営する傍ら現在も勤務を続けている。

ちなみに大阪は他の大都市に比べネパール人人口が少なく見えるが、それでも近年は様々な出身地や民族ごとのサマージ（互助会的組織）が数多く作られている。そのうち大阪最古のサマージはMEL MILAPといい、カドカ氏はその初代会長を務めた。西宮市ナラヤニのアレ・ラン・バハドゥール氏のように当時のメンバーの多くがその後出世し店のオーナーになるなどして忙しくなった事から、現在では活動休止となっている。

こうした人的つながりの多いカドカ氏に、ある時豊中市蛍池に本店を置く老舗カトマンドゥのオーナーから池田市内で営業中の支店を引き継がないかという相談が持ちかけられる。それが現

左上・池田市のズーズーダウで週末に提供されるスペシャル　右・ズーズーダウの経営者、カドカ・バラト氏　左下・大阪最古のネパール料理店、北区天五のカンティプール

在のズーズーダウである。こうして2015年、ネパール料理店のオーナーとなったカドカ氏は自らが理想とする季節の野菜を用いた四季を感じさせるダルバートと、バクタプルで親しんだ本物のズーズーダウ（ネパール式ヨーグルト）の提供を試みる。本来脂肪分の多い水牛の乳で作るズーズーダウを再現するための牛乳探しからはじまり、素焼きで耐久性のある専用の器を友人の備前焼作家に特注したり、気温の下がる冬場の発酵調整、また酸味と甘味のバランスが取れるのが発酵させてから4日目という結論にたどり着くまで、全ての準備に約2年間の試行錯誤があったという。それまでズーズーダウを店名にしながらオープン時間になってもメニューとしてのズーズーダウが準備出来ず、ずいぶんと悔しい思いをした事もあったという。製パン業や

製菓作りで培った発酵に対するノウハウを総動員して、今やカドカ氏のズーズーダウは唯一無二のものとなっている。ここまでの味のズーズーダウは、大阪市内は元より全国的にも皆無である。

週末になると、ズーズーダウでは創作的でありながら伝統に忠実で豪華絢爛なスペシャルを提供して訪れる客を圧倒する。とはいえネパール料理の一般認識はまだ低く、訪れる客の大半はナン・カレーを注文する。なかなか美味しいダルバートの魅力が伝わっていかない、というのが大阪のネパール人経営者たちの共通した悩みらしい。厨房内のタンドール窯は連日稼働し続けているが、いつかそこから離れた純然たるネパール料理だけで勝負したいとカドカ氏は思っている。

なお、年代的に大阪最古のネパール系料理店は北区天五にあるカンティプールである。1989年開業し、2021年に惜しくも閉業した東京・渋谷の古参店カンティプールの日本人オーナーとは友人関係にある日本人が1995年に開いた店で、ナン・カレーのほか自家製手打ちのトゥクパなどこだわりのネパール料理を置いている。

京都を囲繞する5つのタージマハル

タージマハルとは言わずと知れたインドの世界遺産。ムガル帝国第5代皇帝シャー・ジャハーンが亡くなった愛妃ムムターズ・マハルのために建造した、ムガル帝国時代を代表するイスラム建築技術の粋を集めた建造物で、その総大理石に輝く優美で壮麗な姿を一目見ようと内外から多

左上・ナマステ・タージマハル、タージマハル・エベレストを束ねるサポコタ・ヤムラル氏　右上・高槻市のナマステ・タージマハル　左下・京都市右京区にあるタージマハル・エベレスト西京極店　右下・京都市上京区にあるナマステ・タージマハル丸太店の店長、サポコタ・シバ氏

くの観光客が日参する。華やかだったムガル帝国時代でもその絶頂期を象徴する世界的なモニュメントにちなみ、その名を屋号や店名、社名にしようとする経営者は数多い。有名どころでは、こちらもまたインドの象徴ともいうべき最高級ホテル、タージ・マハル・ホテルをはじめとするタージ・グループがあるほか、大小様々な業者の例はインド国内外で枚挙にいとまがない。いわばインド国内外の無数のタージマハルが存在する訳である。

　そしてもちろん京都もその例外ではない。優美で雅やかな古都をぐるり囲繞するように、京都にはナマステ・タージマハル、タージマハル・エベレスト、ニュー・タージマハルエベレスト、バグワティ・タージマハル、エス・タージマハルという5つのエレガントなタージマハルがあまねく存在するのである。

京都に於けるこれら5つのタージマハルは現在、様々な支流に分派しているものの、遡ると一つの水源にたどり着く。その創始者であり、いわば京都のシャー・ジャハーンとでもいうべき人物に私はたどり着き謁見する事に成功した。その人、サポコタ・ヤムラル氏はネパール出身でありながら親に連れられて幼少期にインドに渡り、長じてインドのデリーで数店の飲食店を経営していたという根っからの経営者である。

多くのネパール人同様、2004年にコックのビザで来日したサポコタ氏は、当初大阪市内のミラン（現在閉店）や新潟市のカレーレストラン・ナイルなどに勤務後、2007年に第一号店となるナマステ・タージマハルを高槻市に出店。その後は元来の経営者的商才をいかんなく発揮し、次々と支店拡大していく。もちろんサポコタ氏が直接経営する純然たる支店もあれば、居抜き店舗を改装してインド料理店として設備を設えたのちに譲渡・売却したところもある。取得した空き居抜き店舗の中には、一時期隆盛を誇っていた福岡ナーナックの元営業店もあったという。事業の拡大と共に奥さんもビジネスビザを取得し、社名を冠したタージマハル・エベレストを関西圏に次々と開設していく。当初の譲渡・売却したオーナーからさらに別オーナーに譲渡・売却されるケースも多く、そこからさらに別のオーナーへと譲渡されたり、同様の店名で支店を拡大していくケースもあるので、とてもじゃないが全てのタージマハル出自の店舗を把握出来ていないという。中には間接的に見知ったオーナーや、元従業員だった人が開いているところもあるが、全く知らないネパール人が「タージマハル」を店名に掲げて営業しているケースも多々あるらしい。例えば京都市右京区にあるタージマハル・エベレスト西京極店でホール係をしていたオーナーの息子さんのディネシュ・サルマ氏に話を聞くと「西京極店と付いてますが、サポコタ氏の系列ではありません。ここは自分たちの店舗で、以前は同じ名前の店を福井県敦賀市でもやっていました」と語る。

つまり店舗としてのタージマハル・エベレストを居抜きで取得したあと、さらに独力で同名の支店を他県に出していたというのである。これでは創始者のサポコタ氏も関知出来るところではない訳である。ディネシュ氏は「他にも店舗を買い取ったネパール人オーナーはたくさんいますよ」と証言してくれた。同じ店名なので一見系列店なのかと思い込むが、全くの独立店なのである。独立店ならオリジナルな店名をつけないのかと疑問に思うのは日本人的発想で、店名にさほどこだわりを持たず、また一度その名前で法人登記や看板・チラシを作成してしまうと商号変更に多額の費用が発生するという事情もあってそのまま続けるケースが多い。逆に言えば、メニューも看板も店名も同じだからといってオーナーが同一とは限らないのである。

一方で、サポコタ氏の直営店も京都市内には存在する。それが上京区今出川にあるナマステ・タージマハル丸太町店である。店長のサポコタ・シバ氏はオーナーの親戚筋との事。店内には食材販売コーナーもあり、また出されたチキンコルマはコク深くクリーミーで本当に美味しかった。シバ氏にいただいた名刺には系列店の総帥、サポコタ・ヤムラル氏の名が太字で書かれてあった。

関西圏に於けるタージマハルの創始者、サポコタ氏は２０１４年よりレストラン運営を株式会社タージマハル・エベレストに一元化し、最盛期には53あった系列・関連店を縮小して現在は直営店が17店となっている（データは同店ホームページより）。

氏はまた子煩悩な父親でもあり、設立した店の中には娘や息子の名前を冠したものがある。例えば高槻市には息子のリティック君の名を冠したナマステ・リティックカレーという店も存在する。


南区にあるバグワティ・タージマハルは中心部の喧騒から少し離れた、落ち着いたたたずまいの中にある。店名のバグワティとはインドやネパールで信仰されている女神の名前で、オーナーのカラル氏の家の守護神といった存在なのだという。

２０１２年に来日したカラル氏は当初ナマステ・タージマハルにコックとして約4年勤務したのち独立。西大路吉祥院に現在の店を構える。新規店に自らの意志で「タージマハル」を店名につけたのは、当時既に多店舗展開していた勤務先にちなんだもの。これは盗用や剽窃ではなく、名店や流行店などにちなむというインドやネパール固有の習慣によるものであるというのは前述のヤク&イエティの箇所でも説明した通り。

カラル氏には他にもう一軒、支店がある。右京区梅津中倉町にあるカトマンドゥ・ダイニング

&バーである。「なぜこちらはタージマハルじゃないんですか?」と聞くと、居抜き前の看板のままにしているだけで、もちろん店名を統一したいのは山々だが工事に費用もかかるし、まあその内に、との事だった。スケルトンで入る場合には思い入れのある名前を考案して名付ける一方、既にあったインド料理店の居抜きで入る場合は店名ごと居抜いてしまう。こういう感覚もネパール人にとっての店名へのこだわりを象徴している。

ちなみにカラル氏はインドのデリーで数年間、コックとして働いていた経験を持つ。デリーはかのタージマハルからおよそバスで5時間ほど。念のために確認すると

「タージマハル? いや〜、行った事ないんですわ。有名だし行きたいとは思うてたんですけどねぇ」

と、はんなりとした京都弁で笑った。

大阪市淀川区の十三を拠点に、兵庫を含めて関西圏で現在5店舗、急速に拡大展開中のニュー・タージマハルエベレストは京都にも支店を持っている。それが伏見区桃山町にあるニュー・タージマハルエベレスト六地蔵店で、5段階に分かれた辛さ指数、品数の多いメニュー、壁に貼られている一言ネパール語挨拶文、といった設えが他のタージマハル各店と共通する。やはり関連があるのかと納得しかかると「ニュー・タージマハルエベレストも元々は大阪のタージマハル・グループから作られましたが、全てのニュー・タージマハルエベレストがそうではありません」と店長のラム・アチャリヤ氏が教えてくれた。つまり同じニュー・タージマハ

左上・京都市南区にあるバグワティ・タージマハル　右上・大阪市のニュー・タージマハルエベレスト十三店　左下・京都市左京区下鴨にあるエス・タージマハル　右下・尼崎市にあるエス・タージマハル塚口店

ルエベレストという店名でも独立したコックがオーナーとなるなど、ここでも同名の店名で違うオーナーという形態が見られる。

後に日を改めて大阪のニュー・タージマハルエベレスト十三店を訪問。スタッフのクリシュナ・サプコタ氏によると登記上、本社は十三でオーナーのシャム・サプコタ氏宅も店の裏手にあるが、彼らの最初の店は2012年オープンの東向日店である由。名前からも分かる通り、タージマハル・グループの総帥であるサポコタ・ヤムラル氏の親戚筋にあたる。大阪を中心に展開していて、六地蔵店は最も新しい支店だという。

ちなみに、居抜きのインド・ネパール料理店がオーナー・チェンジする際、前店の店名を全く変更しないケースはご紹介した通りだが、気持ち的な問題か、あるいは事務手続き的な問題か、多少なりとも店名を変えようする場合にそれまでの店名に「ニュー」を付けるケースがある。印刷や工事などが最小限の費用で抑えられるからである。「ヒマラヤ」なり「ナマステ」なりの店名に「ニュー」が付いていたら、元々「ニュー」が付いていない店舗が事前に存在し、そこと何らかの関係を持っていたと考えて間違いない。逆に言えば、初めから「ニュー・〇〇」という店名は存在しないという事だ。

左京区下鴨にエス・タージマハルという店がある。実はこの場所も、当初はタージマハル・エベレストを率いるサポコタ氏によって2013年に設立された店舗だった。その後スレス・サプコタ氏の率いるエス・タージマハル・グループの傘下に入る。エス・タージマハルの「エス」とは、オーナーであるスレス（Suresh）氏の頭文字の「エス」なのだ。

スレス氏もまたタージマハル・グループの総帥であるサポコタ・ヤムラル氏の親戚筋にあたる人物。2015年に尼崎店でスタートし、翌2016年には同じ尼崎市の塚口店、その後一転して京都に下鴨店と北山店の合計4店舗を構えた。しかし尼崎店と下鴨店は独立したコックに譲渡したため実質的に運営しているのは塚口店と北山店との事である。

京都の下鴨店は一度コックに譲渡されたのち、そこからさらに現オーナーのタンカ・カンデル氏の手に渡ったものだという。店舗はそのまま使われているものの、最初のオーナーの事や店名の由来などをカンデル氏は把握しないままである。その証拠に頭につく「エス」って何ですか、と聞いてもカンデル氏は知らなかった。こうして、元々の創業者の事など知らないオーナーによって店名だけはあたかも系列店であるかのように継承されていくのである。

このように5つの京都のタージマハルを巡ってみると、そこには大筋ではタージマハル・グループの総帥サポコタ・ヤムラル氏の親戚筋にあたる人たちで占められてはいるものの、そこから分派したり独立したりと総帥であるサポコタ氏本人ですら把握しきれない、まるでアメーバが分裂するかのような無秩序に拡散する姿が見えてくる。とはいえこうした分裂や分派の仕方にこそ、現在拡大し続けるインド・ネパール料理店の爆発的なポテンシャルを象徴する一つの本質があるのではと、焼きたてナンをかじりながら漠然と思ったのだった。

Nepal column 2

ネパール人の店名考

たとえ正書法上の使い方としては誤っていても、その当て字には明確な意図や狙いがあり、むしろ誤りを逆手にとったインパクトのある表現方法が日本語にはある。〝本気〟と書いて〝マジ〟と読むのはその最たる例で、「それ用法間違ってますよ」と指摘する方が間違いとなる。その他「咖喱」や「珈琲」など外来語に当初漢字を当てたもの、「夜露死苦」などのヤンキー用法、どう頭をひねってもそうは読めないキラキラネームに至るまで、変則的ないし変異的な漢字の当て字、読み下し方など自由な表現方法が日本語には無数にある。それは小さな島国の中で単一言語だけを数千年に渡り使い回し続けてきた民族だけが持つ、発酵臭がしそうなほどに熟成された文字文化の成れの果ての姿なのかもしれない。

このような良くも悪くも文字に込める思い入れが過剰な日本人に比べ、ネパール人のそれはあまりにもあっさりしていて驚かされる。特に店名に関して、我々日本人からすると狙いもゲン担ぎも熱い想いもなく、そのあっさり具合はまるでその対象への情熱の欠如をすら感じさせるもの

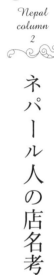

がある。その辺り、当のネパール人たちは一体どう思っているのだろう。

店名のパターンと分析

ネパール人飲食業者が自らの店に名を付ける時、おおまかに次のパターンに分類出来る。

①母ないし子供の名前を用いたもの。例：ギータ
②挨拶であるナマステに地名や固有名詞を加えたもの。例：ナマステ住吉
③ネパールの名所、地名を使用したもの。例：エベレスト
④前の勤務先の名前にインスパイアされたもの。例：パドマパレス
⑤神格名をそのままつけたもの。例：ガネーシュ
⑥自らの氏族名にちなんだもの。例：プルジャダイニング

それでは次に、個別にそれぞれの特徴を見ていきたい。

①母／子供の名前を用いたもの

最も身近な親愛の対象にちなんだもの。全国的な店名総数から見ても、このパターンがかなり

多いのではないだろうか。なお、ヒンドゥー教徒のネパール人の場合、人名に神格名を付ける事が多々あるため、⑤とかなりの割合でカブる。ヒンドゥー教徒が神格名を子供につけがちなのは、毎日その神格名を口に出来るから、という理由にもよる。

② 挨拶であるナマステに地名や固有名詞を加えたもの

単にナマステだけを店名にしたものも多いが、それではあまりにひねりがないとさすがのネパール人も思うのだろう。ナマステに地名や固有名詞を付け加えるパターンが見受けられる。その地名は、主に店舗所在地である事が多い。店舗所在地に取り立てて強い思い入れがある訳ではなく、ナマステの後に何かつけなければ格好がつかないから、といった理由にもよる。同様の理由でセットメニューにもレディースセット、キッズセットなどと並んでカワサキセットなどの地名のついた、不自然なセット名が時々存在する。

③ ネパールの名所、地名を使用したもの

エベレスト、カトマンズ、ポカラ、マナカマナ、ヒマール、ルンビニなどで、このパターンも多い。食べログで検索すると、エベレストは158件、カトマンズ40件、ポカラ81件、マナカマナ23件、ヒマール26件、ルンビニ39件ヒットする（2021年6月現在）。全てが全てネパール人経営者ではないが、ネパール人がつけがちな名前の傾向がこうした件数からもよく分かる。

多くのインド・ネパール料理店では店頭にネパール国旗が掲げられているところが多い。これはネパール人としてのアイデンティティの発露である。愛国者というほどのものではなく、おそらくは法人設立時の定款に「インド料理」の他に「ネパール料理」も併せて記載した事によるものとも考えられるが、例えば自らのネパール人性を消し去り、純粋にインド国旗だけを掲げて店名もインド固有の名詞にした店も特に古い世代のネパール人経営者の店の中にはわずかに存在する。それに比べてネパールの名所、地名を使用した店名は、自覚的・無自覚的かを問わず、自らのネパール人性を発露するシグナルであるとも受け止められるのである。

④前の勤務先の名前にインスパイアされたもの

商標権という概念の希薄なネパールでは、盗用の意識など毛頭なく、むしろ軽いリスペクトなどから地元の名店の名前をつける事が多い。バジェコセクワガル、ナングロ・ガル、ヤク&イエティといった店がそうである。おそらく同様の意識からなのだろうが、来日後に働いた前の勤務先の名前を借用するケースが多い。特に関西圏で○○タージマハル、○○マハルという店は非常に多く、一見すると系列店のように思いがちだが、中には全く無関係である場合も多い。例えばAマハルに勤務していたコックがビジネスビザを取って店を新たにはじめる際、Bマハルと名付ける。その事をAマハルのオーナーは知らされていない、というケースである。実際にそれで困惑している、というオーナーにも会った事があるが、だからといって電話などで直接抗議するほどでもない。無断借用される側にとっても商標意識とはその程度のものなのである。

また、別のネパール人が経営していた店に有償譲渡で入ったものの、以前使っていた設備や備品をそのまま使うケースがある。居抜き店ではよくあるパターンだが、これがネパール人の場合、居抜き前の店の看板もメニューもそのまま使うケースが少なくない。つまり自分たちの出す料理に合わせてメニューを作るのではなく、既にそこにある、誰かが作ったメニューに自らの料理を合わせるのである。時々、メニュー写真と出てくる料理にギャップがある場合があるが、そんな理由によるのかもしれない。彼らの意識の中には、日本人に多い自己実現タイプの経営者が自店を持つ際の「こんな店名にして、こんなメニューを出したい」などという熱い理想やこだわりは皆無である（もちろん資金に余裕があればそうしたいと思っているオーナーは少なくない）。

⑤神格名をそのままつけたもの

これは①でも説明した通り。母や子供の名前が神格名に由来するケースはネパール人（インド人も）に非常に多い。なお、母や子供の名前をつける事はあっても、妻の名前を冠するという例はあまり聞かない。

⑥自らの氏族名にちなんだもの

カースト社会であるネパールでは、その人の持つ姓で相手の宗教的序列や立ち位置が把握出来てしまう。もちろんこの旧弊は1990年代から2000年代にかけて起きたマオイスト運動による改革、またその後成立したネパール新憲法によって、それに基づく差別は表面上感じなくなっている。そうした政治的成果が、例えばグルン（グルン族／江戸川区）、ネワーキッチン（ネワール族／板橋区）やプルジャダイニング（プルジャはマガル族の一氏族名／豊島区）といった店名に表れているのかもしれない。

一方、あくまでヒンドゥー教の序列で最上位とされるバウン（ブラーフミン）は元来、その「ケガレ」の無さから料理人となるものが多かったが、だからといって店名からそれと分かる例はあまり多くない。そもそも浄不浄の観念で料理が「出来る」という事と料理が「美味い」という事とは別である。そして必ずしもバウンが作る料理が「美味い」とはネパール人にとってイメージされないのである。なお、バウンを意識させる店名としては、せいぜい大阪市城東区にあるサプコタ・モーティーマハル（サプコタがバウンの氏名）が思いつく程度である。

希少なこだわり店名

さて、シンプルでひねりのない店名をつけがちなネパール人の傾向を見てきたが、中には思い入れたっぷりの、凝った店名をつけるネパール人もわずかながら存在する。その多くは漢字を使った和風あるいは日ネ折衷のものが目立つ。店主の日本文化への思い入れや精通度が感じられるものが多い一方で、店名だけ聞いてもインド・ネパール料理店であるか分からないのも特徴である。主なものとして、祭り太鼓（杉並区）、明かり富士（北区）、世話（台東区・他）、家帝（中野区・他）、あじわい東京（中央区）、満足ハウス（墨田区・他）、エベレスト&富士（荒川区）など。このうち、世話はネパール語でも同様の意味を持ち、元来はインド古来のサンスクリット語に由来する。家帝はネパール・ヒマラヤで有名な雪男イエティの当て字である。

バリエーション豊富なLaxmi

「本気と書いて〝マジ〟と読む」タイプの人は一昔前のツッパリ青少年たちが多かったが、「लक्ष्मी（Laxmi）と書いてどう読むか」はネパール人の間でもかなりのひらきがある。

例えばヒンドゥー教の有名な神様にシヴァ神がいる。今、何気なくシヴァ神と書いているが、これはインドのヒンディー語で記述されたShivaを北インド人の発音を元に転写したものである。ただしこれをネパール人の発音に近く記述しようとすると、スペルは同じShivaでもシバと記した方がより近く感じられる。事実、ネパール人が送り仮名をふる時、シヴァではなくシバと表記される方が多い。またよく人名にもなっているが、それも同様にシバと送り仮名表記されている。

このように、同じShivaでもインド人的表記とネパール人的表記とで分かれる。これによって店名からオーナーの国籍が推測出来るという利点もある。統一表記がないのはそれだけ社会が多様性を尊重しているからでもあり、豊かさの指標でもあるのだが、ネパール人自身の中でLaxmiの送り仮名表記が以下のように6通りもあるのは日本人的感覚からすると混乱をまねくものである。一般名詞などと違い、神格名のような地元の固有名詞にどう送り仮名表記するかは日本語学校でもカバーしきれないのだろう。そもそもデバナガリ（デーヴァナーガリー）文字のलक्ष्मीのアルファベット転写ですら、現地ではLaxmiやLakshmiなどと表記揺れする。このように正解のない中で、それをどうカタカナ表記するかの方にこそ、むしろそれぞれのネパール人の個性や人生観がにじみ出る。実例を愛でながら、その味わいをとことん深く堪能してみたい。

①ラクシュミー（品川区・他多数）

最もオーソドックスなイメージのある送り仮名表記。ただしこのオーソドックスさを感じるのはあくまでもインド神話に関心のある一部のかたよった

日本人にとってのみであり、ネパール人にとってはむしろインド的な読み方／送り仮名表記なのではないだろうか。

②ラクチュミ（墨田区のみ）

この送り仮名表記は全国的にも珍しい。オーナーであるサプコタ氏の娘さんの名前との事だが、「チュミ」という舌足らず感のある響きが可愛らしい。もちろん日本人が感じるオノマトペ的な可愛らしさは当然ネパール人には通じず、したがってそれらの効果を狙った上で付けたものでは当然ない。

③ラクシミ（三鷹市・他）

実はラクスミと並んでネパール人の発音に最も近いと個人的に感じるのがこのラクシミである。ネパール人もそう感じるのか、Laxmiをカタカナ表記する場合に少なからぬネパール人がこう記述している。

④ラスミ（川崎市幸区のみ）

ガネーシャはガネス（またはゴネス）と発音されるため、表記もまたそ

のようにする人も多い。ラクシュミーもよくよく聞くとラスミと発音している人もいて、それがそのままカタカナ表記されたものなのだろう。

⑤ラクシュミ（厚木市・他）

ラクシュミーの音引きをとった形。ヒンディー語・ネパール語双方の書き文字であるデバナガリ文字の上では長音・短音の区別があっても、ネパール語の場合、耳で感じるのは短音である事が大半で（例：ヒンディー語のターリー→ネパール語のタリ、ヒンディー語のダール→ネパール語のダル）、このためラクシュミーもラクシュミと記述する方がネパール人の発音には近いと感じられる。

⑥ラクスミ（秋田市のみ）

長音・短音の差以外に、ヒンディー語・ネパール語を分かつ発音上の差として、ヒンディー語話者が「シャ」「シェ」「シュ」と拗音で発音されるところを、ネパール語では「サ」「セ」「ス」と直音で発音される傾向がある。日本人が「R」と「L」の区別がつかないのに似ている。なお、この発音変化は日本の東北訛りにも似た響きを持つため、例えばこのラクスミ

が、本来はラクシュミーと伝えたところを秋田市内の印刷業者が「ラクスミだべ」と認識しカタカナ表記したものかどうかは未確認である。

⑦ラチミ（藤枝市・他その支店のみ／正式な店名はルプラチミ）

ラクシュマン（ラーマ神の弟：Lakshman）がラチマンとカタカナ表記されるように、ラクシュミーもラチミと表音・表記される事がある。ちなみに「ルプ」とは「美しさ」といった意味で、Rup Laxmi あるいは Roop Laxmi とアルファベット表記されて女性相手のジュエリー屋やサリー屋に好んでつけられる名前である。

⑧スミ（福岡県新宮町のみ）

店名は一瞬何の意味か分からないが、オーナーのアチャリヤ・ビクラム氏によると奥さんの名前であるラクスミを当初使おうとしていたところ、相談した日本人の友人（中年女性である由）から「長いけん、スミでよかろうもん」と言われ省略してスミにしたとの事。しかもスミのスペルもSUMIにしてしまった。このような略し方は通常はネパール人の概念にはなく、日本人の影響による語形変化の一例として興味深い。

表記上の正確さとは時代と共に変わるものである。日本語でも古い時代に使われていたエゲレスはイギリスに、ライスカレエはカレーライスへと変化した。用法や綴りの正しさとは時と共に移り変わるものであり、現時点で正しいとされている表記が今後どのように判断されていくかは分からない。ならばネイティブではない人たちによるユニークなカタカナ表記が今後正解に変わる可能性だってなきにしもあらず。間違いで切り捨ててしまうにはあまりにも惜しい彼らの豊かな文字表現を、多様な人間の営みの一つとして、その料理と共にささやかに享受したいものである。

ヒマラヤから来た瀬戸の花嫁
～岡山・広島・山口

　中国地方の南部、瀬戸内海に面した岡山、広島、山口といった一帯は、その温暖な気候が瀬戸内海式気候とも呼ばれる。気候が穏やかなだけでなく、国内でも比較的地震の少ない地理的環境は、同じ地震国であるネパール人をも安堵させるものらしく、ここを経営の地に選んだ理由にも挙げられるほど。東京や名古屋、福岡といった地に比べ、基本的にあまりネパール人留学生が多くない地域柄を反映して、いわゆる本格ネパール料理店こそ少ないが、その分地元の人に愛される、丁寧でたっぷりとしたインド・ネパール料理が提供されている。

　一方、ひとたび海岸沿いを離れて北上すると、そこには緑豊かな中国山地が広がっている。豊かな自然を求めて都会から移り住むインド料理関係者も少なくない。中でも人里離れた広島の山中にあるプラ・シャンティはその筆頭で、そこで出される料理はその環境とも相まって浮世離れした味に思える。

　距離的に関西圏と近いためか、岡山のインド・ネパール料理店には関西、特に大阪辺りの影響が感じられる。一方で広島や山口は、福岡の影響を感じられる。元々福岡で長年勤務していたネパール人が、新天地を求めて進出してきたケースもある。とはいえ、その人口規模的にはまだまだ伸びしろのありそうな、ポテンシャルを秘めた地域であるようにも見える。この大阪と福岡という、巨大な磁場に挟まれた、ある種の空白地帯とでもいえるこの地に於いて、一体どのようなインド・ネパール料理が存在し、今後どう展開していくのか。瀬戸内海の温暖な風に吹かれながら、ぶらり食紀行してみた。

広島の重鎮とその派生系

広島で最も古くからインド料理の仕事を続けている広島市のガネーシュのオーナー、パルサド・シリ氏の歩みは正に広島インド料理店史そのものといっても過言ではない。

1953年にインドで生まれたパルサド氏は、周りの親族なども飲食業で働いていた事から十代後半にはニューデリーの五つ星ホテルで働くようになる。やがて先輩や同輩の中からポーランド、カナダ、オーストラリア、アメリカといった海外のインド料理店で働く者が現れる。ここでインド料理の技術習得は海外雄飛の武器となる事を十代のパルサド氏は知るのである。やがてパルサド氏の元にも海外行きのオファーが舞い込んだ。それは広島在住の日本人事業家と東京のモティ、名古屋のクマールの経営者らが共同出資して1983年頃に立ち上げた、広島市では最初となるインド料理店タンドールへの勤務話だった。

こうして1984年に初めて日本の地を踏んだパルサド氏は、最初の数か月、東京・赤坂のモティで研修したのち広島市へと向かう。タンドールはその後、中区の新天地やそごう広島店内のほか、福山市、松山市など県外にも順調に支店拡大。パルサド氏はタンドールで1997年まで働いたのちに、別の日本人経営者と共同で佐伯区五日市にサーガルを立ち上げ移籍。その後2000年にサーガルを去ると広島の地からも離れ、隣接する山口県徳山市（現周南市）で自らが100%出資の店ガネーシュをスタートさせる。徳山市という地を選んだのは

「タンドール勤務時代も何度か通った事もあり、多少の土地勘はあったので。また比較的街の規模が大きかったのに、インド料理店がまだ無かったのです」

と語る。この徳山市のガネーシュ1号店の創業時に手伝ったのが現在名古屋でドルーガを経営する、当時ナーナックを辞めたばかりのジャンパラル氏だった。ジャンパラル氏はここで6年ほどスタッフとして働き、初期のガネーシュを軌道に乗せるまで尽力した。

その後パルサド氏は岩国、宇部、宇品など山口県から徐々に広島県にかけて支店を増やしていく。ここから巣立った人材も多く、特に山口県下には岩国市デヴィのチュトルブジ・サプコタ氏、下関市ナンダンのナンドゥ・ガイレ氏などが現在も活躍中である。さらに大阪や東京で経営している元ガネーシュ出身者もいるという。デヴィのサプコタ氏などはパルサド氏に対する恩義を熱く語る。

左・広島市のガネーシュの経営者、パルサド・シリ氏　右・岩国市デヴィの経営者、チュトルブジ・サプコタ氏

「パルサド社長は本当にいい人で勉強になった。私がインド料理店をはじめられたのもガネーシュで働いたおかげです」

下関市内に一時期は5店舗まで拡大したナンダンのオーナー、ナンドゥ・ガイレ氏もまた元ガネーシュ勤務。現在は1号店の唐戸店と、関門海峡に面した観光客向けの施設カモンワーフ店のみ直接運営し、残り3店舗は弟のシバ・ガイレ氏に譲渡されニュー・ナンダンとして運営されている。カモンワーフ店では地元の名物という焼きカレーやふくナンバーガーといった観光客向けのメニューが面白い。ふくナンバーガーとは地元名産のふく（河豚）をバンズ状に焼いたナンで挟んだバーガーで、ふくの歯ごたえある食感と柔らかいナンとのコントラストが印象的だった。

60歳代後半という、国内のインド・ネパール料理店経営者的にも高齢の部類に入るパルサド氏は、そろそろ後進に道を譲りたいとも考えている一方、チャンスがあれば今後はレトルトカレー製造にも興味があるというしたたかな野心もまた柔和な笑顔の下に潜ませる。その足跡や経験を、地元の商工会議所が主催する場で講演する事も多い。

「パルサド社長は、本当は最初に働いた地である広島に戻りたかったんじゃないですかね」と語るのは、宇部市でサンジワニを実質的に運営するアイタ・グルンさんである。アイタさんもまた両親がインド在住時に生まれたインド国籍のネパール人。ネパール語よりもむしろヒンディー語の方が堪能な女性である。

アイタさんの父ラジヘム・グルン氏は1980年代後半に来日し、神戸や大阪のインド人資本のインド料理店に勤務したのち、当時山口県下松市で日本人オーナーが立ち上げたインド料理店メルバニに移る。その働きぶりが認められたラジヘム氏は、やがて日本人オーナーの高齢化に伴いメルバニを有償で譲り受け、自らが経営者となった（なお、このように当初の日本人経営者から信頼されて店を譲渡されるケースは他に防府市のパラタなどがある）。こうして2002年、娘であるアイタさんら家族をインドから呼び寄せる。

アイタさんは来日当初まだ中学生だったが、苦労して日本語を習得。その後地元国立大学付属の看護学校に進学し、現在は大学病院に看護師として勤務しているという大変な努力家である。

左上・下関市のナンダン　右上・下関市のナンダン・カモンワーフ店で提供されているふくナンバーガー　左下・宇部市のサンジワニ　右下・サンジワニの経営者、アイタ・グルンさん（右）と家族

忙しい学業や仕事の合間に、父ラジヘム氏がメルバニの二号店を宇部に出した際も積極的にサポート（その後移転に伴い宇部店は売却）。その後カタールで長く働いていたリル氏と結婚し、2019年の出産を機に宇部市内の住宅地にカフェ付の中古物件を購入。カフェの部分を改装して現在のサンジワニをオープンさせている。

　このラジヘム氏とアイタさん親子の元に、徳山市ガネーシュの売却話が持ち込まれた。徳山のガネーシュは広島の重鎮、パルサド氏の記念すべき一号店なのだが、採算的な事情というより氏の希望で広島に業務集中したかったという事情によるものだったらしい。徳山市はメルバニのある下松市に隣接していて管理もしやすく、パルサド氏とは旧知の間柄でもあるラジヘム氏はこの話を快諾。ラジヘム氏にオーナーが代わった現在もガネーシュという長年親しまれた店名のまま、営業が続けられている。

山口県下で急速に支店拡大を進めているのがナマステ・グループである。元々、福岡県宗像市などを中心に展開するミナで勤務していたビピン・カンデル氏が2014年に下関市長府で開業。その後またたく間に支店を増やし、山口県だけでなく福岡県や広島県、岡山県と、2021年現在西日本に17店舗と拡大中である。グループの中では単にナマステという店舗もあればナマステ・タージマハルという店名をつけているところもあり、気になって聞いてみたが大阪で展開しているナマステ・タージマハル・グループとは無関係であるとの事。ナマステもタージマハルもよく知られた固有名詞なので店名がカブっただけなのだろう。店内の構造はスープバーの設備も含めてファミレスを彷彿とさせる。

岡山の大地母神

その新興のナマステ・グループが勢力を伸ばしつつある岡山県には、迎え撃つ既存のインド・ネパール料理店オーナーが隅々までチェーン網を張り巡らせている。県下8店舗を展開するインドダイニングカフェ・マターのオーナー、アチャーリヤ・プラサド氏は岡山で現存する最も古い

左・岡山市のインドダイニングカフェ・マター
右・マターの経営者、アチャーリヤ・プラサド氏

インド・ネパール料理店の経営者である。岡山で開業した動機の一つが、瀬戸内特有の明るい天気だった。

「いつも天気が良くて地震もない。この魅力は私たちネパール人にとってとても大きいですよ」

と真顔で言いきるバグルン出身のアチャーリヤ氏が、コックとして来日したのは2006年。その前に、インドとカタールのドーハで実務経験を経ている。当時岡山にあったスワードという店に勤務した。そこで2年ほど働いたのち、福岡県を中心に数店舗展開する亞橋に転職。亞橋でも約2年働いたのち起業の地を探していたが、岡山の気候が恋しくなった事もあり岡山県内で物件を物色。当時パキスタン人中古車業者が倉敷市で経営していたあまり人気のない店を格安で譲渡してもらい、ここに記念すべき一号店となるマター倉敷宮前店を2010年にオープンさせる。

ちなみに特に2010年頃まで、ネパール人が起業する際に取得する居抜き物件はパキスタン人中古車業者の経営後のものである事が多かった。パキスタン人の場合、どうしても本業である中古車販売業に注力するためか、飲食経営が片手間になりがちになる傾向が見られる。それにより客足の鈍くなった物件にネパール人が入って上手に立て直していくというパターンが全国で見られた。ちなみに2010年代以降は、ネパール人がネパール人の物件を居抜きで取得していくケースが増えていく。

　2010年に倉敷宮前店、2012年には二号店となる倉敷玉島店をオープン（現在は共に出身コックに譲渡）するなど順調に支店を拡大させていったアチャーリヤ氏はついに岡山市内に念願の物件を2017年に取得。それが現在の本店となっている岡山下中野店である（ちなみにアチャーリヤ氏の実弟もまた倉敷市内外でインド料理店スクーンを数店展開している）。こうして岡山市というよりは倉敷市とむしろ縁の深いアチャーリヤ氏によると、ネパール人学生は「岡山市よりも倉敷市の方が多い」らしい。留学生が全般的に減少傾向にある昨今だが、今も倉敷市にはネパール人学生が多いという。何せアチャーリヤ氏が初めて岡山に来た2006年当時、認識出来た限りで6人しかネパール人がいなかった。それが今や450人にも膨れあがっている。こうした学生相手の店はやらないんですか、と水を向けると

「新大久保みたいな店は岡山ではまだ早いですね。ただ試験的にうちの支店のうち一店で、今後ネパール料理メニューに力を入れていこうと思っています」

と意気込みを語る。こうした事業家としての貌だけでなく、アチャーリヤ氏は地元新聞にも取り上げられる社会活動家としての貌もある。

　アチャーリヤ氏と日本人有志によって立ち上げられたネパールソサエティ岡山は、ダサインな

どの文化行事を通じて当初はネパール人とネパール好きな日本人との親睦を図る団体だったが、やがて在岡山ネパール人のための様々な生活サポートなども行うようになる。特にコロナ禍で日本語情報にアクセス出来ない来日まもない学生への翻訳活動は、ネパール人学生だけでなく情報発信者である市や県からも厚い信頼を寄せられている。今後はＮＰＯ組織化も視野に入れているというアチャーリヤ氏自身、三児の父であり、長男は岡山市内の大学に通う現役の学生である。

マターとは「母」を意味する言葉であると同時にヒンドゥー教で強く信仰される「大地母神」も意味する。岡山のネパール人学生にとってアチャーリヤ氏は正にマターのような心強い存在なのだろう。

岡山最奥部のネパール人たち

まるでネパールの山岳地帯を走る道のような、蛇行する高梁川に沿った道を岡山市内から北上する事約50ｋｍ、高梁市という小さな街に出る。山城の備中松山城で知られ、コロナ前は観光客が多く訪れる風光明媚な場所だった。そんな観光バスの停車も出来る高梁市観光駐車場のすぐ脇に、城下建築風の観光客ウケしそうな建物で営業しているのがナマステアガンである。

オーナーのミラン・サプコタ氏は元々大阪市内のインド・ネパール料理店で働くため２０１７年に来日。ほどなくして奥さんのガンガさんを家族滞在で呼び寄せた。日本語も習得しながら物

左・高梁市のナマステアガン　右・ナマステアガンの経営者、ミラン・サプコタ氏ご夫妻　左下・高梁市のネパール人シェフのきいろい台所を運営するジェイ氏と元子さんご夫妻

件を探していると、ほどなくこの高梁市で経営しているネパール人から譲渡話が持ちかけられる。

「コロナの前は目の前に観光バスが停まるので、それに乗った観光客がよく食べに来ていました」

と数年前にコックとして来日したとは思えない流暢な日本語でサプコタ氏は語る。奥さんのガンガさんもまた流暢な日本語で、不思議に思って聞いてみたが特に日本語学校などにも行っていないという。観光客が来ないなら地元客はどうですか、との問いには

「やっぱりここら辺りには若い人が少ないのが問題ですね。年輩の方たちにアピールしても、そもそも外食の習慣があまりないみたいです。たまに外食するといっても、なじみのないインド料理を食べようとしない。かと

いって地元の学生を狙って『学生セット』というメニューも作ってみたけど、コロナでリモート授業になってしまいました。地方だと家賃が安いと思われますが、店舗には駐車場が必須だし、遠距離なので何かと経費がかかります」

と笑顔を曇らせる。瀬戸内の風光明媚な雰囲気と競合の少なさにも魅力を感じて高梁市まで来たものの、不本意ながら将来的には再び競争の激しい大阪に戻る事も想定しているという。普段都会では接する機会のない、コロナ禍の苦境に立たされる地方のインド・ネパール料理店の実態がリアルに伝わってきた気だるい昼下がりだった。

同じ高梁市を中心に、黄色くペイントされた可愛らしい移動販売車でネパールカレーを出張販売するご夫婦がいる。屋号をネパール人シェフのきいろい台所といい、ネパール人のジェイ氏と奥様である元子さんが二人で営業されている。出店場所は主に高梁市内だが、詳しくはSNSなどで要確認。この日購入出来たお弁当はしっかりしたインドスタイルのキーマと野菜たっぷりのタルカリ、青チリがガツンと効いたチャトニーという内容で、基本的にお弁当メニューは一日一種。事前連絡すれば取り置きもしてくれる。

軽トラを改装した販売車の中で仲睦まじく営業されているお二人が出会ったのは北インドのヨガの聖地リシケーシ。なんと彼らご夫婦は、このリシケーシでナチュラルな日本食を中心としたレストランを経営していたという。料理担当は専らビールガンジ出身のジェイさんで、物静かな雰囲気だがはにかむ笑顔が素敵な好青年である。当初、ヨガの修練のために滞在したリシケーシだが、やがてジェイさんとの間に長女が生まれた時、ふと子供の将来についていろいろと思いを巡らせたという。

「北インドの地で女の子を育てて行く、という事を考えた時、インドという国は大好きでも、まだまだ心配なところも多くて」

２０１０年の帰国後、新たなる生活の場所として選んだのが高梁市吹屋だった。当時、高梁市所有のキャンプ場だった吹屋ふれあいの森は利用者減から運営を休止していたが、このネパールにも似た一帯を気に入った二人は市や地元に掛け合って場所を取得、地元の人たちとの協力の下、荒れ地だったキャンプ場を整備して２０２０年４月に念願のコテージを開業した。コテージには元子さんがリシケーシで培ったアーユルヴェーダ技法に基づくヘアサロンも併設されている。

この話を聞いて、てっきり元子さんの地元が高梁市なのかと思ったが違った。東京出身の元子さんとは縁もゆかりもない土地だという。リシケーシといい吹屋への移住といい、その決断力にはただただ圧倒されるばかりだが、日本全国を食紀行していると意外とそんな人たちによく会う。確かに日本とネパールやインドとの距離差を考えれば国内など取るに足らぬものだし、流通網の発展で都会と地方の差はほとんどない。一部の、特に菜食系のインド料理愛好家たちと田舎暮らしとの親和性も高い事から、今後こうした立地での出店者数はなだらかに増えていくのではと思われた。

四国ネパール遍路行
～香川・愛媛・高知・徳島

人生に迷った時や大きな岐路に立たされた時、人は網笠と白装束に身を包み、弘法大師ゆかりの霊場を巡る旅に出る。彼らが遍路する古寺名刹の数は八十八、人間の煩悩の分だけ準備されている。この浮世から断絶された霞がかった幻世の中で求法し、自分を見つめて世俗の垢を落としたのち、人々は再び生の活力を取り戻し現世へと帰還していく。これが世にいう四国八十八箇所巡り、すなわちお遍路である。

四国にはこうした世迷い人を受け入れる温かな土壌がいにしえの昔より存在した。世にいう「お接待」と呼ばれる習慣で、巡礼者に対し茶や食べ物、中には部屋までをも無料で提供する事があるという。この「お接待」の風習のせいか、四国の人々は見ず知らずのよそ者に対しても閉鎖的でなく、受け入れる土壌が出来ているという。はじめて訪れるのに不思議な居心地の良さを感じるのは、四国のそんな風土のたまものなのだろう。

そんな四国に魅せられるのは何も人生に迷った日本人ばかりではない。ネパール人もまた然り。いやもちろん四国に来るネパール人が人生に迷っている訳ではないが、しかしそれでもよくよく話を聞いてみると、一度腰を落ち着けた国内のそれぞれの地域から、なにがしかの事情を抱えて四国にやって来ているネパール人が多い。そしてそれぞれが皆この土地の持つ「お接待」文化に代表される他者への優しい磁場に包まれて、いつしか長居をするようになるのである。

四国に吹くさわやかな風

関西方面から鳴門大橋を渡ると、最初に接する四国の突端が徳島県である。その中心の徳島市に、一見いつものインド・ネパール料理店とは趣の異なる外観をした店がある。それが吉野川の南部に位置するタンドリーキッチン・パフナである。白い外壁にブルーの看板、店内はウッディな作りで、街中でよく見かけるインド・ネパール料理店にありがちなヒンドゥー教神格などのゴテゴテした装飾はない。このシンプルで清潔な店装は、陽気な接客でお客を和ませるオーナー、ビサン・グルン氏がほぼ独力でDIYしたものである。

ビサン氏が来日したのは2016年。その割にはあまりにも日本語が流暢なので驚くと、当時JICAの仕事で赴任していた日本人の奥様と約15年前に知り合ってその後結婚、子供が出来たのを機に徳島へと移り住んだのだという。このように、ネパールでパートナーと知り合い結婚してしばらく生活をした後、妊娠や出産を機に子供の生活環境を考慮して日本へと居を移す日ネ

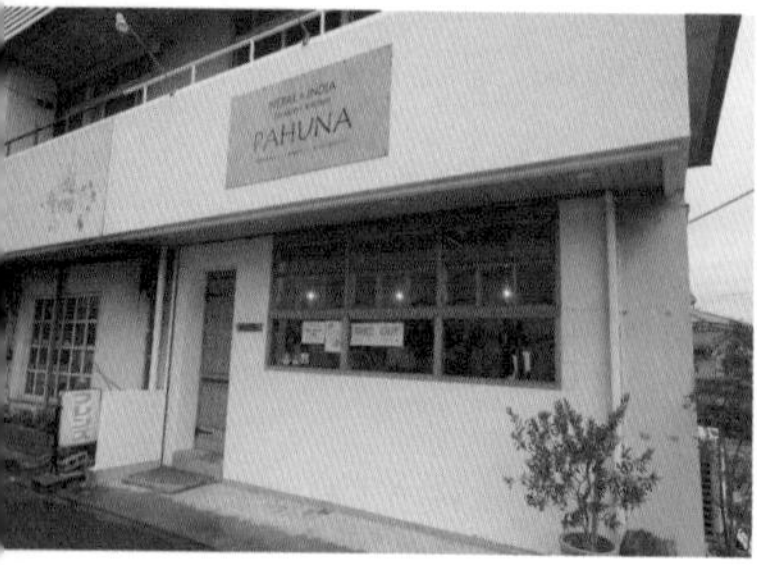

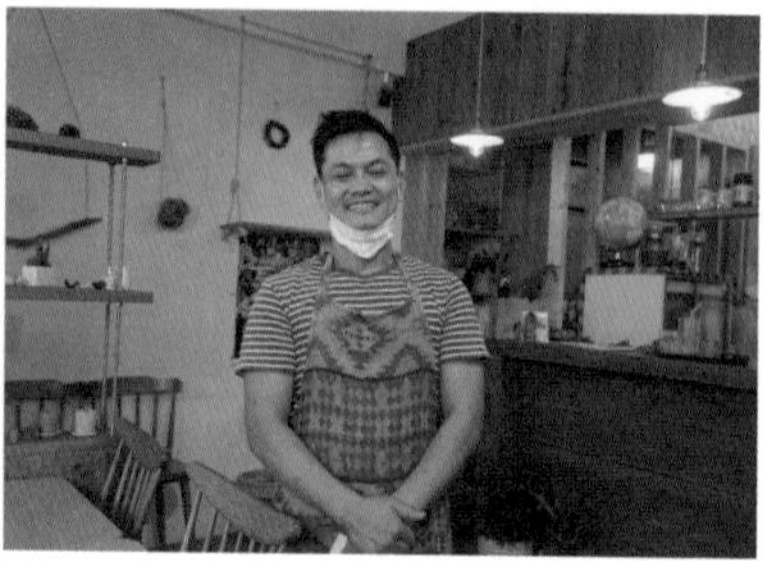

左・徳島市のパフナ
右・パフナの経営者、ビサン・グルン氏

カップルは少なくない。

元々、観光地であるポカラでインド料理だけでなく広くイタリアンやチャイニーズ、コンチネンタルなどを出す、割と大きめのレストランを共同経営していたというビサン氏は、来日後には地元の山河に似ている事から環境にもすぐ慣れ、農業の手伝いなどもしていたというものの、根っからの接客好きという事もあり、自らがホールに立てる飲食店をほどなくして開業した。当初は現在の場所ではなく、同じ敷地内のもっと小さな物件からスタートした。

「看板以外はほとんど手作りしましたヨ。内装がスッキリしているのは奥さんのアドバイスというより僕自身がこういう方が好きだから。実は料理も含めてコテコテしたインド風のものよりサッパリしたものが好きなんです」

とハキハキよく通る声で話すビサン氏は、自宅に戻ると和食などもよく食べるのだという。そうした食の嗜好から、例えばチキンなども多くのインド・ネパール料理店が使う外国産の冷凍ハラール鶏は避け、味の濃い地鶏を使っている。確かに有名な徳島産地鶏のタンドリー・チキンは驚くほどジューシーで美味かった。

コックはインド人とネパール人を置いているが、ゆくゆくはインド料理よりもサラっとしたネパール料理を増やしていきたいとの事。多くのネパール人経営者がそうするように支店の拡大方針も取らず、やるなら一つの店を面積的にもメニュー数的にも拡充させていきたいという。その手始めに、ちょうど隣のテナントが空きそうだから借り上げ、間の壁を取り払って広くしたいと語る。内装やメニュー、食材や経営手法に至るまで、一見天真爛漫に見えつつも、実は自らの理想にブレない経営者としての顔がそこにはある。

背後に道後温泉を抱え、夏目漱石や正岡子規ゆかりの地として有名な松山市は四国最大の都市である。大街道や銀天街と呼ばれるアーケード街がある他、四国唯一の地下街も存在する繁華街で、この賑わいを求めて内外から多くのインド・ネパール料理店も集まっている。その松山市に於いて、人気・実力共に随一といえるのが市内中心部の二番町のほか、系列店を含めて市内外に6店舗展開するナマステ食堂である。

オーナーのブサル・チョクラル氏もまたネパールでNPO団体の仕事をしていた英梨さんとの結婚後、2004年に来日している。2009年に川崎市の新丸子で友人らと共同でインド・ネパール料理店を出店したのち、2010年には現在も同地で経営を続けるナマステ食堂の一号店を東神奈川にオープン。店は軌道に乗っていたが、翌年2011年に起きた東日本大震災と原発事故を契機に、より子供にとって安心出来る環境を求めて新天地を探していたところ友人の紹介で松山市を知り、ブサル氏いわく「海も川も山も近い」環境が気に入り移住を決意。市内二番町に二号店を出店するのである。

ナマステ食堂二番町店に入るとダカトピを被ったコックさんがナマステの笑顔で迎えてくれる。やはり店内は過剰な装飾を排除し、至るところに日本人的センスが光るこじんまりしていながら可愛らしい内装。メニューを開くと「迷った時はこれ！」という一文と共に提示されるハーフ&ハーフや、限定10食という「シェフおまかせのプレート」などが写真入りで分かりやすく、また読みやすい作りとなっている。こうした視点はネパール人だけでやっている店にはなく、また普段インド・ネパール料理店に慣れている日本人であっても持ち合わせていないものである。現地語をカナに直しただけの写真の無いメニューの場合、ネパール人や日本人マニアだけだとそれが一般客に伝わらない事が分からない。もちろん、こうした分かりやすいメニューだからといって味までもが分かりやすいものだけという事はない。シェフおまかせのプレートに「なるべくネパール風に作って」とリクエストを加えると、確かにダルバート「風」に作ってくれた。忙しくない時間帯に行った事を差し引いても、なかなか瞬時にここまでは作れないものである。調理の技量が高くとも、ネパール料理にはいくつかのキーとなる食材が必要なのだ。

こうしたネパール食材の豊富さには裏があった。ネパール人のコックさんらと会話していると、インド料理を主体としたナマステ食堂とは別業態のネパール食材店兼カジャ食堂をつい先月、オープンしたばかりだというのだ。立ち上げ期間であり、オーナーのブサル氏もそちらの店

左上・松山市のナマステ食堂　右・ナマステ食堂の経営者、ブサル・チョクラル氏　左下・ブサル氏がはじめたネパール人向けの新形態、ナマステ RARA

舗にいるとの事。早速そちらに車を回す。ナマステRARA（RARAはネパールの湖の名）と名付けられたその店は、松山城の北の緑町の一角にあり、付近はネパール人をはじめ外国人留学生などが多い一帯。真新しい看板のかかった店内に入るとブサル氏が味のチェックをしていた。広い店内の一方にある棚にはスパイスや豆、米といったネパール人の日常生活に欠かせない食材が陳列され、もう一方のスペースは厨房と簡易テーブルが設えられていて、チョウミンやモモといったカジャがネパールアイスなどのビールと共に食べられる。この雰囲気は正にネパールそのもので、とても日本人客を強く意識したナマステ食堂と同じ経営だとは思えない。

「あっちはあくまでも日本人のお客様にご馳走を食べていただく場所。こっちはあくまでも我々ネパール人が毎日食べるような日常料理が中心でしょうか」

と、ブサル氏はいう。こうした食材店は近隣県にもあるが、中で一杯飲みながらカジャをつまめる場所など全国的にも希少である。もちろんダルバートも提供していて、きちんとしたカナ（食事）も摂る事が出来る。やがてコロナが収まった頃、夜ごとここで酒など酌み交わしながら和気藹々と故郷の料理を楽しむネパール人留学生の姿が目に浮かぶ。近い将来、地元ネパール人たちのたまり場になるのだろう。

松山への移住後、瞬く間に店舗数を拡大してビジネス的に成功したモチベーションとは別の、食生活インフラの提供で若く将来のある同胞を支えていこうとする、次なるステージへと昇っていくかのような姿がそこには感じとれるのである。

老舗の名店たち

松山市の中心部、夜も人通りの多い花園町にある老舗インド料理店「だった」ラルキーがオープンしたのは1995年。「だった」と過去形で書くのは、創業者のシャルマ・ウマナンド氏が2019年に店舗を売却してしまったからである。看板や店名などは今もそのまま使われているが、現在は東京で長らく働いていたアリヤル・ビシュヌ氏とその共同経営者（日本人）が経営を

左上・松山市の老舗、ラルキー創業者のシャルマ・ウマナンド氏　左下・伊予郡砥部町のスパイス王国　右・松山市のエベレストフード

続けていて、前の店舗使用者であるシャルマ氏とは直接の関係はない。とはいえ「聞いた話ですが、シャルマ氏は京都に住む娘さんのところに身を寄せているらしいです」とアリヤル氏は消息を教えてくれた。

　生まれる子が娘ばかり3人も続き、店名を特定の子供の名前にすると他の子に悪いからと「娘」を意味するラルキーを店名にした直後男の子が生まれたと、かつて飄々と語ってくれたシャルマ氏の姿を見られなかったのは残念だった。こうして今のうちに話を聞いておかないと、初期のインド料理店を経営していたネパール人がどんどん引退したり閉業したりする時期に差し掛かっている事を改めて実感する。

左上・鳴門市のポカラ　右・ポカラのスープカレーは北海道のギリ一族仕込み　左下・四万十市のリタ

ちなみにシャルマ氏もまた、1980～1990年代に来日した多くのコック同様、パスポート上の国籍はインドというネパール人だった。出生地主義のインドではこのようなネパール系インド人も数多いのである。そのシャルマ氏が来日当時勤めていたのが1989年創業のタンドールで、これは現在西日本を中心に全国展開しているスパイス王国（1993年にタンドールから改名）の前身である。スパイス王国の本店は伊予郡砥部町という、松山市からさらに南下したローカルなエリアにあるが、白壁のゴージャスな建物内にはラージャスターン州出身のコックコートに身を包んだベテランが美味しい北インド風料理を食べさせる。ラルキーのシャルマ氏のように、タンドールやスパイス王国からの招聘をきっかけに来日し、その後独立して店を持つインド人はその長い経営史から見て少なくないはずである。

こちらもアーケード商店街の中にあるエベレストフード大街道店は2008年のオープン。ラルキーに次ぐ老舗だったが、シャルマ氏が不在となった今、実質的に松山市で最古のインド・ネパール料理店となった。オーナーのクリスナ・プラサド氏は元々新潟市で中古車関連の仕事に従事していた人。縁あって松山に飲食店を出し、愛媛県を中心に6店舗と順調に拡大させてきた。店内には生え抜きで8年ずっとコックとして働き続けているタマン族のコックさんがいる。別の店からちょっとでも好条件を提示されたら移ってしまうコックの世界にあって、来日後同一の店に8年も勤務するというのは珍しい。それだけ労働環境が恵まれているのである。表層的な味や内装を評価する格付けサイトだけ見ていても、こうした点は分からない。

四国に吸い寄せられるネパール人

冒頭にも記したように、お遍路の地、四国は外部の人間を温かく受け入れてきた。この懐の深さに吸い寄せられるように、日本各地で勤務していたネパール人までもが四国で商売をはじめている。

2013年に徳島県鳴門市のポカラを立ち上げたスラジ・アディカリ氏もそんな一人である。

ポカラを初めて訪問した時、どこかで見覚えのある外観だと思った。北海道で幾度も訪問したギリ一族の店に似ているのだ。それはメニューを開いてみて確信に変わった。冒頭部分からスープカレーを推している。2020年にオープンした支店であるポカラ徳島店の店長を務める、スラジ氏の弟であるビノド氏に話を聞くと、彼ら兄弟は確かにかつて北海道のビシュヌ・ギリ氏率いるルンビニとその系列店で5年以上働いていたというのだ。

北海道の項で詳述したが、北海道のインド・ネパール料理店はほぼギリ一族という血筋を同じくする一族によって8割方、占められている。メニューやレシピが共有されるという事はないが、同族であるがゆえに情報交換も密であり共通するものも多い。その筆頭がスープカレーなのである。当初北海道に渡った最初のギリであるラジャン・ギリ氏が日本人経営者からスープカレーを出すよう指示され、2週間ほど札幌市内のスープカレーを食べ歩いて研究し、自分流のネパール式スープカレーを考案した。その味が巡り巡って確かに徳島のポカラにも受け継がれているのだ。

ルンビニで5年働いたスラジ兄弟はしかし、自らがギリ一族とは別のカーストでありギリ一族で占められている北海道では勝負出来ないと考えたのか、全国各地で商売に適した地を探し求め、ついに四国の徳島に理想の地を見つけたという訳である。店の屋号であるポカラのロゴが、ラジャン・ギリ氏の経営するポカラ・ダイニングに酷似している点からもその影響の強さはうかがい知れる。ちなみにポカラ鳴門店にかつて勤務していたコックが独立し、徳島市内にスーリヤ

悠久の四万十川

という店を作ったが、スーリヤという店名もまたラジャン・ギリ氏が独立前に日本人経営者の元で勤務した小樽市銭函の店と同じなのである。彼らなりのギリ一族へのオマージュなのかもしれないと、繁盛している店内でスープカレーを啜りながら一人納得したのだった。

国内屈指の名川として知られる四万十川を抱える高知県四万十市にも、インド・ネパール料理店はある。それがリタ四万十店である。市郊外のショッピングセンター内にある同店は、ピーク時を過ぎても立地的に若い客がパラパラと入店する。四国の中でも最南部に位置する同店がオープンしたのは2015年。本店である高知店のオープンは2009年である。オーナーのハリ・ガイレ氏に直接お目にかかる事は出来なかったが、ガイレ姓である点や、メニューの中にタンドリー・チキンをのせたカレーライスがあったりする点から、福岡市のミランと関連があるのではと想像した。

リタに限らず西日本のインド・ネパール料理店を食べ歩いていると、他の地にはないある種の共通した約束事に出会う事がままある。例えば食前にオレンジ・ドレッシングのかかったサラダが前菜として出されるのは全国的に見られるが、西日本ではこれをプラボトルに詰めて販売している所がある。価格は350ml入りで400円前後である。またこのサラダと共に白い鶏ガラスープが出される事も多い。これは関東などではあまり見られない習慣である。スープバーとして飲み放題にしている所もある一方で、有料メニューにしている所もある。辛さの指数が10ないし50、あるいは半分ウケ狙いなのだろうが100まで選択出来る店も多い。これはおそらく福岡のナーナックが発祥なのではないだろうか。またタンドリー・チキンをのせたカレーライスも同様である。ただしナーナックのグルビール・シン社長の考案というより、働いていたコックのアイデアなのだろう。実際にそのような証言をする元ナーナック出身者もいる。

他にも西日本のインド・ネパール料理店特有の約束事はまだまだ存在するのかもしれない。主な出所はナーナックやタンドール、ガネーシュといった多店舗展開していた老舗に行きつくのだろうが、同じインド・ネパール料理店でありながら、その誕生から40年ほどという短い時間経過の中で、各地各様の風習といったようなものが独自に発生・発展しているのは食文化の進化という観点で何とも興味深く感じられる。そのうち味付けや食べ方までもが個別進化するようになるかもしれない。

秘境の中のインド亜大陸食紀行

四国を車で走行していると、驚かされるのがその豊かな自然である。特に四国の中央部を東西に貫く急峻な四国山地は、初夏ともなると青々した木々の緑がまぶしいほど。その谷間を縫うように西から東に流れる一級河川、吉野川は夏ともなるとキャンプやラフティングなどのアウトドアスポーツを楽しむ客で賑わう。そのメッカとなっているのが大歩危峡一帯で、深い緑色の吉野川を挟むようにそびえ立つ渓谷という手つかずの自然が訪れる者を圧倒する。

実は多くの観光客がアウトドアスポーツ目的で訪れるネパールはラフティング先進国でもあり、ヒマラヤ登山のガイドがいるのと同様にラフティングのガイドも多数存在する。そんなネパール人のラフティング・ガイドがこの吉野川でも複数働いている。そうした中の一人、ゴルカ出身のダン・カジ・グルン氏が経営するのが高松市のアーケード商店街、田町の中に位置するタリースパイスである。2004年にラフティング・ガイドとして来日したダン氏は高知県長岡郡大豊町永渕にあるラフティング会社に所属しガイドとして働く一方、2010年に高松市にインド・ネパール料理店を開いて弟のゴル氏に店長を任せた。ゴル氏夫妻は今も店を切り盛りしている。一時期は広島市を中心にチェーン展開する巨大ショッピングモール、ゆめタウン内など市内で6店舗を持つまでに拡張したが、現在はこの田町の店のみとなっている。

「やっぱり新型コロナの影響が大きいですね。コロナ禍になって、それぞれのテナント契約の更新時期でもあったんですが、結局継続しない事に決めました。今はここを守っていければ…」とゴル氏は語る。店内はタンカやチベット風の布地といったやや時代がかったインド・ネパール風装飾が施され、入口脇には少し古ぼけたナンとインドカレーの食品サンプルが置かれている。食品サンプルを置いている時点である種の老舗感を漂わせているのだが、事実パキスタン人オーナー店のチシティに次いで、高松市内に現存するインド・ネパール料理店としては最古参であるという。

さて、ラフティングで有名な高知県永渕には忘れがたい一軒のインドレストランがある。大豊町の深い山奥の急斜面を登攀した先にある、永渕食堂Shantiである。吉野川沿いの国道の脇に、そうと知らなければ通り過ぎてしまうような小道があり、分岐点に小さなサンスクリット語の看板が掲げられている。記された矢印を目当てに九十九折の急峻で狭い崖道を数キロ進み、そこからさらに細い山道が続くため神社境内に車を置き、そこから息を切らしながら登攀すること数百メートル。本当にこの先店どころか人家があるのかと疑わしくなった頃、細い山道の果てにようやく目的のインドレストランが忽然と現れる。

ここはかつてシヴァ系サドゥー(ナーガババ/出家修行者)としてヒマラヤ聖地を求法巡礼し、その後訳あって還俗したヴィノード氏がインドのヒマーチャル・プラデーシュ州で出会った

左上・高松市のタリースパイス　左下・タリースパイスの経営者、ダン・カジ・グルン氏　右・永渕食堂 Shanti のオーナーで元サドゥーのヴィノード氏

日本人の奥様と共に経営する店。元サドゥーだからといって厳格な人物ではなく（インドやネパールの旅で実際にサドゥーに会った人は、聖地などにたむろしている彼らが決して見た目通りの近寄りがたい人たちではなく、むしろその逆である事は経験済みだろう）、人当たりの柔らかさから大豊町の地元の人たちもよく食べに来る。プレハブを改築した建物は、来日後、東京で解体工の仕事をしていたというヴィノード氏によってほぼ独力で建てられたという。元々東京を生活の拠点としていたヴィノード氏ご夫婦は、ある時インド料理店をやろうと思い立ち、車で全国を放浪。そこで出会ったのが現在の永渕の物件だった。

　興味深いインド時代のお話を伺いなが

らいただく地元産の米、野菜、肉といった厳選素材を山の清廉な水で煮炊きした自然派ノンベジタ一リーが滋味深く非常に美味しい。何より濃密なまでの深い緑に囲まれた空気そのものがご馳走である事がわかる。四国の深い山をまるで遍路のように食紀行していると、思いがけずこのような人物に出会えるからやめられない。

ナーナックの系譜 ～福岡・全国

日本全国には現在、無数のインド・ネパール料理店が存在し、様々なネパール人オーナーが様々な理由で来日し、様々な日常を生きている。本書で紹介出来たのはその氷山の一角に過ぎない。そんな彼らの来日経緯を初期の頃まで辿っていくと、ある先駆的な人物の招聘・呼び寄せによって渡航している事が分かる。具体的に言えば、今現役で働くネパール人コックを招聘したのは、彼より少し前に来日して経営者となったネパール人オーナーかもしれないが、それをさらに原初の一滴まで遡っていくと日本人オーナーまたはインド人オーナーに辿り着く。つまりネパール人飲食関係者のルーツを辿ると、皆、現在では老舗あるいは既に閉業してしまった日本人またはインド人オーナーの店に招聘され、そこから派生しているのである。

もちろん技能職であるコックとして雇われた以上、経営者の意向や店のメニューに従って働かなくてはならない。既に敷かれたレールの上を走る事が求められるのである。やがて経営に関するノウハウや日本語能力などを習得した彼らは独立し、晴れて自らが理想とする店づくりをはじめる。そうした時、長年勤めた元勤務先で培われた技術や経験はどのように影響を与えているのか、ここでは全国各地で活躍するネパール人経営者たちの来日のきっかけとなり、現代日本の外食産業の重要な一翼を担うインド・ネパール料理店の興隆の下地を作ったある老舗インド料理店と、そこを足掛かりにして現在も繁栄を続けるネパール人経営者たちの姿を紹介したい。

源流のナーナック

現在のコロナ禍に於いてもインド・ネパール料理店の拡大は止まらない。都心部では列車の各駅あたり数店舗見かける事がもはや珍しくなくなった。このインド・ネパール料理店が大河のように広がる状況を、30年前に一体誰が予想しえただろう。しかし全国的に見られるこの大河の流れも、源流まで遡るとその一滴のような一軒のインド料理店にたどり着く。ある地域でその店が誕生し、そこを契機としてインドやネパールから来日した人たちがやがて自らの店を作って拡大・拡散していくのである。全国各地にはそうした先駆的な役割を果たした店が今も点在するが(なくなった店も多い)、とりわけ西日本に於いてその重要な役割を担ったのが福岡市中央区に拠点を置くナーナックである。

福岡市中心部の繁華街、親不孝通りの突端に、かつて西日本一帯に展開した老舗インド料理店ナーナックがある。ここが1985年に創業したナーナックの第一号店舗であり、その創業当時

左・福岡市のナーナックの経営者、グルビール・シン社長　右上・重厚感のあるレトロなナーナックの店装　右下・ナーナックのタンドーリー・チキン乗せカレーライス・セット

の面影を残す重厚感のあるレトロな店装はオールド・インド料理店ファンを喜ばせる。現在も店に立つグルビール・シン社長は元々学生として１９８０年代初頭に来日後、当時福岡で最初に出来たインド料理店ガンジス（１９７８年中央区渡辺通で創業／オーナーは日本人の阿部和代さん）で他の兄弟（シン社長は三兄弟）と共にホールのアルバイトなどを経て日本人女性と結婚（奥様は中央区高砂で娘さんが２０１４年３月から経営するパンジャビのカウンターに時々立つという）。当初はデパートの催事場を主戦場として民芸品などの輸入販売を手掛けていたが、１９８０年代に福岡で開かれた博覧会に飲食出店をはじめるようになる。やがて日印国際貿易有限会社を立ち

左上・福岡市薬院のミラン　右・ミランの二代目、シャルマ・マニッシュ・ガイレ氏　左下・薬院のミランのタンドーリー・チキン乗せカレーライス・セット

上げ本格的に飲食業へと参入、親不孝通りに第一号店を出店するに至る。

その後シン社長らは店舗拡大し、ナーナックのほかにスター・インディアやコヒヌールといった複数の店名で全国展開。最盛期の総出店店舗数は、大阪から沖縄まで西日本全土で31を誇ったという。１９９０年代には早くも南インド料理のドーサなど先駆的なメニューを出し、同時にテレビや映画館でＣＭを流す事で福岡人の記憶に深くその存在を刻み込んだ。しかし拡大路線による繁栄は長くは続かず、２０１２年には多額の負債を抱え破産宣告の憂き目にあう（ナーナックの設立経緯を含めたこの辺りの事情は『日本の中のインド亜大陸食紀行』にも記載）。

とはいえ、このナーナックの果たした功績は、少なくとも西日本のインド・ネパール料理店業界に於いては非常に大きい。というのも創業以来の多店舗展開によって多くのコックたちがインドやネパールから招聘され、今やそのナーナック出身者たちが全国各地のそうそうたるインド・ネパール料理店の経営者として君臨しているからである。いわばナーナック学校を卒業して全国に散らばったチルドレンが、現代の興隆するインド・ネパール料理店の中核を担っていると言っても過言ではない状況なのである。

中核拠点が福岡市にあったため、ナーナック出身者たちが最も集中しているのも同市内である。2006年オープンのD・カジャナ（早良区高取・他）や2013年オープンのナマステ（筑紫野市／閉店）といった店の中で、最古参のナーナック出身者が経営するのが中央区薬院のミランである。

ミランはナーナック一号店の立ち上げ当初から勤務していたコック、ラムチャンドラ・シャルマ氏が、現在は中央区六本松にあるフォーシーズン・ミランを経営するバスネット・ラム・バハドゥル氏と共に2003年9月に独立して立ち上げた店である。店名のミランとはバハドゥル氏の息子さんの名前にちなむが、「会う」を意味する言葉でもあり店名や人名としてネパールでは一般的である。

ちなみに創業者のラムチャンドラ氏はインド生まれのインド国籍だが、その祖を辿るとネパールに行きつく。この「インド国籍なのにネパール人」というのは次のような人々を指す。

第二次世界大戦後、独立したインドの外圧によって1951年に開国するまで、ネパールは実に134年間もの間、鎖国をしていた。開国したネパールとインド国境はオープン・ボーダーと呼ばれ、パスポート不要で往来自由の関係となり、これを機に多くのネパール人がインドに働きに出るようになった。このようにしてインドに働きに出たネパール人の中から、長く生活しているうちにインドで結婚し子供をもうける夫婦が出てきた。

インドは国籍に関して、建国以来長らく出生地主義を取っていた（バングラデシュからの不法移民の増加を受けて2004年12月に変更）。このため2004年以前にインドで出生した子供の出生届けを最寄りの役所に提出し、その届け出を基に申請すればインドのパスポートを取得出来た。今でも母語や両親の国籍はネパール人であっても、自らの国籍はインド人である人は少なくない。こうした人の中にはネパール政府にも申請し、ネパールのパスポートを持つ人もいる。二重パスポートは原則禁止とされているが、双方の国で突き合わせて照合しない限り分からない。だから時々、インド・ネパール料理店の店主の名前を聞いた時、

「ネパール名？　インド名？　どっち？」

と逆に聞かれる事があるが、これはネパール・パスポートとインド・パスポートで異なる名前を持っているためである。

このような人たちのほかに、英軍によって鎮圧されたグルカ戦争の頃（19世紀半ば）に移住してきたネパール人の末裔もいる。彼らの母語はネパール語で、インドの公用語にネパール語が入っているのはこのためだが、来印時期の異なる19世紀の移民の末裔と、インド独立後の20世紀

のネパール移民が婚姻するケースもあるから話はややこしくなる。いずれにしてもインド人とネパール人の差異は「国境」という名の持つ断絶したイメージとはほど遠い、今も「インド国ネパール県」とでも呼びたくなるような密接な間柄なのである。

こうした、出自的にはネパール人でありながらインドのパスポートで来日した人たちは197 0年代から1980年代にかけて多かった。その理由の一つとして、ネパールよりインド・パスポートの方がより渡日のためのビザ取得が容易だったからという証言もある。法務省入管の来日者数の国別統計で「インド人」と分類されている中にもおそらく相当数の「ネパール系インド人」が当時はいたはずである。

さてミランの創業者ラムチャンドラ氏に話を戻すと、同氏もまたシャルマ姓ではあるが、妻はネパールのチトワン出身でガイレ姓であり、現在二代目としてミランを継いでいる息子のマニッシュ氏の名刺には父親のシャルマ姓と母親のガイレ姓が併記されている。ナーナックの初期のスタッフに特にシャルマ姓またはガイレ姓が多いのは、このラムチャンドラ氏または妻のガイレさんの親戚筋にあたる人が多く招聘されたためである。

ラムチャンドラ氏はニューデリーのフランス資本の五つ星ホテル、ル・メリディアン・デリーでの勤務のほか、香港や台湾などのホテルでも勤務していたが、ナーナックのシン社長に見初められて来日。現在と違い1980年代にコックとしてインド人・ネパール人を招聘するのは全て

左上・福岡市六本松のフォーシーズン・ミラン　右上・フォーシーズン・ミランの経営者、バハドゥル氏　左下・ミランの店名の元となったバハドゥル氏の息子ミラン氏　右下・フォーシーズン・ミランのタンドーリー・チキン乗せカレーライス・セット

が手探り状態で非常に苦労したとシン社長はいう。とはいえラムチャンドラ氏のような有能なコックが一人見つかれば、さらに人員を補充しようとする際に再び一から探すのではなく、そのコック人脈を活かして開拓した方が無難でスムーズにいく。かくしてラムチャンドラ氏の地縁者・血縁者がインド、ネパール双方から招聘される事でナーナックのスタッフは拡充されてゆき、最終的には全国で31もの店舗を展開する事になるのである。

　福岡市内にはもう一つ、ミランの名を冠する店がある。それが前述の、2007年設立の中央区六本松にあるフォーシーズン・ミランである。オーナーのバスネット・ラム・バハドゥル氏もまたナーナック出身者で、1990年に来日後、約14年に渡ってナーナックで勤務していた。その後2003年9月にナーナック時代の同僚、ラムチャンドラ氏が福岡市薬院でミランを立ち上げるにあたりバハドゥル氏は共同オーナーとなる。前述の通り、ミランという店名はバハドゥル氏の息子さんの名前でもあり、この事から共同経営の主導権はバハドゥル氏にあったのではと推測される。

ミラン開業4年後の2007年、ラムチャンドラ氏とたもとを分かち六本松でフォーシーズン・ミランを開業。さらに2008年には西区小戸に支店も出し、筑紫野や筑後にも出店したが、こちらの2店は別のオーナーに譲渡または閉店となっている。

このように、福岡市近郊はナーナック発祥の地だけあってナーナック出身者の店が多い。もちろん福岡は大都会であり、ナーナック出身者以外の店も多いのだが、オーナーがナーナック出身かどうかの見分け方として

○1～50までの辛さ指数の存在
○パンジャーブ料理を象徴するバトゥーラを出している
○タンドール料理の充実、タンドーリー・チキンを乗せたカレーライス・セットを出している

といったメニュー上の特徴の有無がある。意識的であれ無意識下であれ、それらはナーナック出身オーナー店のメニューの中に伝達され継承されていく遺伝子のようなものである。

九州全土に広がるミラン

九州全土にはミランの創業者ラムチャンドラ氏やフォーシーズン・ミランの創業者バハドゥル氏と直接あるいは間接的に関連のある店、または全く関係のない店を含めて実に多くのミランが存在する。

長崎市のミランのオーナーは元々ナーナックの内装工事をする日本人業者で、自らの地元でインド料理店事業を希望し、当時薬院ミランにいたバハドゥル氏に開業ノウハウを求めた。この長崎ミランがオープンするのは2003年4月。実は薬院のミランより5か月早いのである。つまり当初バハドゥル氏は長崎で新規インド料理店を立ち上げ、ミランと名付けた後に再び福岡に戻って薬院でミランを共同経営している事になる。

その長崎のミランは現在、大波止本店のほか、商業施設アミュプラザの中にも支店を持つ地元の人気店となっている。店頭では有機新鮮野菜が販売されるなど日本人オーナーならではのアイデアが光り、メニューを見てもフォーシーズン・ミランとの関連性は全く感じられず、むしろ独創的なイメージである。一方、鹿児島にも同名のミランがある。ここもまた長崎市のミランの日本人オーナーの友人である日本人による経営との事である。店名からも分かるように間接的に薬院のミランあるいはバハドゥル氏のフォーシーズン・ミランを源流としていて、鹿児島市のアミュプラザなどの商業施設内を中心に3店舗展開している。なお、鹿屋市にあるナマステ・ミラ

左上・長崎市のミラン　右上・鹿児島市のミラン　左下・唐津市のミラン　右下・唐津市ミランのタンドーリー・チキン乗せカレーライス・セット

ンは元々そこで働いていたネパール人コックが２０１６年に独立して作った店であり、メニューにはナーナックの系譜である事を象徴するタンドーリー・チキンを乗せたカレーライス・セットが堂々と掲載されている。

佐賀県唐津市のミランを経営するバグルン出身のシャムラル・カンデル氏は、薬院ミランでの勤務経験はないものの、初代オーナー、ラムチャンドラ氏の親戚筋にあたる人物。２００９年に来日しサプナ（福岡市西区・他）で働く。ちなみにサプナのオーナーであるガイレ氏もまた中央区薬院ミランの二代目オーナー、マニッシュ氏の親族にあたる人で、広島を本拠とするガネーシュなどで働いた後一時ネパールに帰国し、再び来日後は薬院ミランで5年間働いた人物。現在は日本の調理師学校で学び、普段はホテルにシェフとして勤務している息子さんが店を管理している。

サプナの長崎支店などで働いたシャムラル氏は2014年サプナから独立し、長崎県島原市でタージマハルをオープン。タージマハルは現在、別オーナーに譲渡されている。2015年には福岡市西区でナマステ、2016年には佐賀県武雄市でミラン、2017年に唐津市でミラン、2018年には鹿児島市でナマステを立ち上げる。このように短期間で矢継ぎ早にオープンし、遠隔地なのに管理が出来たのは各店を車で回る日本人スタッフが居たからだった。しかしこの日本人スタッフは急逝。車の免許を持っていなかったシャムラル氏は、やむなく唐津市の一店舗を残して全店閉鎖を余儀なくされた。

このシャムラル氏が武雄市で作ったミランは、2018年に当時岡山県倉敷市のサクーンに勤務しながら独立を計画していたアガンダル・カンデル氏に売却された。アガンダル氏はこのミランが独立後初めての店舗となるため当初は店名変更してオリジナルな店名をつけたかったのだが、資金不足につき看板・店名・メニューをそのまま引き継ぐ。やがて2020年にアガンダル氏は当初働いていた地・岡山県に返り咲く形で支店を出店。そこは岡山市西大寺のゴダワリが入っていた居抜き物件だったが、その時は資金があったため看板を変えて店名をミランにしている。独立開業当時は資金不足のためにやむなくつけた店名が継続されているのだ。アガンダル氏が経営していた武雄市のミランは、弟のジヴァン・カンデル氏に有償譲渡され、現在もそのまま

左上・武雄市のミラン　右上・武雄市ミランのタンドーリー・チキン乗せカレーライス・セット　左下・岡山市のミラン　右下・岡山市ミランのタンドーリー・チキン乗せカレーライス・セット

運営されている。看板・店名・メニューも同じであり、ホームページ上では系列店という事になっている。このように、ミラン創業者である薬院のラムチャンドラ氏や六本松のバスネット氏の預かり知らないところでミランという店舗は拡大し増殖し続けていくのである。

　薬院ミランでも、シャムラル氏の唐津市ミランでも、アガンダル氏の岡山市ミランでも、ジヴァン氏の武雄市ミランでも同じナーナックの系譜を象徴するタンドーリー・チキン乗せカレーライスセットがメニューにある。ただし、直接的にナーナックと関係があるのは薬院ミランだけで、唐津市ミランなどは間接的な関係しかなく、ましてや武雄市ミランなどたまたま居抜き前のメニューに掲載されていたものをそのまま踏襲して提供しているだけ。メニューの手ほどきをされたわけでも何でもない。しかしせっかくなので全ての店で同じメニューを頼み、さらに本家のナーナックでも頼んで食べ比べてみると、本来なら無関係であるはずなのに形状だけでなくなぜか味までも似ていて、何も知らなければ「のれん分け」を想像してしまうほどの奇妙な一致には驚くばかりである。

東京ディップマハル

東京で最も規模の大きなインド・ネパール料理店の一つであるディップウェイ・グループを率いるディパック・スベディ氏もまたナーナック出身である。1999年に来日後、福岡市のナーナックで1年ほど勤務した後、パキスタン人から日本人オーナーへの過渡期にあった大野城市の亞橋の立ち上げに参加。当時二人だけいた厨房スタッフの内の一人だったという。亞橋はその後、福岡県内で急拡大していくが、スベディ氏はやはり1年で亞橋を離れ、東京に移ったのちマハラジャなど複数の店でさらに経験を積んだのち、2004年に四谷にディップマハル1号店をオープン。その後矢継ぎ早にディップガーデン、ディップパレス、マザーインディアといったインド料理店チェーンに加え、本格的なタイ料理店サワディーなども設立していく。それだけでなく香辛料などの食材輸入の専門商社まで手掛けている。飲食店だけで関東圏に16店舗を擁し、今や東京を代表するインド・ネパール料理店グループに成長させている。

左・東京・四谷のディップマハル本店　右・名古屋市のドルーガ経営者、ジャンパラル・ガイレ氏

それだけで独立した店舗を構えるほどタイ料理を重視したスベディ氏のメニュー展開や経営姿勢は、銀座でインド料理店ヒラと同時にタイ料理店サーワンを経営しているラミチャネ・スリヤ氏や、中央区の聖路加ガーデンタワーや港区の汐留メディアタワーでダイヤモンドを経営するサルマ・パドマナス氏らディップマハルの厨房出身で、今や都心の一等地に次々と支店を展開するネパール人経営者たちに色濃く受け継がれている。彼らはいわばナーナックの孫世代にあたる人たちである。

名古屋ドルーガ

名古屋市でドルーガ（港区）を経営するジャンパラル・ガイレ氏もまた初期のナー

ナックを支えた人物である。1986年に一度博覧会がらみの仕事で来日したのち一時出国し、コックのビザで1990年に再来日。以降、店舗拡大と共にナーナックの「教育係」として新店舗が増えるたびに各地に飛び、新規招聘のコックらにレシピなどナーナックの味を伝授していったという。

ちなみに、ナーナックの創業者シン社長によれば、当時同じスィク教徒がオーナーを務める東京・赤坂のモティの料理に魅了され、「こんな味が福岡でも出せたら…」と思ったのが開業の動機の一つだったという。つまりナーナックの味の源流の一つはモティなのである。

ジャンパラル氏がナーナック時代に親しかったのが、現在も広島県と山口県で複数店展開するガネーシュのオーナーであるパルサド・シリ氏で、2000年に徳山に1号店を開いた時は立ち上げに尽力したという（パルサド氏はナーナック出身者ではない）。その後ジャンパラル氏は当時友人のいた愛知県春日井市で2006年に最初の店を開く。翌2007年には名古屋市内に進出し、現在市内に2店舗構える。ナーナックの教育係というので「今も店の味はナーナックのスタイルですか？」と聞くとそうではない、という。

「ナーナックでは玉ねぎを炒めていたけど、ウチは煮込んでます。ベースの味からナーナック時代とは変えているんですよ」

前の店の味からメニューデザインまで何から何まで模倣する人もいる一方で、意図的にスタイルを変えるジャンパラル氏のような人もいる。メニューから逆探知して本家を割り出す事が容易な店もあれば、自身の個性で商売を続けるドルーガのような店もあるという事である。

大阪ビンドゥ

２００3年に大阪市北区太融寺での開業を皮切りに、２００4年には現在の本店となっている八尾店のほか、イオンモール大阪ドームシティや阪急グランドビルなど巨大商業施設内に矢継ぎ早に出店し、直近の２０２０年11月には大阪中心部であるなんば駅近くの高島屋８Ｆに豪華な内装の店舗をオープンという、大阪で8店舗を展開するビンドゥ率いるシャルマ・アトマ・ラム氏もまた、約10年間ナーナックを支えた人物である。ナーナック時代は支店が各地に新規オープンするたびに出張し、最重要とされるオープニング要員として活躍した。

アトマ氏は幼少期より日本に興味があり、本来は留学生として日本に行きたかったという。しかし日本行きが比較的容易になった現在とは違い、当時の日本行きはハードルが高かった。そこでシェフの道を選んだのだという。

「高校を出てニューデリーの五つ星ホテルで10年働きました。シェフとして必要な技術はそこで完全に学びました。その後中東のホテルで2年ほど働いて経験を積み、１９９４年にようやく来日する事が出来ました」

こうしてナーナックに勤務するようになるのだが、ここで意外に思ったのは日本人の味の嗜好だった。インドでは高級感を出すためにより油と刺激のある香辛料を多用する傾向があったが、それだと日本人客には受け入れられない。特にグレービーには辛さを抑え、ほんのりとした甘みを加える事が肝要だと知った。こうした日本人客特有の味の嗜好は2003年に独立してビンドゥをはじめた当時もアトマ氏を戸惑わせた。独立後の初出店で気合の入ったアトマ氏は、当時まだ入手先が限定されていたバスマティ米をわざわざ取り寄せてメニューに載せた。しかし大阪の人たちの反応は「こんなパサパサした米じゃなくて、日本のライスは無いんかいな」というものだった。結局、「日本米と甘みのあるカレー」がよく出ていたという。しかしここ最近は日本人の味覚の変化を感じるという。

「最初は人気の無かったバスマティ米も、今では普通に受け入れられていますし、スパイシーで強めの味を好むお客さんも増えてきました。また大阪のお客様は自分の好き嫌いをはっきり仰る方が多いです。そういう意見は大切にして、メニューに反映させています」

ナーナック時代には福岡を拠点に、大阪から広島、沖縄など全国各地に赴任していたアトマ氏が最終的に独立開業の地に大阪を選んだのも、思った事は何でも主張する、大阪人の正直な気質が気に入ったからでもあるという。

「この厳しい大阪人相手に成功すれば、全国どこでもやっていけると思いました」

とアトマ氏は笑う。事実、コロナで順延しているものの、東京の複数のテナントビルからのオファーがあるという。

幼少期から日本への興味を持っていたのと同時に、当然料理にも興味は持っていた。特にお母さんの作る優しい味のビンディ・マサーラーやダールが忘れられないという。とはいえそうした家庭料理を店で出そうとは思わない。家庭料理を提供出来る箱はあくまでも小さな個人経営の店であり、ビンドゥのような大箱店がやる料理としては向かない。ビンドゥはあくまでもきらびやかでリッチなホテルスタイルのご馳走を提供するというのがアトマ氏の持論である。

「仮に自分が遠来の客をもてなす場合に、どんな店だったら連れていきたいか、どんな店だったら喜んでくれるか、を考えるのが重要なんです」

当然、味に対するこだわりも強い。コロナ禍であっても必ずしもテイクアウトやデリバリーに積極的にならなかったのも、

「一度冷めた料理を家庭で温め直しても、決して店で提供する状態と同じには戻りませんから」

かつての勤務先であるナーナックをはじめ、東京から進出のアショカ、名古屋から進出のクマール、ピナカナといった今はなき老舗をはじめ、あまたの後発店、同業店との競争に勝ち残り、今や大阪を代表するインド・ネパール料理店となったのにはこうした確かな経営方針に裏打ちされているからなのだと、氏の話を聞いていて強く思った。

左・大阪市のビンドゥ経営者、シャルマ・アトマ・ラム氏
右・久留米市のビスヌ経営者、サールマ・シャーム・スンダル氏

久留米ビスヌ

現在全国に31店舗という、最盛期のナーナックの勢いを彷彿とさせるのが、久留米市百年公園店に本店を構えるビスヌのオーナー、サールマ・シャーム・スンダル氏である。サールマ氏が独立開業した1997年という年は、他のナーナック出身者に比べて最も初期の段階にあたる。やはりのちに成功する人物とは、何事も瞬時に判断してすばやく行動するものである。

両親がネパールからインドに移り住み、そこで出生したためインド国籍となったサールマ氏は、1990年に大阪で開催された国際花と緑の博覧会（花の万博）を契機に来日。博覧会出店のための来日は、例えば大阪市都島区のアジア村ＡＳＡＮのオーナー、アニル・サキャ氏と同じであり、初期のインド／ネパール人オーナーの来日方法として少なからず見られるものである。

4人兄弟の長男としてデリーで育ったサールマ氏は、長じて五つ星ホテルに勤務する事となる。ちなみに父親は特に飲食関係ではなく、大手清涼飲料メーカーのカンパコーラ社で働いていたという。来日後、ナーナックに籍を置いたサールマ氏は、複数の店舗でメインのシェフとして活躍後、いち早く久留米市で独立開業にこぎつけた。

久留米市にした理由は、日本人の知人が紹介してくれた物件がそこにあったから。当時は外国人が単独で起業するのが今とは違って非常に難しい時代だった。しばらくして軌道に乗せ、その成功で信頼を勝ち得た事でやがて久留米市内の店をもう一店舗増やし、さらに鳥栖市、熊本市……といった具合に近隣から徐々に支店を増やしていく。やがて九州全土に支店を広げ、さらには関西圏のイオンモールを中心に3店舗、満を持して東京も含めた関東圏も視野に入れて計画を進めていたが、コロナのためプロジェクトは頓挫してしまった。とはいえコロナ禍でも着々と西日本を中心に新規店を増やしている。この出店攻勢について、昔をよく知る久留米本店スタッフの高木さんは

「必ずしも出店ばかりではなく、採算面で厳しいところは速やかに撤退して、より条件の良い場所を見つけるようにしています」

と説明してくれた。つまりやみくもに出店数を増やすのではなく、あくまでも状況を鋭く見極

め、損切りを素早く行っているのだ。

成功の秘訣は他にもある。飲食店である以上、食材は不可欠である。それも、その土地で採れるものが最も重要だ、とサールマ氏は語る。

「ウチは九州一帯で営業しているから、例えばどこかにセントラルキッチンを作ってそこから各店に高速道路でスッと運べば楽なんですよ。しかしそれはやらない。久留米なら久留米、熊本なら熊本の、そこで採れた野菜やその土地の水を使って各店の厨房で料理をするというのが大切なんです。チェーン店だからといって、どの店でも機械で作ったような同じ味というのは、その土地の元々の味を大切にしていないという事じゃないですかねぇ」

昨今見直されつつある地産地消という概念を先取りしたかのような経営理念。さらに、安易に「本場の味」を美化しがちな風潮についても、はっきりとしたポリシーをサールマ氏は持っている。

「よく『インドの味をそのままに』といった事を謳っている店があるでしょ。しかし玉ねぎやトマトの味一つとっても全く日本とインドじゃ異なります。もっと言えば水も空気も違う。そんな場所で、機械でコピーしたような同じものを作ろうとする方がむしろ不自然。といって美味しけりゃ何でもいいかと言えば、それもまた違う。やっぱり美味しさの中に本場感は必ず感じさせなければなりません。日本人の求めるインドの味というイメージを壊さないような、それでいて本場を感じる料理を提供するのが大切だと思っています」

このような確固たる味へのこだわりを持っているからこそ、ナーナックを彷彿とさせる多店舗展開でもブレずに成功し続けられるのだろう。一方で、「お父さんはホントにお店を作るのが好きなんです」と福岡市博多区でアジア系総合食材店デイリーバザールを営む娘のアリヤールさんは笑う。多店舗主義はサールマ氏の生きがいなのだという。

「もう人生の半分以上、九州ですからですね。頭も舌もすっかり九州人になってしまいました(笑)。今さら故郷に戻って生活するのは無理ですが、少しでも今までの日本と関わってきた人生の足あとを残したいと現在、ネパールのソウラハという街にアイカワ・ホテルというホテルをやっているんですよ。訪れた人は日本の名前がついていてる、と日本を意識してくれると思って。アイカワの由来ですか？　私がはじめて店を出した場所です（久留米市合川町）」

穏やかに訥々と語るサールマ氏の話を聞いていると、とても破竹の勢いで店舗拡大しているやり手のビジネスマンとは思えない。人間味あふれる、いい意味で親方然とした風情なのだ。しかし商売人として最後に勝ち残るのは、計算高く怜悧な経営者よりもむしろサールマ氏のような人情社長なのではないかと、久留米弁混じりの話を聞きつつ強く印象付けられた。

福岡インド・ネパール料理店クロニクル

～福岡・佐賀

福岡市に於けるインド人やネパール人飲食店経営者の動向を年代順につぶさに追っていくと、あたかも日本に於けるインド・ネパール料理店の歴史の縮尺版を見ているかのような気にさせられる。つまり福岡市のインド人やネパール人飲食店経営者の歩みは、そのまま全国のインド・ネパール料理店の流れとパラレルに推移していて、かつコンパクトに俯瞰出来るのだ。

東京における最初期のインド料理店は、先駆的なインド人経営者によってはじめられたが、やがて多くの日本人が参入し、その黎明期を形作った。ほぼ同時にインド人貿易商などが飲食業に参入、そこにインド人コックと共に雇用されたのがネパール人コックだった。やがてこのネパール人コックが独立して自身の店を持つようになっていく。

その一方で、コックとしてではなくエスニック雑貨や針金細工の路上販売などをする1970年代ヒッピー外国人に混ざって来日したネパール人もいた。彼らもまた来日後に配偶者となる日本人を介して物件を取得し飲食業に参入していく。やがてコック上がりのネパール人店がチェーン展開をはじめ、各地に増殖するようになる。一方で、留学生として来日していたネパール人たちはそうしたインド・ネパール料理店で出される料理に満足せず、よりローカル色の強いスタイルの店を生み出していく。コック上がりのネパール人店の中には、こうしたローカルスタイルの店のメニューにインスパイアされるところも現れる一方で、より日本人大衆のニーズに合わせたファミレス風店舗に昇華させる人も登場する。また元留学生オーナーの中にも、必ずしも「現地系」店ばかりでなく、学生時代にバイトで培ったノウハウを活かして居酒屋式の店舗を作る人も現れる。

このように、現在の日本に於けるネパール人オーナー店を取り巻く状況は百花繚乱の様相を呈しているが、その全ての業態例が福岡という小さな領域の中に見て取れる。福岡とは日本のインド・ネパール料理店の発展史の正に縮図であり、福岡を解明する事で、日本全体のインド・ネパール料理店の流れもより鮮明に見えてくると言っても過言ではない。

黎明期

福岡市で最初のインド料理店とされるのが、１９７８年に中央区渡辺通にオープンしたガンジスである。阿部和代さんという女性オーナーによって経営されていたガンジスにはインド人やネパール人コックも多く雇用され、当時まだ学生だったナーナックのシン社長ら三兄弟もホールでバイトしていたという。福岡の食べ歩きタウンガイド誌『美味本』の古い号を遡ると、このガンジスとほぼ同時期にジャモナ（中央区天神／開業1980年代初頭？）とまるびやながーる（中央区大名／日本人／開業1980年代初頭？）というさらに二つのインド料理店が存在していた事が分かる。このうちジャモナはルビー氏というインド系オーナーの店で、後に日本人の看護師をしていた奥さんと結婚し、南区長住でシヴァをはじめる1975年来日のラージャスターン出身コック、ケンダラ・シン氏がチーフを務めていた。一方、まるびやながーるは中田百代さんという女性オーナーの下、ナルギシカバーブなど本格的なムグライ料理を出していたという。

当初はインドからの衣料などの雑貨の輸入卸業を目論んでいたシン社長らが立ち上げたのが（有）日印国際貿易で、かつてガンジスでバイトしたノウハウを基にその飲食部門として1985年にナーナックが中央区天神にオープンする。ガンジスは1990年代には閉店してしまったため、福岡で現存最古のインド料理店がこのナーナックになる。ナーナックは店舗取得前、輸入卸業をしていた事からインドなどの国際見本市会場に飲食のブース出店をしていたという。また国際見本市に出店する業者として来日した者の中から、やがて日本に居残りコックとして働く者が現れるようになる。

ナーナックと同時期に、在神戸インド人資本のKBCタンドール、のちのゲイロード／マハラニパレスが中央区長浜のKBCビル内に、また在東京インド人資本のアショカが中央区天神のソラリアプラザ内に相次いでオープン。しかしこの二つの高級路線インド料理店は長くは続かず短

左・福岡市アショクズ・バーの経営者、アショク氏　右・福岡市のマイティガル店内と経営者、クマール氏

期間で撤退した。

以上は福岡市に於ける黎明期の日本人・インド人経営者の店だが、この辺りからいよいよネパール人の飲食関係者が台頭してくる。1987年、中央区清川ではじめてネパール人による経営店が誕生した。アショクズ・バー（インターナショナル・アショクズ・レストラン&バー）である。オーナーのアショク氏は実家がカトマンズの通称フリークストリートで西洋人から習ったケーキ屋を営んでおり、幼少時から接客などを通じて1970年代～1980年代初頭にかけての、いわゆるヒッピー文化の空気を濃密に吸い込んだ人。成長したアショク氏は、西洋人のヒッピー仲間に誘われ一時ドイツに滞在。その後来日して東京でバーテンとして働く。ある日客として訪れた事業家に、福岡で外国人向け

のバーをはじめるから来ないかと誘われて来福。その後福岡で独立し、看護師の奥さんと結婚。1989年にはネパールカレー・カトマンズを博多区築港本町でオープン。レンタルビデオのコーナーも併設しつつお手製のカレーライスを出していた。正に福岡のネパール第一世代と言うべき人物である。

1991年頃に早良区西新でオープンしたのがミティラガルである。1989年福岡のアジア太平洋博覧会を機に来福したキラン・ビスタ氏がオーナーで、奥さんは看護師。当時から既にダルバートを出していた先駆的な店だったが、わずか4年後の1995年頃に閉業。入れ替わるように1996年中央区赤坂にオープンし、その後渡辺通に移転したのがエベレストキッチンだ。その後赤坂にはポカラ・キッチンという2号店も出した。オーナーのラマ・チャンドラ氏はタマン族で、キネマ丼、ピーロ丼などの東ネパールらしいメニューがあり、ホールは弟さんが務めていたという。それにしてもラマ氏の奥さんもまた看護師で、これら福岡で開業した3人の初期のネパール人の配偶者が全て看護師というのは偶然の一致だろうか。

1998年に中央区桜坂で開業し、2001年に警固に移転したマイティガルのオーナー、クマール氏は、第一世代のネパール人を象徴する人物である。アショク氏同様、ヒッピー文化華やかなりしカトマンズから当初、フランスに渡って数年暮らす。その後佐世保出身でその後奥さんとなるYさんと共に来日。当初は京都で暮らしていたが、後に福岡に移り住む。当時クマール氏は主に中州辺りでアクセサリーの路上販売をしていたが、やがて福岡の親不孝通り（現・親富孝通り）のタージで働くようになる。タージはオーナーの古賀さんが東京のデリーで食べたカレーに衝撃を受けて１９８１年開業したカレー店。その後クマール氏はタージ勤務中に知り合った日本人の友人Ｙ氏の助力による帰化申請の受理を経て自らの店を開業していく。

こうした第一世代の在福ネパール人に共通するのは、決して飲食店での実務経験があった訳ではない事、１９６０年代〜１９７０年代に席巻した西洋のヒッピー文化／カウンターカルチャーの影響を濃厚に受けている事、主に看護師の日本人配偶者がいる事、などである。

発展期

１９９０年代に入ると、インド人やパキスタン人オーナーの参入が加速化していく。まず１９９１年に早良区西新で開業したグローリーは、ボンベイ出身のディリップ・グルミット氏が日本人の奥さんと共にはじめた人気店だった。城南区七隈から中央区天神の親不孝通りに場所を変えつつ営業していたが、２０２０年に惜しまれつつ閉業。福岡のインド料理ファンで、夫婦で切り盛りする家庭的な店の姿を目に焼き付けている人は多い。

グローリーが入居していた早良区西新の物件に、２００１年の移転と同時に入れ替わるように入居したのがシブシャンカルである。オーナーのジャスワント・シング氏はパンジャーブ出身で、来日当初久留米にあったパキスタン人オーナーの店で働いていた。ディリップ氏と友人だったジャスワント氏が西新の移転情報を聞いてここで営業、やがてグローリー移出後の城南区七隈の物件にも入る事になる。ちなみに現在ジャスワント氏は故郷インドでの地元に大学設立のため忙殺されており、店の切り盛りは弟のビンドゥ・ガレリア氏や息子でYouTuberのHappy氏に任されている。特にHappy氏は旧来のインド料理店オーナーには無い、ネットや動画を駆使した斬新な経営スタイルを導入・企画して新風を吹き込んでいる。

1995年から2000年にかけて、早良区飯倉に出現したのがSheherarで、これが現在の亞橋の前身にあたる。亞橋を創業したパキスタン人アバシ氏の奥さんだった冨田三津子さんによって作られたパキスタン料理の店であり、やがて亞橋の経営権はアバシ氏から日本人オーナーに引き継がれ、大野城市の本店を中心に現在もチェーン展開中である。また1999年には中央区天神にベンガル人オーナーのスラージが誕生している。

一方でこの時代、ナーナック出身の元スタッフたちが独立開業していく様子が見られる。1997年にはビスヌ（本社：久留米市）のオーナー、サールマ・シャーム・スンダル氏が、ナーナック出身者としては最も早い独立を果たす。続いて2003年には中央区薬院にミランが、2006年には早良区高取にD・カジャナが、2007年には中央区六本松にフォーシーズンミランが続々と誕生する。もちろん全国展開していたナーナックからは福岡市以外の地で独立開業するオーナーも多かった。そのあたりの事情は別項「ナーナックの系譜」に記した通りである。

ナーナック出身のネパール人たちは皆、インドのホテルで実務経験を積んだ後に来日し、ナー

左・福岡市西新のシブシャンカル二代目、YouTuberとしても活動するHappy氏　右上・久留米市百年公園のビスヌ　右下・福岡市高取のD.カジャナ

ナックの各店舗でさらに数年の経験を経て独立した者が多い。こうした人たちを第二世代と括ると、彼ら第二世代から見た第一世代観、また第一世代から見た第二世代観にはそれぞれの背負ってきた人生観が垣間見えて興味深い。

「アマチュアっぽい」「遊びで商売をやっている感じ」「インド料理もどき」（第二世代から見た第一世代観）「商売に縛られ過ぎている」「料理が油っこくて体に悪そう」（第一世代から見た第二世代観）といった印象を互いに持っている。経歴に基づく偏見も多分にあるのだろうが、同じ在福ネパール人同士であっても両者の溝はなかなか埋まりそうにない。

左・福岡市ブッダの経営者、ラクシュマン・バニヤ氏ご夫妻
右上・福岡市南区のナンハウス　右下・福岡市南区のビナヤカ

混成期

2013年に南区向野に出現したブッダは新たな時代の到来を感じさせる、福岡ネパール人社会史的にもエポックとなる店といえる。オーナーのラクシュマン・バニヤ氏は2000年代に増えはじめていた元留学生の一人。ホテルマネージメント系の専門学校卒業後、市内のとあるホテルに就職した。しかし仕事はチーフクラス級のものを任されるのに、立場はあくまで契約社員であり正社員として採用されなかった。失望したラクシュマン氏は自ら起業。当時増加しつつあったネパール人学生が満足できるネパール料理主体の店が無い事に目をつけ、ブッダをオープンさせるのである。

こうした元留学生によるネパール料理店の起業は、その後全国的に見られるようになるがあくまでも福岡が先駆的であり、特に２０１０年代後半にはラクシュマン氏に追随する元留学生起業家が急増した。第一とも第二とも異なる、いわば第三世代と呼べるネパール人飲食店オーナーの台頭である。ブッダとほぼ同時期に開業したスリガネッシュ（オーナーのチャトラ・ダハル氏は２００５年来日し、当時まだ18人しかネパール人留学生のいなかったアジア日本語学院（南区長住）に通ったラクシュマン氏の2年先輩）の他、２０１７年にはバジェコセクワハウス（博多区博多駅前）、ナンハウス（南区大楠）、マナカマナ（博多区竹下）、バジャラ（南区塩原）、サスラリガラ（東区和白）、タメルバザール（南区井尻）、２０１８年にはニューロード大橋（南区向野）、ダルバル（南区塩原：ラクシュマン氏も共同経営）などの元留学生店が相次いでオープン。この動きは２０２０年のコロナ禍でオープンしたビナヤカ（南区向野）や、福岡県を飛び越えて、やはりネパール人留学生の多い佐賀県鳥栖市の The A-One Kitchen などに至るまで続いている。

元留学生店が南区に集中しているのは、アジア日本語学院などの日本語学校や専門学校が同区内に多かったからである。その南区の中心は大橋駅界隈だが、この大橋駅前に２０１６年、鳴り物入りで進出してきたのがネパール料理店のメッカ、東京・新大久保のソルマリだった。東区箱崎のドマドマや食材店ボンベイマートを経営していたスシル・ポウデル氏が現場責任者となる事で福岡支店を大橋駅前という好立地に開設。一方、新大久保で大型店舗を運営していたナングロ・ガルもまた、その後を追いかけるようにして同年2016年に博多区吉塚にオープン。こちらの現場責任者はラクシュマン氏が務めた。これらの出店ラッシュは一部の行き過ぎた人々に「すわ、福岡で新大久保の代理戦争勃発か!?」と格好の話題を提供した。ちなみに2021年現在、ソルマリは撤退して同地にはスシル氏経営のシヴァ・マハルになっている。一方のナングロ・ガルも、看板こそそのままだが、実質経営権は東京のサチン氏からラクシュマン氏に移譲されている。

福岡人の気質とネパール・ハラルショップ

福岡市内のネパール人の集まる場所の特徴として、まず日本語学校や専門学校などがあり、その周辺に食材店が出来、次いで専門的な飲食店がそれに続くというパターンがみられる。こうした食材店は、ネパール人の間で「ハラルショップ」と呼ばれる。元々、移民としては先行するパキスタン人やバングラデシュ人らによってはじめられた、文字通りイスラム教徒が戒律で禁じられていない食材を専門とするハラール食材店というビジネスモデルを名前だけ踏襲し、自分たちが日常的に使う香辛料や米・豆といったエスニック食材を置いた店もそのまま「ハラルショップ(ネパール人はハラールをハラルと多く表記する)」と呼びならわす習慣がネパール人の間に浸透したものである。従って酒や豚由来の食材など、イスラム教徒による本来的な意味での「ハラー

左・佐賀県鳥栖市のThe A-One Kitchen　右・南区大橋のソルマリ跡地に建つシヴァ・マハル

ム＝非ハラール」な食材すらネパール人経営の「ハラルショップ」では売られている。

ネパール人学生人口の多い福岡市では、ネパール人飲食店経営店が学生層をターゲットとして低価格の学生セット（ダルバート）を置く店が多いが、とはいえ学生たちも毎食外食する訳ではない。多くは「ハラルショップ」で調達した食材を用いて自炊している。

福岡市内にはこうした「ハラルショップ」が点在し、よく学生たちが集まっている姿が見られる。そこは買い物だけでなく一種のコミュニケーションの場ともなっていて、他の学校や勤務先に通うネパール人たちが商品を購入した後も店内に残っている事が多い。また店主もそれを心得ていて、折り畳みのイスなどを数台用意したり、中には紙コップでチヤなどをふるまうところもある。つまり「ハラルショップ」とはネパール人にとって食材の売買以上の目的で訪れる語らいの場であり、その店主にはそうしたコミュニケーションの場を仕切るためのパーソナリティが求められる。仕入れ先がほぼ同じである事から似たような商品が並ぶ傾向のある「ハラルショップ」では、この店主のパーソナリティもまた店舗集客を左右する大きな要因となる。困った事があれば相談に乗ってくれるような慕われる存在。逆に言えば、それだけ周囲の人望を集められる人でなければ「ハラルショップ」を経営しても続かないのである。

さて、こうした人望の厚いネパール人に魅せられるのは何も周囲のネパール人たちだけではない。日本人の経営者の中にも、真面目で人柄の良いネパール人に惚れ込む人が少なくない。博多区銀天町商店街で、豆腐などの食品製造卸業を約20年営むはな川の川越眞氏もまたそんな一人である。

大きなアーケードが昔ながらの雰囲気を残す銀天町商店街を進んでいくと、突如大きなネパール国旗が現れる。それがはな川の目印となっている。ここで約5年前からアルバイトで通っているスロチャナさんの働きぶりに感銘していた川越氏は、２０２０年3月ごろから彼女の提案で香辛料やスナック類を中心としたネパール食材を置くようになる。こうして元々豆腐や油揚げなどが並んでいた店頭に、にぎにぎしくスパイスが並ぶようになった。「おかげでネパール人の客がようけ来るようになりました」と川越氏は優しく微笑む。スロチャナさんの希望は、今後レシピ本や食器などを置いて日本人のお客さんにもアピールしていきたいとの事である。

南区柳瀬にあるダイキョーバリュー弥永店は広大な売り場を誇る地元スーパーである。特に生鮮食品の品揃えがよく、価格も安い事から遠方からも大勢集客する。そのため第三駐車場まで完備し、約200台駐車可能である。このお惣菜・お弁当コーナーでなんとダルバート弁当やワイワイサデコがのり弁やシャケ弁などと並んで売られている。このネパール弁当を作り、また食品売り場のアジア食品のバイヤーを務めるのがコイララ・カマル・プラサッド氏だ。ダルバート弁当や惣菜のサデコには氏の顔のイラストと共に〝made by koirala〟と記載されたシールが貼られている。つまりコイララ氏の顔が一つのブランドとなっているのだ。実際、売り場に行くとまだ12時台だというのに30個作ったというマトンカレーのネパール弁当が無くなりかけていた。その横には「本日のコイララカレー」と目立つポップが立っている。

コイララ氏はブトゥワル出身で来日8年。留学生だった5年前、当時大橋駅近くにあったダイキョーバリュー大橋店にアルバイトとして入った。その真面目な働きぶりが認められて卒業後もダイキョーバリューにそのまま就職。今ではお惣菜コーナーでコイララカレーを製造・販売しているだけでなく、食料品売り場の中でも一区画を占めるアジア系食材の棚の仕入と管理を任されるバイヤーとして日々忙しく勤務している。コイララ氏の働きぶりは元より、このように、ネパール人であろうとその裁量を見極めて重要なポストを用意する上層部の判断も素晴らしい。少なくとも、私が知る限り福岡以外の地では見かけない光景である。

南区大橋にある古賀フルーツを経営する古賀一生氏もまた、軒先をネパール人に貸す八百屋で

左・はな川を経営する川越眞氏　右上・ダイキョーバリュー弥永店で売り場を任されるコイララ・カマル・プラサッド氏　右下・古賀フルーツを経営する古賀一生氏

ある。元々西新のシブシャンカルや天神のスラージといった市内のインド料理店と取引の多かったという古賀氏の存在は口コミで在福ネパール人の間にも知られ、その立地から客としてネパール人も多く利用していた。ある時やはり取引先の一人だった中央区天神でクマリを経営するアチャリヤ・プラサド氏から食材店開業の物件を探している、という相談を受ける。思案した古賀氏は、自らの店舗の半分をアチャリヤ氏に貸すことを決めた。そこは現在、インドラ・ハラルという名でアチャリヤ氏の奥さんが小さな子供をあやしながら店番をして管理している。年輩の古賀氏夫妻もこの子が可愛くて仕方ないらしく、仕事の手を休めてはよくあやしている。それにしても、自分の売り場の半分を信頼しているとはいえ外国人であるネパール人に貸し出す例など、こちらも福岡以外の地では見かけない。やはり福岡人の気質はそれだけ外国人を含む外部の人たちにも開放的だとしか思えない。ちなみに在福ネパール人と交流する古賀氏の姿は、NHK福岡放送局が2020年にドラマ化した『となりのマサラ』でモデル化されて丹念に描かれている。

ネパール人人口の多い箱崎から吉塚にかけての一帯にはネパール食材店が多い。特にJR吉塚駅東口のロータリーは、市郊外の宅配便仕分けセンターなどに向かうネパール人アルバイトの送迎バスの発着所になっていて、朝夜ネパール人の若者がたむろっている姿が見られる。老舗であるボンベイマートは元より、以前はインド・ネパール料理店をやっていた転業組のレスンガ・ミニマート、品揃えのバリエーションでは随一のミニ・ネパール（旧名ギシン）、旅行関係など手広く商売を広げるアサン・バザール、2021年6月にオープンしたばかりの新興勢力ダズバイ・マートなど狭い地域にもかかわらず店舗数は多い。食材店は飲食店よりも比較的小資本で開業出来るので、学校を出たあとのネパール人の進路の一つにもなっているのだ。

そんなマーケットに2020年末、あたかも黒船のように鳴り物入りで参入したのが大型店デイリーバザールである。オーナーのニローズ・シュレスタ氏は日本に国費留学するほどの秀才で、大阪の専門学校で教えていたが、学生数の減少やコロナなどの影響などから奥さんであるディパさんが元々手掛けていた雑貨ビジネスに食材も組み合わせたスタイルで起業、知人の助言もあり大阪ではなく福岡で店を開く事にした。このデイリーバザールの黒船たる所以とは、ディ

左・人望のある店主目当てに客が集う、竹下にあるアサン・バザール
右・デイリーバザールの経営者、ニローズ・シュレスタ氏ご夫妻

パさんの父親が久留米を中心に西日本でも有数のインド・ネパール料理店チェーン、ビスヌのサールマ氏である事、また大阪で輸入食品卸を経営するビスワスのラジプロヒト・ビクラム・シン氏らを縁戚に持つ事に他ならない。今後の計画としては、ビスワスが元々輸入港として使っていた大阪港を博多港にし、一部の商材を福岡に蔵置するプロジェクトが進められている。つまり福岡市内に今も誕生しつつあるネパール系食材店への供給源化する訳である。とはいえニローズ氏もディパさんも、あくまでこの強固なバックアップ体制に頼るというよりは、在福ネパール人の日本語サポートやネパール語やネパール料理教室といった文化活動を通じた日本人とネパール人との交流の促進、ひいてはその場としてのカフェづくりを目指していきたいという。

異文化や多様性を認める福岡人の気質は、古来より大陸への玄関口として栄えた開放的な土地柄に由来するという。日本の他の場所もすべからく福岡のようになればいいのにと思わずにはいられなかった。

熱帯の路地のラリグラス
～那覇・浦添

空港に降り立つと包み込まれる、「むわん」とした生あたたかい空気。無機質な東京暮らしでともすれば忘れがちになりそうな、この国もまたアジアの一部であるというアイデンティティを来るたびに強烈に思い起こさせるのはそんな沖縄独特の濃い空気のせいだろう。そしてこの感覚は何も我々内地の日本人だけが抱くものではない。かつて沖縄で学生生活を送り現在は都内で働く多くのネパール人たちも同様だ。彼らもまた異口同音に沖縄時代を懐かしむ。

「東京ハイソガシイクテツカレマス」

と語る彼らは一様に、故国ネパールではなくネパールに似た沖縄に郷愁を感じているのだ。

バイト先の社長や大家さん、行きつけの八百屋のおばあが優しかった、給料は安かったけどごはんや宴会に呼んでくれた、など過酷な東京砂漠の片隅で彼らが思いを馳せるその姿は古き良きアジアの原風景そのものである。彼らの心の中で生き続けるアジアを求めて、ネパール人目線で沖縄を食紀行してみた。

左上・那覇市のラリグラス　右上・ラリグラスの経営者、ビシュさん　左下・ラリグラスの400円ダルバート　右下・ラリグラスでダルバートを手食する若者たち

那覇市界隈

那覇市若狭の一角にラリグラスという小さな店がある。ラリグラスとは和名でシャクナゲ（石楠花）を意味し、その大輪の赤い花はネパールの国花として重用されている。

２０２０年3月にオープンしたばかりにもかかわらず、居抜き前の店装造作が特に手を加える事なく濃厚に残されている店内には、ひなびた渋い老舗感が漂う。店頭には看板すらついてなく、目印といえばネパール国旗だけがポツリと浮かび上がるだけの小さく目立たない店だが、昼時ともなれば周辺に多く住むネパール人学生たちが自転車や原付で三々五々集まってくる。沖縄に土地勘が無くても、こうした学生たちの「人流」と、ネパール食堂や食材店の集中ぶりから、この一帯に学生たちが多い事がすぐに推察された。

切り盛りしているのはまだ若い美人店主のビシュさん。当初浦添市にある日本語学校、JSL日本アカデミー（以下、JSL）に通い、その後那覇市内の専門学校に進学したが、卒業後は就職ではなく飲食店オーナーになる道を選んだ。

「安定した就職も考えましたが、それよりビジネスマンだった父の影響もあって、経営者になりたいという思いが強かったんです」

とはにかんだ笑顔を見せる。開業と同時に襲ったコロナの影響で学生中心の営業は大変だろうが、ビシュさんに悲壮感はない。

ここ数年ネパール人留学生が卒業後企業に就職するのではなく、主として飲食業で起業し経営ビザに在留資格変更するパターンが増えているが、彼女もまたそうした学生上がりの飲食店オーナーの一人である。メニューはある種の学生上がりオーナー店に特徴的な、ピンポイントかつ必要最小限のネパール料理で構成されている。この点、詰め込み式に何でもメニュー化してしまおうとする多品種羅列型のインド料理コック上がりの店とは一線を画している。彼女のようなオーナーは直近まで自身が学生だっただけに、具体的に学生が何を欲しているのかを熟知している。例えば訪れた客がついでに買っていくためのワイワイ（ネパールの袋入りインスタントラーメンはチャウチャウと総称されるが、そのうち特にチョウドリ社製造のチャウチャウの商品名がワイワイで、ネパールのインスタントラーメンの代名詞となっている）などのついで買いを誘発させる小さな食材コーナーもある。

メニューは簡素だがどれも丁寧で美味い。ククリラムを手酌しつつカジャセットをつまみ、時々ビシュさんと他愛もない話を楽しんでいるといつの間にか夜も更けている。正にカトマンズのどこかのバッティで飲んでいる気分である。

翌日。昼近くに訪問すると、店内には元気にダルバートを手食する若者たちの姿があった。カナセットの名で提供されるダルバートは学生価格とはいえ驚きの400円。浦添市にあるカスタマンダップと同額で、この価格は全国的にも最も安い部類である。もちろん、だからといってダルもバートもおかわりが出来ないなどということはない。それでいてしっかりと温かくて美味しいのである。留学生人口の増加と共に沖縄にもネパール料理を出す店が増えてきたが、味はここが随一。人通りの少ない路地にある居抜き感の残る小さな店内で、額に汗しながら接客して回るビシュさんの笑顔は、そこだけ国花ラリグラスがパッと咲いたような明るさがあった。

那覇市に於けるネパール人の犇めきぶりは、同市久米に位置するプロバシ・カレーハウス&スパイスセンターを例にとると分かりやすい。ここは東京の池袋を拠点とするバングラデシュ人オーナーによって2016年に設立されたハラール食材店だったのだが、主たる客筋がほぼ全員ネパール人であることなどからネパール食材も扱うようになり、2020年にはちょうど隣に飲

左上・那覇市のプロバシ・カレーハウス＆スパイスセンターと店長のアシシ氏　右・プロバシ・カレーハウス＆スパイスセンターのダルバート　左下・沖縄らしいブーゲンビリア

食店の空き店舗が出たため場所を移して食事も提供するネパール食堂にしてしまった。

「ココに来るのはネパール人の学生ばっかりだったから、食材だけでなくレストランにした方がいいって社長に掛け合ったんですよ」

と流暢な日本語で店長のアシシ氏は語る。ネパール料理を中心とした飲食店への業態変更は彼のアドバイスが実を結んだ成果である。

メニューもアシシ氏によって整えられた。他店ではまずお目にかかれないラピンなどのチベット軽食が含まれているところにその意気込みが感じられる。コックは沖縄県下で4店舗展開する老舗カスタマンダップで勤務したカルキ氏が加わった。カナセットの名で出されているダルバートはオムレツやラールモハンなどの載っかったあまり統一性のない一皿。だがそれがいい。ダルバートの持つ希少性が薄れ、どこに行っても判で押したように同じ味が供されるようになった昨今、時にはイレギュラーな構成で良くも悪くも驚かされるこんな一皿との出会いの中にこそ食紀行の醍醐味はあるのだ。

浦添市の学生食堂

前作『日本の中のインド亜大陸食紀行』でも紹介したカスタマンダップ仲西店（浦添市）。ネパール人学生が多くて有名なＪＳＬの近くに位置する2016年オープンの、ネパール人学生をターゲットにした店としては古株にあたる店。ちなみにカスタマンダップ自体は浦添市伊祖にも う1軒、北谷に1軒、首里に1軒と県内4店舗構える2002年創業の老舗で、仲西店以外はナンとカレーが主体のいわゆるインド・ネパール料理店として営業している。出店場所によって業態を著しく変えているのだ。

前回2017年に訪問した時は店頭に、ネパール語でメニューや注意事項が細かく書かれた大きなホワイトボードが掲げられていたのだが、今年（2020年）の訪問時には撤去されて少し寂しい様子。コロナによる通学生の減少によるものかと思ったが、どうやらそれだけではないらしい。実は2018年にエベレストカレーハウスというライバル店が出現したのである。しかもＪＳＬにより近い立地。敵情視察する訳ではないが、そのエベレストカレーハウスにも行ってみ

左・浦添市のカスタマンダップ　右・出入りのパキスタン人食材業者フセイン氏とカスタマンダップのスタッフ

た。少し入りにくい感じのドアを開けると、ニヒルな感じのヤサ男がギロリとこちらをにらみながら大股を開いて座っている。インド俳優のサンジャイ・ダットによく似た風貌のその店長にカナセットという名の500円ダルバートを頼むと無言でキッチンに入っていき無造作に米にダルなど盛ってくれた。

ドンと卓上に置かれたダルバートの写真を撮り、しばしかき込んだあとにヤサ男店長氏とポツリポツリと会話。時に日本の、とりわけチェーン店などで接するマニュアル化された無味乾燥な接客に慣れきっていると、この手のどちらが客か分からなくなるような接客態度にたまらない現地感を感じてついニタついてしまう、南アジアを旅した元バックパッカーは少なくないはずだ。

「だいたいココに来るお客は全員ネパール人の学生ね。それからウチの本店は那覇市内にあるよ」

とのこと。なお、ここでは現金払いのほか、学生に限りツケノートのシステムを採用している。

2017年にカスタマンダップを訪問した時に驚かされたこ

のツケノートの存在は、実は今回訪問してみると同店では廃止されていた。学生たちに食後その内容を書かせ、月末などにバイト代が入った時点で一括して払わせる性善説に依拠したノートなのだが、結局未払いだったりそのままトンズラしたりする学生が続出したため辞めてしまったとのことである。

ちなみにＪＳＬの地下にも学食は存在する。しかし自販機で売られている食券にはネパールメニューはなく（当然のことながらＪＳＬはネパール人専用ではないので）、ネパールのメシを食べたければやはり外で、という事になるらしい。

食後、カスタマンダップの店先でたたずんでいると、後部ドアを開けた軽ワゴンが停まっている。顔を出したのは白いアゴひげをたくわえたパキスタン人の食材業者フセイン氏だった。

そもそもハラール食材業は１９８０年代に在日パキスタン人によってはじめられ、当初苦労して開拓した仕入れルートによって調達したオーストラリア産冷凍輸入マトンを、アパートの一室を改装した小さな店で細々と販売されていたものだったが、やがてバングラデシュ人やネパール人、日本人なども相次いで参入。今では多くのインド料理店・ネパール料理店が宅配便で複数の卸業者から調達するなど一大産業となっている。

通販が主流とはいえ、沖縄では今もフセイン氏のような業者が一括して内地から肉をはじめとする食材を仕入れ、軽バンに積んで卸して回っているらしい。フセイン氏自身もかつては国際通りでレストランを経営していたが、今では年齢的な事もあり食材卸の仕事のみ続けている。増加

左・エベレストカレーハウスのニヒル店長　右上・浦添市のエベレストカレーハウス店内　右下・那覇市のシティマートでキャロムボードに興じる若者たち

するネパール人経営店のおかけで仕事は途切れないという。

拡大するインド・ネパール料理店は何も直接そこに関わるネパール人のみならず、関連する様々な業種人の生活をも持続化させているのだ。店内のネパール人コックとウルドゥー語（ヒンディー語）で軽口を叩きあうフセイン氏の沖縄在住歴は20年以上、沖縄で最古参のパキスタン人であり、金曜礼拝にも必ず通う敬虔なムスリムでもある。

再び那覇市へ

那覇市で2017年1月から営業しているのがシティマート沖縄店（City Mart Okinawa Khaja Ghar & Kirana

Pasal)。元々送金業務が中心の食材店だったが、コックを置いてカナやカジャだけでなく酒も出すようになり、店の一隅にはインド亜大陸でよく見かける卓上ゲーム、キャロムボードなんかも置かれていて、コロナ禍にもかかわらずネパール人の若者が興じられている姿が見られた。立地もよく、昼夜問わず訪問すると誰かしらネパール人学生がたむろっている。ちなみに元々送金業務を主体としたシティマートは、福岡や東京など広く全国で展開している。逆に全国に散らばる送金業者の支店を追っていくと、ネパール人がどの辺りに多いのかが分かる。

シティマート近くには、JSLに一番近いネパール食堂エベレストカレーハウスの那覇店も近い。不愛想なヤサ男店員の接客とも呼べない接客を受けた、JSLに最も近い浦添店の本店にあたる。人のまばらな那覇の路地裏を抜け階段を上って店内に入ると、だだっ広いフロアの一隅が食材売り場となっている。時々訪れる、買い物だけしに来る学生の様子を、硬いスクティを噛みながらククリラムをチビチビやる。通常メニューに置いてある、中年の劣化した歯では噛み切るのが容易ではないスクティの硬さが、沖縄在住ネパール人のきらめく若さを象徴していた。

さいはてのインド・ネパール料理店

【南限編】～宮古島

夏真っ盛りの8月、まるで蒸し器の中でスチームされるモモにでもなったかのような東京の酷暑に耐えかね、気がつくと私は日本列島最北端、稚内にあるインド・ネパール料理店ナマステネパールを訪問していた。到着してまず驚いたのは、涼しさを通り越して寒いほどの気候。夜半過ぎには摂氏11度を切るという、およそ8月とは信じがたいほどの凍えるような真夏の夜、暖を取るようにして温かなネパール料理に舌鼓を打ったのだった。

この稚内訪問から数か月後。私は宮古島へと向かう小さな機内の人となっていた。目指すは日本列島最南端に位置するインド・ネパール料理店。次第に高度を落としていくにつれ、眼下に広がるエメラルドグリーンの海と、ざわわざわわとたなびく広いさとうきび畑に目を奪われる。やがて軽い衝撃と共にこじんまりした空港に着陸。ゲートを出てポツンと客待ちしている古いタクシーにしばらく揺られると、空から見えたさとうきび畑が道の両サイドに幾重にも群生して広がっている。

訪問時は初冬の声を聞く11月初旬だったにもかかわらず、到着して驚いたのはタクシーの老運転手の半袖かりゆし姿。東京では朝晩冷え込みジャンパーすら必要だというのに、ここ宮古島に来ると半そで短パンという恰好で十分という気候なのだ。かたや北海道の稚内では凍える真夏の夜風に震えたというのに、初冬の宮古島はまだクーラーが必要なほど暑い。稚内ナマステネパールから直線距離にしておよそ2720キロ、南北に長い日本列島を改めて実感したのだった。

宮古島のネパール人

宮古島は小さな島である。飲食店などのわずかな商店が集まっているのは島の南西部で、残りはさとうきび畑と手つかずの自然が広がっている。島を訪れる大多数の観光客にとってこの豊かな自然、エメラルドグリーンの海こそが最大の目的で、訪れた11月もマリンスポーツに興じる人々の姿が多く見られた。しかし日本の中のインド亜大陸食紀行者の眼中にエメラルドグリーンの海は入らない。島の西南部に位置するインド・ネパール料理店パリワールのほど近くに宿を取り、遠目に海を一瞥して翌日のランチ訪問に備えた。この時期、全国的に拡大するコロナの影響で店の営業時間が短縮され、夜の営業はやっていないのは事前に調査済みである。そう、ランチに賭けるしかないのだ。

ペンションや長期滞在者用の格安ドミトリーなども多い宮古島だが、宿泊先はホテルニュー丸

宮古島と伊良部島を結ぶ伊良部大橋

勝というやや年季の入った中級ホテルにした。選んだのは単にパリワールに近かったからという以外に深い理由はないのだが、たまたまこのホテルで働く一人のネパール人青年と出会えたのは幸運だった。この春、沖縄本島の観光専門学校を出たばかりという新卒の若者で、まだ見習い中との事。出入りするたびに部屋の鍵を預かってくれたり笑顔で挨拶してくれたりするので少し話を聞いてみる。何しろパリワールで食事する以外に宮古島でやる事はないのだ。

　ポカラ出身グルン族という彼は、元々浦添市のＪＳＬ系列の観光専門学校を出て今年からこのホテルに採用されて働いている。彼がこのホテルで採用された初めてのネパール人だという。彼のように

左上・宮古島を象徴するエメラルドグリーンの海　右・日本離れした光景が宮古島の魅力　左下・群生する野良バナナの木

島内の観光業で働くネパール人は他に約20人いるとの事。多くが沖縄本島の専門学校を出て宮古島に就職しに来ている。島内唯一のインド・ネパール料理店パリワールはもちろん知ってはいて、時々仲間と食べに行く事もあるが、仕事も忙しくてタイミングもなかなか合わず、基本的に一人部屋で自炊もせずコンビニ弁当などで済ませていると笑う。考えてみれば沖縄本島と違い、島内にはそもそもネパール食材を入手出来る店もない。最近ではネット通販を介して輸入食材が調達出来るとはいっても、日々の新しい仕事に追われる独身男性にとってコンビニ弁当の方が楽なのだろう。むろん彼らだけをターゲットにするネパール料理店はマーケットが小さすぎてまだない。ちなみに沖縄本島では比較的ネパール人のコンビニ店員を見る事が多かったが、宮古島に複数点在するコンビニに入店して確認した限り一人も見かけなかった。

日本列島最南端のインド・ネパール料理店

翌日もまた初冬にもかかわらず、南国らしいまぶしい太陽がサンサンと降りそそぐ快晴の陽気。午前11時開店の時刻に合わせてホテルを後にする。Google Mapを頼りに歩いて行くと、青空に映える白い外壁の脇に掲げられた、爽やかな風にたなびくネパール国旗が忽然と見えてくる。近寄ると店名の入ったA型スタンド看板をちょうど外に出すネパール人女性の姿。ついに日本列島最南端のインド・ネパール料理店に来たのだ。

興奮気味に店内に入ると、夫婦らしきネパール人がにこやかに出迎えてくれる。オーナーは日本の方だが、店の運営をまかされているのは彼らユヴァラジ・サプコタ氏ご夫妻で、2013年のオープン時以来ずっと働いているという。当初旦那さんが単身で働いていたところに奥さんと子供を数年前に呼び寄せた。昼時になるとひっきりなしにやってくる客を案内したり、注文を取ったりと奥さんも重要な戦力となっている。

「セットメニューから選んでください。カレーはチキン、キーマ、ネパールスープ、日替わりカレーと週替わりカレーの5種類です。日替わりはヘチマチキン、週替わりはマッシュルームベー

日本列島最南端、パリワールの外観

コンです」

水を運びながら、よどみなくカレーの種類を読み上げる奥さん。せっかくなのでネパールスープ、ヘチマチキン、マッシュルームベーコンの三種盛りにした。

「カレーの辛さはどうしますか？　ナンとライスはどちらにしますか？　飲み物はラッシー、紅茶、アイスコーヒーがごじゃいます…」

ああ、このいつもの問答がはるばる宮古島でも聞けるのか…と、妙な感慨にふけりつつナンとライス両方お願いする。

ほどなくしてターリーにのったセットが登場した。妙に細長いナンはクリスピーな食感でほのかに香ばしい。サラサラのグレービーに浸かった細切りベーコンをナンにはさんで頬張ると、安定したインド・ネパール料理店のあの味がしてくる。地元野菜を使ったヘチマチキンも沖縄の雰囲気が伝わっていい。カジュアルさの中に南国らしさを感じさせる味わいを求めて、地元客も多く集まっている。

ナンを食べつつよくよく考えてみると、この島にはそもそもタンドールなんかなかったはずであることに思い至る。いや、もちろん日本には最初からタンドールなどなかったが、それでもつい中古タンドールがあふれ、中にはスケルトン返しするのでタダでもいいから引き取り手を探していたり、居抜き前の店舗に付帯設備の一つとしてあるのが半ば当たり前となっている東京目線で物事を考えがちだ。では、この本土から遥か離れた宮古島に一体どうやってあの重いタンドールを持って来たのだろう。サプコタ氏に聞いてみた。

「直接私が関わった訳じゃないけど、開業前に名古屋から船便で運んだらしいですよ」

当時の名古屋のタンドール業者というとサミカトレーディングまたはカルナトレーディングあたりだろうか…。いくつかの業者が脳裏をよぎる。ここでもまた東海地方の古参ネパール人の影がチラリと感じられたのだった。

バグルン出身のサプコタ氏は、来日後しばらく大阪市内のデヴィで働いていた。やがて友人の紹介でこの店を知り働くようになる。周りに誰も見知った人のいない沖縄の、しかも離島という環境に赴くのは不安じゃないかと思うのだが、そもそも遥か彼方のネパールの山村から日本という異国を目指した時点でそうした不安は払しょくされているのだろう。特に日本人オーナーという安定した仕事環境とそれに見合う給料が保証されれば、果敢に新天地に向かうのにやぶさかではないネパール人は決して少なくない。こうしたある種の開拓者精神にも似た性向は、北海道に赴くネパール人たちとも共通するものが感じられる（ちなみに、北海道に渡った初期のネパール人を雇用したのもまた日本人オーナーだった）。やはり最南端と最北端、さいはての地で働くネパール人にはどこか相通じるものがあるのかもしれない。

実はパリワールがオープンする以前、宮古島にはもう一軒ティカ（Tika）というインド・ネパール料理店があった。２０１４年に惜しくも閉店してしまったが、当時は石垣島にも支店を出していて、もし２０２１年の時点で現存していたら、（経緯でいうと石垣島は宮古島よりも南に

左上・店を切り盛りするユヴァラジ・サプコタ氏ご夫妻　右上・パリワールの三種盛りセット　左下・看板娘のプリヤちゃん　右下・ホテルニュー丸勝の受付で見習いをするネパール人青年

位置するため）日本列島最南端の称号はティカのものになるはずだった。ちなみにオーナーは現在大阪市都島区でアジア村（アサン）を経営するアニル氏。元々京都を皮切りに、関西一円から東京駅の真ん前をはじめ都内一円、世田谷、そして沖縄など全国各地に店舗展開してきたこの滞日歴30年以上になるアニル氏のユニークな経緯については関西の項で詳しく紹介した通りだが、バリバリと飲食ビジネスにまい進する日々の傍ら、地元沖縄の人々とのふれあいを思い出すように懐かしむ氏の横顔が印象的だった。那覇で学生時代を送り、その後仕事で東京や大阪に住む多くのネパール人同様、アニル氏もまた、沖縄特有のユルくアジアンな雰囲気に魅せられたネパール人の一人なのである。

日差しの強い土曜の午後にパリワールを再び訪問すると、可愛らしい看板娘がお出迎えしてくれた。保育園が休みとなる土日は長女のプリヤちゃんを店内に置いているのだ。店が忙しくなって父母の眼が届かなくなっても、空いた席で塗り絵などをして店外で一人遊びしているお利口さんである。顔がお父さん瓜二つなのが微笑ましい。このように子供を店内の、自分の目の届くところに置いているネパール人オーナーは最近増えてきたように感じられる。コロナで学校が休校になった影響もあるのかもしれない。妻子を置いて単身、働きに来ているケースの多いインド人コックとは異なり、配偶者ビザで奥さんと子供を呼び寄せる事の多い在日ネパール人の店舗で今後増えていく光景だろう。

宮古島訪問の目的は純粋にインド・ネパール料理食紀行のみだったので、短い滞在期間中パリワールに都合三度通う事となった。たとえエメラルドグリーンの海が眼中にない食紀行者であっても、南国の雰囲気あふれる宮古島という環境の中で食べるインド・ネパール料理はいつにもまして美味しく感じられた。やはり環境が味覚に与える影響は大きいという事実を、長細いナンを咀嚼しながら噛みしめたのだった。ちなみにあえて表記しなかったが、同店は日本列島最南端であると同時に経緯度的に日本列島最西端でもある。

日本のインド・ネパール料理店の成り立ち①——草創期

ネパール人の来日

初期のインド料理店とネパール人の雇用

日本におけるインド料理店の嚆矢とされるのが、１９４９年の創業で現在も銀座で営業中のナイル・レストランである。その後、１９６０年代から１９７０年代にかけてアショカ（１９６８年〜※銀座店は２０１１年閉店）やマハラジャ（１９７１年〜）、モティ（１９７８年〜）といった格調高い店が銀座や赤坂、六本木などに続々と開業していった。こうした店のメニューには、後述するような独立後のインドに於いてスタンダードとなった「インド料理」であり、この時代それを作って提供していたのは、主としてインドのホテルなどから招聘されたインド人調理技能者たちだった。

このような国内のインド料理店の厨房に、一体いつ頃から「ネパール人」コックが働くようになったのか。それをデータ上で特定する事は難しい。法務省出入国管理局の統計で戦後、来日し

豪華な内装のインド料理店（モティ六本木店）

たネパール国籍者の年代を古い順にさかのぼってみると、1952年に総数6人、その後1954年に3人、1955年に7人のネパール人が入国している。ただしビザの内訳までは分からない。一方、入国目的別に追っていくと、1978年に1人、1979年にも1人のネパール人が「就職」という目的で入国している。日本のインド料理店で働くコックが現れはじめたのはこの辺りからだろうか。

ただしこのような統計に表れない「ネパール人」コックも実は多数存在した。統計に表れない理由は二つあって、一つはコック以外の観光ビザで来日し、そのまま働くケース。ネパールでインド以外の海外へのネパール人出稼ぎが本格化したのは1985年の国外労働法の制定と、続く1990年の民主化後に発足した新政権による海外出稼ぎの奨励政策がきっかけとされる。それ以前にもコックとして来日していた人たちはわずかにいたが、観光ビザや国際物産展などに出展するという名目のビザで入国し、そのままオーバーステイしながらインド料理店の厨房で働くといった人が多数派だった。こうした「ネパール人」コックはもちろん統計には表れてこない。

統計に表れないもう一つの理由として、2004年まで出生地主義を採っていたインドでは、仮に両親がネパール国籍であっても出稼ぎ先のインドで出産し届け出をすればインド・パスポートが入手出来た。このようにして生まれた人は血筋はネパール人であっても国籍上はインド人となる。したがって彼らがコックとして来日し厨房で働いていても「ネパール人」としてはカウントされない。

また出生地主義以前に、歴史的にみてそもそもネパール西部と北インドのウッタラーカンド州、またネパール東部と西ベンガル州ダージリンやシッキム州などの隣接地域は、かつてネパール領だった時代がある。現在のネパールの前身であるゴルカ王国は18世紀から19世紀初頭にかけて当時の英領だった北インドのガルワール王国や東インドのシッキムに侵攻し、数年間実効支配した（その直後にイギリス軍がこの地域を奪還制圧）。この時期に多くのネパール人がガルワール／シッキムに移住したため、先祖を辿るとこの時代のネパール人に行きつくインド人が少なくない。現在でもネパール語がインドの準公用語となっているのはそのためである。このような、出自をネパールとする人たちを純然たる「インド人」とみなす事自体無理がある。

いずれにしても1970年代から1980年代にかけての日本のインド料理店の創成期、来日したのは主に「インド人」コックだった。インド料理店である以上、創成期のオーナーたちはインド国籍を持つコックにこだわった。中にはインド料理のコックとして招聘申請する際、インド国籍でないと（ビザ申請が）通らないと誤解していたオーナーまでいた。この時代、自らの店にコックとしてネパール人を雇う事を考えたオーナーは少なく、また仮に雇ったとしても、既にオーバーステイで滞在していたネパール人を洗い場などの補助的な作業に就かせる程度だった。つまり創成期の段階に於いて、インド料理業界は圧倒的に「インド人」コックに偏重していた。では、そんな「インド人」偏重から、現在のような日本全国がインド・ネパール料理店であふれ、インド料理店といえばネパール人コックとイメージされる状況に至るまでに一体どのような経緯があったのか。実は同様の現象が、インド国内でも先行して見られていたのである。

インド人コックたちの背景

独立後、インド各地から仕事を求めてデリーやボンベイ（現ムンバイ）などの都市部に移住する出稼ぎ労働者が増え、都市部では彼らを対象とした安価な大衆食堂が増加した。食堂が増加すると当然、そこで働く人手が必要になる。当初こうした都市部で働いていたのは周辺地域出身者

（例えばデリーであれば隣接するウッタル・プラデーシュ州＝UP州など）だったが、次第にもっと北部から人材が増えていく事になる。それがガルワール地方出身者（中でも特にテヘリー・ガルワール県出身者）だった。

ガルワールとはデリーの北東・約350kmに位置するウッタラーカンド州内の、山がちな地形とガンジス河上流域として知られる地域である。主要産業は農業だが、起伏の多い寒冷地は耕作に不向きのため都市部に出稼ぎに出る者が多い。ある程度の教育があれば軍隊に入隊する事も可能だが、たいていは充分な教育を受ける機会がないため単純肉体労働などの出稼ぎに従事する。中でも都市部のホテルや食堂といった飲食業に従事する割合が多い。つまり本来ならインド軍への入隊を希望するガルワール人たちにとって、やむなく就く仕事が飲食業なのである。

現在、インド内外で「インド人」コックとして多くの飲食業に従事しているのはこのガルワール出身者である。これは彼らが決して調理技術者として優れているという理由からでもなければ、ガルワールが料理で有名な地だからという理由でもない。北インドのパンジャーブ人オーナーが経営するような大衆食堂に於いて、コックは華々しい料理を作るシェフではなく、長時間の肉体労働に耐えうる厨房作業員としてイメージされる。つまり田舎の山育ちのガルワール出身者は、足腰が頑健かつ朴訥で、低賃金でも不平を言わない労働者と見られているのである。こうした北インド人オーナーのコック観はネパール人に対しても同様で、1980年代頃からインドの都市部でネパール出身者も働くようになるが、経営者がネパール出身者を雇用する理由もガルワール出身者を雇用する理由と同じである。逆に言えば、このような過酷な重労働はなかなか他州出身者には我慢出来るものではなかった。

1970年代にデリーのカリームでの勤務経験がある大田区池上にあるMashalのモハマド・フセイン氏（UP州出身）は、このようなガルワール出身者が都市部で急増していく以前の時代の飲食業界を知る数少ない調理人の一人である。

「当時のカリームの厨房は我々のようなUP州出身者が多かったですよ。ガルワール人はおろか、ネパール人なんか全く居なかった。それが1980年代〜1990年代頃かなあ、急にデリーの安い食堂なんかにガルワール人やネパール人が増えたのを感じだしたのは」

と、当時を思い出してフセイン氏は言う。同様に、千葉県市川市でインド料理店ラソイを経営するバーバル・カーン氏（UP州出身）もまた、彼が1980年代にニューデリーのコンノート・プレイスにあった名店VOLGAに勤務していた当時ですら、ガルワール出身者をあまり見なかったという。

「特に我々のような北インドのコックの出身地として多かったのはUP州のアムロハだよね。食器とか金属加工で有名な街モラダバードの近く。もちろん、モラダバード出身の飲食関係者もデリーには多かった。モラダバーディー・ビリヤーニーなんていうのも彼らが考えたものだろうね。他にもメーラトなんかから来るコックも多かった」

つまり1980年代以前はデリーで勤務するコックはデリーからラクナウに至る一帯のUP州

西部出身者が多かったという。さらにカーン氏は続ける。

「やっぱりムグライなんかは肉料理が中心だから、我々ムスリムの方が扱いは慣れている、というイメージはあるよね。ネパーリーやガルワーリーは山のヒンドゥーが多いから、ムグライ料理の作り手という印象はないね」

カーン氏の話の中で「ネパーリーやガルワーリー」として両者が同類であるかのようにひとくくりに語られているが、これが当時の飲食関係者の共通認識だったのかもしれない。カーン氏やフセイン氏の話を整理すると、1970年代辺りまでのデリーなどのムグライ料理店では近隣のUP州出身のムスリムが多く雇用されていた。それが1980年代後半から1990年代初頭にかけて、国内産業の成長とともに都市部で急速に増えていった大衆食堂を中心とする外食産業を下支えする労働力として、ガルワール出身者が流入してきた。ちなみにこの時期は、インドが外資規制を撤廃して開放経済に舵を切った時代と一致する。経済成長に伴う外食産業の広がりとともに、従来多数派だったUP州出身者からガルワール出身者へと北インドの飲食業界内の人材勢力は逆転していくのである。と同時に、ガルワール出身者と同様、次第に業界内でその存在感を増やしていったのがネパール人だった。

山がちな環境や主要な産業が乏しく出稼ぎに頼る経済など、多くの点でネパールとガルワールは酷似する。ネパール人もまた貧しい山村から首都のカトマンズ、あるいはその先のインドへと稼ぎ先を求めて進み、教育があれば英軍またはインド軍への入隊を目指す。ちなみに第二次大戦時にグルカ兵として勇名を馳せたネパール人は今でもインド軍に多く採用されている。ただし軍に採用されるのは頭脳や体格に秀でたごく限られた人たちで、そうでない人たちはインドに出てホテルや安食堂で働く事になる。この点、ガルワール出身者と全く同じである。

ネパールは第二次世界大戦前まで長らく鎖国状態にあったが、独立したインドの外圧によって1951年に開国。以降、ネパール・インド国境はオープン・ボーダーと呼ばれ、パスポートも不要な行き来自由の関係となり、これを機に多くのネパール人がインドに働きに出るようになった。またインドは2004年まで出生地主義を採っていた事から、出稼ぎ先のインドで子供が生まれたネパール人は最寄りの役所に届けるともれなくインド国籍が取得出来た。こうして両親はネパール人であるのに国籍はインド人という人が誕生する。本書に登場するネパール人オーナーたちの中にも、特に黎明期に「インド人」コックとして招聘された人たちの中にこの手の人たちは多い。さらに前述の通り、ゴルカ王国時代に移住したネパール人の末裔もインド国内には多い。中にはネパール人の血をひくガルワール人など、ある種の兄弟関係にある人たちすら存在する。こうした人たちもまた、食堂の厨房に低賃金で雇われていった。

ちなみにデリーなど北インドでこそガルワール出身やネパール出身のコックが多数派を占めているが、タミルやアーンドラといったベンガル湾岸沿いの都市部には西ベンガル州南部からのコックが多く働いている。コックの世界には出身地別のざっくりとしたすみ分けがあるようである。後者は主に東メディナプール県（Purba Medinapur District）の出身者で、どちらかという

デリーの大衆食堂では今も多くのネパール人たちが働いている

とムスリムが多い印象だが、ヒンドゥー教徒のコックも少なくない。ガルワール出身者の大半がヒンドゥー教徒なのに対し、東メディナプール出身者はヒンドゥー・ムスリム混成なのが一つの特徴である。

彼らの中にはインド国内は元より中東や東南アジア、そして日本といった海外でも活躍している者が多い。特に日本国内に於けるインド系のコックとしては、ガルワール出身者と勢力を二分するほどの層の厚みを持つ。その中の一人、江東区西大島でマハラニを経営している、サディック・カジ氏は増加の理由をこう語る。

「我々の世代になると、インド国内だけでなく海外のレストランでも働く人が増えてきました。海外で働けばそれだけ給料もよく、その送金でその人の実家が豊かになったり、家を建て替えたりという姿を見て、一気に周りにもコック志願者が増えていった印象ですね」

今でこそ志願者の増えたコック職だが、サディック氏の出身地、東メディナプール県では以前は決していいイメージの仕事とは見られていなかったという。

「実は我々より少し上の世代にとって、コックという仕事は単純な重労働で賃金も低いイメージがあった。娘を嫁にやってはいけない仕事とまで言われていました。この20年ぐらいですよ、そういう見方が変わったのは」

浄や不浄といった観念が価値観を形成するヒンドゥー教徒が多数派を占めるインド社会だが、高級ホテルなどは別として、街中の安食堂で食べる時、それを誰が作ったかなど気にする客はいないとサディック氏は言う。極端に言えば壁の向こうの厨房で、作り手が不可触民であっても食べ手は関係ない。そうした事を気にする人たちはそもそも外食自体をしないのだ。実は同様の話はガルワール出身者からも聞いた。ガルワールもまた保守的なヒンドゥーの因習に支配された土地柄で、他人の唾液に触れる食堂の仕事は彼らの宗教観念からすれば「身分の低い人の仕事」とされた。

「我々が1980年代にデリーの食堂に出稼ぎに行くようになったのは、もちろん貧しかったから。そして教育もない人たちは他に仕事の選びようがなかった。年頃の娘を持つ保守的なヒンドゥーの親からは、コックのところに娘は嫁がせないと言われたものだ」

ガルワールと同じウッターランド州クマオン出身で、1990年に渋谷のラージマハルに勤務するため来日し、現在は千葉県富里市を中心にインド料理店ギータをチェーン展開するジナ・ナラヤン・シン氏はそう回想する。やがて海外の飲食店で働き始めた彼らからの仕送りで実家に新築の家が建ちはじめると、掌を返したように彼らに追随する若者たちがあふれ、コックは憧れの職業となった。ヒンドゥー的宗教観に基づく長年の因習など、経済的恩恵の前にはいともたやすく崩壊するのである。

存在感を増すネパール人コックたち

日本国内でインド料理店が増えるに従い、創成期のインド料理店で求められていた一流ホテル勤務歴のある人材よりも、大衆食堂勤務のガルワール人やネパール人が重用されるようになっていった。その理由として、そもそも世界で通用するようなインド人ホテルシェフたちは、行き先として日本より欧米や中東に魅力を感じていた点と、その逆に、日本の経営者は小規模な店舗を一人で切り盛り出来る便利で人件費の安い人材を求めていた点とがある。

カースト的序列が強く残るインドでは、飲食店の厨房作業もほぼ完全に分業制となっている。調理に当たるもの、配膳するもの、下処理するもの、食べた皿を片付けるもの、テーブルを掃除するもの、床を掃除するものの全ての作業が別々の人間によって行われる。床掃除などの一部作業を除き、この役割は固定ではなく勤務年数によって上昇していくものである。ただし入店した当初は使い走りのような下働きからはじめられる。

こうした分業制での実務経験を経た多くのインド人コックが来日後真っ先に閉口するのが店の中での作業の多さである。早朝、店に来たコックは店内やトイレの掃除をし、下ごしらえ・調理をし、接客からサーブ、残り物を廃棄して皿洗いをし、さらにはレジで代金の徴収まで一人で何役もこなさなければならない。これは人手が多く分業の進んだインドの厨房では考えられない事で、規模の大きなホテル勤務歴のあるコックほどこうした作業はプライドが邪魔をして困難となる。小さい店を少人数のスタッフで回す日本式に対応出来なければ、最終的にはその職場を去らざるを得ず、実際そのような理由で日本でのコック仕事をあきらめたインド人も少なくないという。その一方で、そうした状況に柔軟に順応していったのが宗教的束縛から比較的自由だったネパール人コックだった。

草創期のインド料理店のオーナーたちが開業時に最も頭を悩ませたのが、仕事の出来るコックの確保とその招聘だった。今と違って来日手続きのためには必要書類も多く煩雑だった。当初オーナーたちは直接、コックのリクルートのためにわざわざインドまで出向いていたが、やがて自らが連れてきたコックに人材紹介を依頼するようになる。オーナーの側は費用をかけてインドに行く必要がなくなり、コックの側も仲間や身内を招聘出来るので双方にとってメリットのある話だった。やがてこの口利きそのものをビジネスにする人たち、つまりブローカーが台頭してくるのだが、いずれにしても国内のインド料理コックの確保はこの紹介制が主流となっていく。インド人コックはガルワール地方から、ネパール人コックはバグルン、グルミ、チトワンといった地域がシンジケート化し、地縁・血縁者を中心に人材が紹介されていった。

こうした経緯により国内のコック人材はインド人からネパール人へと偏重していき、とりわけバグルン出身者へと偏っていった。その理由は様々考えられるが、宗教的束縛が希薄でどんな仕事にも柔軟に対応出来た事、低賃金でも雇用可能だった事、（インド人に比べ）従順でコントロールしやすかった事、などが挙げられる。要するにオーナーたちにとってネパール人は「使える人材」だったのである。

バグルンは元来インドを含む海外に出て働く出稼ぎ労働者を多く輩出する土地柄で、インドをはじめ世界各国に人材を送り出している。とはいえ必ずしも世界中のインド料理店の厨房で働いている訳ではない。例えばマレーシアは世界で最もネパール人出稼ぎ労働者人口の多い国にもかかわらずバグルン出身者が少なく、居たとしてもコック職には就いていない（工場勤務やガードマンといった仕事が多い）。ネパール人移民の多い他国に於いても同様である。ではなぜ日本国内に於いてのみ、バグルン出身のコックが増えていったのか。

インドに於けるバグルン出身者の主な出稼ぎ先の一つが飲食店厨房だった。仕事は下処理や掃除などの単純肉体労働だったが、勤務している内にカレーの調理やタンドール作業を任される者が現れるようになる。１９８０年代から１９９０年代になると、たまたま日本から人材スカウトに来たインド料理店のオーナーとの幸運な出会いがあって招聘されはじめる。来日後は、調理だけでなくレジや掃除までこなす器用な仕事ぶりが認められ、追加の人材補充時に自らの親族などを紹介する事で連鎖的にその数を増やしていく。やがて彼らの間でまずインド国内の飲食店で働いて実務経験を積み、しかるのちに招聘状とともに日本大使館でビザ申請するという来日ルートが開拓され定着していった。この渡日技術は当初彼らの間でのみ口伝されたため、初期の日本のインド料理店ではバグルン出身者が独占的に働くようになっていった。これが日本にネパール人、特にバグルン出身のコックが急増していった理由である。

このように、インドに出て専門的な調理技能を身につければ、日本を含めた賃金の高い外国で働くチャンスが得られるという意識がバグルン出身を中心としたネパール人の間で共有されていた。しかしこのようなルートを経ずに入国し、飲食関係の仕事に従事するネパール人も、初期の頃は少なくなかったという。

日本のインド・ネパール料理店の成り立ち②――増殖期

玉石混交と試行錯誤の時代

様々な来日方法

コックの来日経路として、こうした口利きや紹介によって技能ビザで招聘される人たちは当初かなり少なかった。特に1980年代から1990年代にかけて来日し、その後厨房で働くようになった人たちは、元々は観光ビザや展示会・博覧会などへの出席・出店のための短期商用ビザといった短期滞在者用のビザを取得して入国した人が多いのは前述の通りである。そのうち現在も国内に滞在する人の多くは、その後日本人と結婚して配偶者ビザに在留資格変更している。

当時、既に多くの日本の若者がバックパッカーや青年海外協力隊員としてネパールを訪れていた。そこで日本人と親密になり婚約に至ったネパール人、あるいは日本人バックパッカーと友人関係を築き、彼らの招聘で観光ビザを取得し来日の足掛かりをつかんだ人もいた。その観光ビザにしても、当時ネパール国籍者にとって取得は困難だったが、なぜかドイツを経由すると日本に入国がしやすかったといわれ、実際にドイツ経由で来日した福岡市清川でアショクズ・バーを経営するアショク氏のような人もいる。ちなみにアショク氏はその後日本人の女性と結婚している。

観光ビザや短期商用ビザでバブル景気に沸く日本に来日し、やがてオーバーステイ（超過滞在）状態で滞在を続け、その後日本人と結婚して配偶者ビザに在留資格変更し、さらに永住申請してインド・ネパール料理店のオーナーとなる。今ではチェーン店を構えるネパール人社長が、実はこのような滞日経緯を持つケースは決して珍しい事ではない。とはいえこうした過去をつまびらかに語ってくれる人材は少ない。例外的に板橋区大山でマナカマナを経営する齋藤まどかさんからは、日本人配偶者の立場から見た当時のネパール人との結婚や開業事情などの貴重なお話しを伺う事が出来た。

「ネパール人に限らず、当時はオーバーステイしている外国人は多かったですね。そういう外国人と結婚する日本人もいました。純粋に恋愛して結婚に至るカップルもいる一方、滞在許可のために結婚したなんて事を公言するバングラデシュ人なんかも居て、嫌な感じでした。私の旦那さんとはバイト先のインド料理店で知り合ったんですが、その時既に彼はオーバーステイ状態でした。この特別在留許可の申請が大変で大変で…。当時はネットもなく、弁護士に相談するお金もなかったので、主に図書館などで法律関係の本を調べたり、時々開かれる無料法律相談などに行ったりしていました。正式な在留許可が下りるまで4～5年はかかったんじゃないですかね。正式に在そういう情報収集をしていく中で、同じ境遇の方たちとも知り合うようになりました。正式に在留許可が下りてマナカマナを始めましたが、開業当初助けてくれたのは当時新宿で事業をしていた知人のパキスタン人です。物件取得からメニューの事などいろいろとアドバイスしてもらいました」

1980年代後半に急増したパキスタン人が先行して開業したインド料理店を、居抜き物件として有償譲渡され経営の足掛かりにしていくネパール人が増えていくのが1990年代以降である。ちなみに入管の統計では、オーバーステイ状態の外国人総数は1980年代後半から急増するものの、1993年をピークに減少に転じている。

マオイストによる内戦と来日コック急増の因果関係

このように他のアジア系外国人同様、ネパール人もまた短期ビザで入国してそのままオーバーステイしながら働くケースが見られたが、やがてこうした不安定な方法ではなく、経営者または仲介業者の手助けを得てコックビザ（調理技能ビザ）を取得して合法的に来日する、より安定した方法が主流になっていく。1990年代後半から徐々にその割合は増えていったが、彼らを国外に押し出した理由の一つに、ネパールが抱える国内問題がある。

19世紀から20世紀にかけて、ネパールは国王または宰相らによる独裁体制が長らく続いていた。旧ソ連や東欧の民主化革命の影響もあり、長年の独裁体制から1990年には民主化が達成されたものの、政治や行政は相変わらずヒンドゥー教徒の高カースト男性らによって支配されたままだった。山岳民族や後進諸カーストにとって抑圧的なものであり、制定された新憲法も形骸的なものだった。こうした名ばかりの民主化に対し、民族、カースト、宗教、地域、ジェンダーなど様々な抑圧からの全解放を要求して、1996年に政府に対して武力蜂起したのがマオイスト（ネパール共産党毛沢東主義派）だった。彼らは2006年に終結するまでの10年もの間、山間部を中心に政府軍との間で戦闘を繰り広げた。事実上の内戦状態（マオイスト側は人民戦争と呼ぶ）である。

マオイスト運動によってもたらされたのは、個別の民族的アイデンティティの獲得とそれに基づいた古くからある差別や因習の解消だった。食を例にとると、例えば異なるカーストの人たちが集団共食したり、バウン族の男性がマガル族の女性の作る豚肉料理を食べたり、シェルパ族の日常料理をレストランメニューとして一般客相手に提供したりといった変化に見て取れる。今では日常的に見られるこれらの食行為は、本来宗教的または社会慣習的なタブーとされていた。またこのような直接的な影響だけでなく、戦闘状態にあった山間部を逃れてカトマンズに移住してきたタカリー族によって都心部で新たにはじめられたタカリーレストランが、やがてネパール料理の一つのフォーマットとなっていくなど、現代ネパール料理の確立にマオイスト運動が間接的に寄与した役割は少なくない。

ただし彼らがもたらしたものはこうした恩恵ばかりではない。人民戦争である以上、当然人の死をともなう負の部分は大きかった。いくら彼らが高邁な理想を掲げていたところで、その巻添えを喰って殺されてしまってはたまったものではない。特に山間部でゲリラ的闘争を政府軍に対して仕掛けていたマオイストたちは、武装集団の前線基地を置くためにも、またそこに通う子供たちに思想教育を施すためにも地方の学校を標的にして拠点化した。指示・命令を下すため、彼らの銃口は学校に出入りする職員や教員たちに向けられ、歯向かう者には容赦なく引き金が引かれたという。

現在、東京都内でインド・ネパール料理店Pを経営するA氏も、かつてマオイストから銃口を突き付けられた元教師の一人である。A氏はその時の恐怖を生々しく語る。

「大学を出てグルミ郡で英語の教師をしていました。ネパールでは学校の教師は『尊敬される』仕事。だからこそ逆に、マオイストの標的にされるんですよ。勤務先の学校はマオイスト軍の命令により閉鎖しました。それだけでなく、武装した彼らが深夜、自宅を襲撃してきたのです。命だけは助かりましたが、金品は強奪されました。隙を見て裸足で逃げました。手元には数百ルピーしかなかった」

九死に一生を得たA氏は、この時ネパールを出国する事を固く決意。既に千葉市内の飲食関係の仕事に就いている兄に連絡を取りながらネパール人ブローカーを紹介してもらい、その指示に従って一旦指定されたデリーのレストランに身を寄せる。そこで10年勤務したというニセの証明書を得た後、数か月間、2～3の店で実績を積んだのちカトマンズに戻り別のホテルに籍を置きながら日本大使館にビザ申請。

「大使館では面接の他に調理の実技テストもあると聞いてたけど、私の時はなかった。申請したのは2009年でした。しばらくして大使館から勤務先に電話がかかってきた。身元確認の電話で『Aさんはそちらで勤務していますか?』と聞かれたので、私はとっさに他人のふりをして『はい、彼は真面目にここで働いてます』って答えました(笑)」

こうして無事にビザを手に入れる事が出来、A氏はネパールを出国する事が出来た。この頃には既に、彼を手助けしたような日本行きを請け負うブローカー業者が多数存在していた。ピーク時には一人当たり100万とも200万ともいわれる高額な手数料が問題になったり、書類偽造といったダーティーな面ばかりがクローズアップされがちだが、一方でこのような生命の危機に瀕する人たちの最後の砦としても機能していたわけである。200万円で命の保証と新しい人生がまかなえるなら、果たしてそれを高いといえるのかどうか…。

A氏の話から分かるように、ここではコックとして日本に行くための動機と手順に逆転現象が見られる事がわかる。従来のバグルン出身者らは、生活の手段としてインドに渡り、食堂の厨房などで重労働に耐えつつ経験を重ね、やがて日本を含む外国行きのチャンスを掴んでいた。やがてこの「インドで経験を積んで日本に行く」というシンジケートが開拓され、ある種のブローカー・ビジネスと化していくと、これを利用する人たちが急増した。その利用者の内訳は、マオイスト運動によって直接的な被害を受けたA氏のような人たち以外に、内戦による治安悪化や経済停滞によって仕事を失った人たち、新たなチャンスを求める人たちが多数を占めた。つまり初期の頃には元々コックだった人たちが日本に向かったのに対し、次第に日本に行くための手段としてコックに化ける人が増えていったのである。

とはいえ例えばネパール人（の一部）がブローカー化する以前から、既に国内のインド人やパキスタン人らの間で同胞招聘時にブローカー化していた事例はあり、また渡日だけでなく欧米や東南アジアに渡る場合も、またコック以外のどんな仕事の場合でも常にこの手の仲介者は存在し仲介料は発生した。そしてこの仲介料は、兄弟などごく近しい関係の場合以外、たとえいとこや叔父・甥といった関係でも支払われている事を考えると、とかく罪悪視されがちなこの有償による仲介・送り込みというブローカー行為が、広くインド亜大陸特有の至って普通な商習慣なのではないかという気さえしてくる。

さらにいえば、仮に日本行きの手段としてコックに化けたからといってそれだけで「偽物」認定してしまうのも早計である。来日後、生活や借金返済のために真面目に技術習得した結果、元々インドの高級ホテルで修行したコックよりも技術的に上回る技能を獲得したり、料理や飲食店経営に目覚めて多店舗チェーン展開する人だっている。仮に来日時の動機が本来とは違っていても、その後飲食関係者として才能を開花させ、日本において第二の人生を成功させる人も少なくない。ただしそれはごく一握りの人たちでもある。

内戦終結後の2007年、ネパールの国外労働法はさらに改正され、海外での就労が促進されるようになる。外貨獲得のために海外出稼ぎを政府が後押しするような形である。以降2010年代半ばまで、コックビザで入国するネパール人は急増していく（ビザ発給数の増減は関係する大使館側の裁量にも左右される。例えば就任する大使によってビザが出やすかったり、出にくかったりするものらしい）。この時代、国内にはネパール人経営のインド料理店、つまりインド・ネパール料理店が粗製濫造されていく。ブローカーと化した店主による新規コックビザ申請のために増やした店舗では、メニューや看板、内装などが専門業者によってテンプレート化され、判で押したような無個性の料理が量産されていく。各駅に3～4店舗存在するのが当たり前となり、過当競争を引き起こしていった結果、かつてその高級感や希少性が売りだったはずのインド料理は全く珍しくなくなり、次第に安さだけが取り柄の低価格帯料理と化していった。結果的に「安かろう悪かろう」というイメージが定着し、低価格競争の持つ弊害にその後彼ら自身が苦しめられていく事となる。

ネパール人のインド料理観

ここで一旦、ネパール人自身がインド料理をどのように捉えているかを考えてみたい。本来的に他国の料理であるはずのインド料理を、ネパール国内ではどう位置付けているのか。それがどうネパール人に膾炙され、消費されているのか。

1947年の独立後、インドの高級ホテルはそれまでの主たる顧客だった常駐イギリス人を失った。代わって新たなる顧客として台頭したのが訪印外国人や富裕層のインド人で、ホテル側には彼ら顧客を満足させる、イギリス風ではなくインドらしい料理が急遽求められた。そこで政治の中心だった首都デリーに近く、きらびやかなイメージが持たれていたムガルの宮廷料理や豪快なパンジャーブ料理にヒントを得た数々の「インド料理」が創られていく。そうした料理が、前菜にサラダとスープ、メインが出されてデザートと食後のティーやコーヒーというコース仕立てでサーブされるようになり、客はそれをテーブルに椅子、ナイフとフォークとスプーンで食べる欧印折衷式が定着した。この時代に完成したこの手のホテル式インド料理の定型が、のちに日本を含む世界中に拡がるインド料理店のスタンダードと化していく。もちろん、現在の日本のインド・ネパール料理店料理の中にも色濃く継承されている。

例えば前述のギータを経営するジナ氏は、渋谷のラージマハル時代のメニュー作りについて次のように語る。

「メニューは開業時にインドのタージ系ホテルのヘッドシェフを短期間日本に招聘して提案してもらいました。それを、その後入った我々コックたちがさらに補強したり、追加したりしました。メニュー作りはオーナーではなく、我々プロの職人の側が提案して完成したものです」

実際ジナ氏自身もデリーの高級ホテル、タージでの勤務歴を持つ。この時代のインド料理店はこのように、メニューを作るのにも資金と人材をかけていたのである。ただしこうした由緒正しいインドのホテルでの実務経験のあるネパール系の人材は、例えば福岡市ミラン（2003年〜）のラムチャンドラ氏や、大阪ビンドゥ（2003年〜）のシャルマ・アトマ・ラム氏のように1990年代の初期に来日した人たちの中にこそ存在したものの、2000年代以降の増殖期に差し掛かるとキャリアが偽装された、実際には未経験の人材が多く来日するようになる。未経験者たちも、先行者の作るこうしたホテル系インド料理の定型を模倣・踏襲する事で何とかそれらしい料理を提供していった。

現在、ネパール国内のコック最多輩出地であるバグルンは、前述の通り取り立てて有名な観光地ではなく、ましてや特産料理があるようなグルメ地方などでは決してない。そもそもバグルンを含めてほぼ全てのネパール人、いや広くインド亜大陸の在住者の大半が、日常的な外食とは縁のない生活を送っている。北インド出身者だからといって、日常的にバターチキンやナンを食べている訳ではない。むしろそのような料理を食べるのは、外食先における極めて例外的なケースであり、北インド人であっても仕事として接するまでバターチキンやナンを一度も食べた事がない調理関係者が珍しくないのである。

近年、カトマンズのような大都市では家族や友人同士が揃って外食に出かける光景が珍しくなくなった。従来、友人同士と連れ立って食べるモモやチャウミンといった軽食は存在していたが、若者の間ではそうした選択肢の一つとしてインド料理店が選ばれる事もあるという。また外国人観光客の多いタメルや大使館が集まる高級住宅街のラジンパットなどには高級インド料理店

ネパール料理店のダルバート

が存在し、よそ行きの服に身を包んだネパール人客が非日常的なインド料理に舌鼓を打っている。ネパールの富裕層の中には、ありあまる金の使い道の一つとしてこのような高級店、高級ホテルでの飲食を楽しむ人たちもいる。

ただこれはネパール全体からすればごく例外的なケースであり、多くのネパール人にとってそもそも家族で外食する事自体が一般的ではない。親族の集まりがある場合も連れ立って外食する事はなく、あくまでも親族宅内で食事が作られ、提供される場合がほとんどである。婚礼やお祝いの宴席もその集団共食の場は決してレストランなどではなく、主催者の家のアーガン（中庭）である事が多い。またカトマンズなどの都市部で、大勢の人たちが集まるための充分な広さの家がない場合、代わりに貸しホールで行われる事が多い。つまり外食店はイベントの場とはならないのである。

多くのネパール人にとってインド料理とのファースト・コンタクトはこうした婚礼やお祝い、またインドに出稼ぎに行っていた身内が帰って来た時といった宴席の場に於いてである。それもレストランで食べるものではなく、専門のケータリング業者によって宴席の場に運ばれてくるイメージだという。ただしこれには民族差があり、特にネワール族の場合、伝統的な祭礼の場ではインド料理ではなくあくまでもネワール族の伝統で定められた食事内容となる事が多い。このようにインド料理とは、あくまでも伝統的祭礼ではない祝いの席で食べられる非日常的な料理というイメージなのだ。

ダルバートなどのネパール料理はあまりにも日常的であり、祝いの席で食べるようなものではない。現在も自店のメニューにダルバートなどの日常料理を加えるのに抵抗のある国内のインド・ネパール料理店のオーナーが多いのはこのためである。ハレの席とは日常を忘れるための空間であり、料理にもまた非日常性が求められる。そのような役割を果たすのがネパール人にとってのインド料理なのである。

日本のインド・ネパール料理店の成り立ち③――成熟期

ネパール料理店の成立と今後の動向

留学生マーケットの出現

これまで見てきた通り、日本に長期滞在するネパール人のステイタスにはコック（技能）か日本人の配偶者という2通りが主流だった。当初こそ配偶者ビザでの滞在者が目立ったが、やがてコックビザを持つ滞在者がその数で圧倒していく。またコックの中にも2通りあり、純粋に自ら選び取った職業としてインドのホテルでの実務経験を既定の年数積み、正式に日本人やインド人オーナーに招聘された比較的初期に来日した人たちと、偽造の経歴書によって増殖期に来日した人たちとに分かれる。前者は１９９０年代後半あたりまで見られ、２０００年代以降は後者のパターンが増えていく。ただ全てのオーナーが経験豊富なベテランコックを雇いたがった訳でもない。「安い賃金で雇えるから」とか「変なクセがついていないから」という理由で未経験のコックを雇いたがるネパール人オーナーもまた少なからず存在した。

やがて滞在者数で、コックに代わって台頭してきたのがネパール人留学生たちである。データの上でも、外務省の「新規ビザ発給数」では2010年頃を境に、また法務省の「在留資格別滞在者数（累計）」では2014年を境にしてコックよりも学生が数的に上回るようになる。

留学生が増えた理由の一つは、コックビザが従来のように発給されにくくなったからだといわれる。その原因として、まことしやかに次のような噂が在日ネパール人の間でささやかれている。

「オーナーは店をやりたいからコックを呼ぶのではなく、（手数料が入るから）コックを呼ぶために店を作る。そのため（日本）国内で経歴詐称したコックが増えすぎて、いざ働こうにも自分たちの単価が下がる。だからコックたちがグループを作ってカトマンズの日本大使館に『これ以上、コックビザを出さないでくれ』と団体交渉した」

というものである。ただし実際にそのような問答があったのかは不明である。

いずれにしても日本に行きたい若者たちは、コックではなく留学生の道を選ぶようになっていった。もちろん中には向学心に燃え、将来のヴィジョンを見据えたうえで来日する留学生もいたが、中にはビザが取りやすかったからという人たちもいた。またコックとして招聘される場合でも高額な紹介手数料は発生したが、留学生の場合も前提として高額な入学金や渡航・滞在諸費用などを準備する必要があり、コックであろうと留学であろうと事前に高額な金額を用意する点では同じだった。

こうして拡大していった国内のネパール人留学生の市場が、その後の日本に於けるネパール

（専門）料理店の出現と繁栄の主たる要因となっていく。２００６年の内戦終結以降、右肩上がりに増加傾向だった日本への留学生の総数は、２０１５年４月25日に発生したネパール大地震によって一旦は減少に転じるものの、その後再び急拡大していく。ただでさえ脆弱な国内経済が地震によって壊滅的なダメージを受け、元々ネパール国内で少なかった進学・就職先の幅がさらに狭まったためである。

日本が留学先に選ばれたのは必ずしも積極的理由によるものではなく、欧米各国に比べて比較的ビザが下りやすかったという消極的な理由が主だが、別の方向で彼らを後押ししたのが当時カトマンズ市内に乱立しはじめた日本語教室や留学斡旋業者だった。２０１４年にカトマンズを訪問した際、これらの教室や業者のあまりの看板の多さに驚いたが、中には身元の怪しげなところもあり、田舎の純朴な青年がカモにされているケースもあったようである。また「今、カトマンズに日本語学校を作っている」というネパール人飲食店オーナーに都内で何人も会った。コック招聘のためのブローカー業から、いつの間にか留学生斡旋のブローカー業に転じていたのである。その変わり身の速さは同じ商売人として妙に感心させられたものだった。

ちなみに留学先として最も希望者の多かったのは東京だったが、本来一律であるはずの各自治体入管による裁量の差が生じるのか、同じ申請書類を提出しても東京にある日本語学校を管轄する東京入管からは許可が下りなかったのに福岡の入管には通ったとか、沖縄に変更したら通ったとか、必ずしも希望と合致するものではなかった。いずれにしても全国各地に散らばったネパール人学生たちは学校周辺に部屋を確保して居住を始める。この留学生数の急増期に歩調を合わるかのごとく、絶妙なタイミングで新大久保に出現したのがMOMOだった（MOMO以降のネパール人街化に至る詳細は「新大久保」の項を参照）。不慣れな異国の地で故郷の味を求める多くの留学生たちの集客に成功。やがてこのMOMOのビジネスモデルに触発されたネパール料理店の出店ラッシュが全国のネパール人留学生の多い学生街で広がっていく。これら新しいムーブメントの担い手の多くが元留学生だった。彼らは留学後、就職ではなく起業の道を選んでいったのである。

元留学生によるネパール料理店起業のモチベーションの一つとなったのが、既存のインド・ネパール料理店に対する不満だった。とりわけ2000年代以降の粗製乱造された店で働く、実際の経歴を持たないコックの作る味は、ある種の反面教師として彼らに認識された。2017年に名古屋市中区でネパールステーションを開業したダカル氏は次のように語る。

「留学中にネパール人がやっているインド料理店で時々食べましたが、全然美味しくなかった。辛くて油っぽくて、我々ネパール人の口に合うとは感じられなかった。だから出店場所をネパール人の多い丸の内に決めた時、絶対にネパール人の口に合うスタイルでやろうと思ったんです」

同様に福岡市南区で2013年にブッダを開業し、その後もナングロ・ガルの福岡支店他、様々なネパール料理店を手掛けているラクシュマン氏もまた、既存店に対する不満が起業のきっかけだった。

「留学生の頃に市内のインド料理店で食べましたが、満足出来る店は無かったです。福岡にはネパール人学生が増えてきていて、彼らの集まれる場所も欲しかった」

毎年大勢の友人知人を自宅に招いてダサイン祭を行う、ラクシュマン氏のような統率力のある（元）留学生にとって、人が集まれる場の開設というのもネパール料理店を開業する一つの重要な動機だった。さらに重要なのは、彼らは決して飲食の場に「非日常的なインド料理」を求めていない点である。従来、ネパール人がインド料理店を経営する場合、当然のようにネパールの家庭では食べられないような「インド式のご馳走」を並べなければならない、というのが業界の常識だった。ミランやビンドゥといった初期のネパール人オーナー店によって提供されたこれらハイスペックな「インドのご馳走」が、やがて増殖の時代に乱立した低品質な店によってイメージが低下していく。一方、こうした元学生の飲食店オーナーたちはそうではない、むしろ自分たちにとって身近で落ち着ける料理と空間を求めた。その結果、「インド式のご馳走」ではない、ネパールの日常的な料理が着目されていくのである。

さて、こうした元学生の飲食店オーナーたちが初めての事業としてネパール料理店を開業する際、直面する様々な困難のうち最も問題となるのが雇用する同胞のコックの存在である。外国人による飲食店経営は、経営者単独では出来ず、必ず専門のコックを雇わなければならない決まりに法律上なっている。

日本では経営ビザ取得の要件として、開業して運転している事を挙げている。順序が逆のようにも思えるが、ビザを取得してから開業するのではなく、開業して営業した後にビザ申請する仕組みなのだ。物件取得し、内装工事を終え保健所の審査をパスし、コックを雇って客に料理を出している状態で初めてビザ申請が開始出来る。この際、往々にしてオーナーより滞日歴も長く日本での飲食経験を積んでいるコックたちは、ネパール料理専門で行きたいという若いオーナーの意向に反対し、インド料理店料理の方がもうかる、あるいはネパール料理など作り方を知らない、などと難癖をつける。元留学生オーナーたちは飲食店経験どころか社会人経験すらない者もいて、押し出しの強いベテランコックに押し切られ、当初の理想とはかけ離れた業態で営業を開始せざるを得ないケースも少なくない。また自らの技能を狭義の「インド料理」に限定して解釈し、ネパール料理を作るのが資格外だと誤解しているコックも存在する。こうしたネパール料理を作りたがらないネパール人コックの説得が、越えなければならない元学生の飲食店オーナーたちの第一関門だった。とはいえその後増加するネパール料理店の趨勢にしたがい、現在では純然たるネパール料理を作るコックが一般的となっている。

ネパール料理の二極分化と伝統への覚醒

従来のインド料理に対する不満を一つの動機として誕生したネパール料理店は、ネパール人留学生という新たなるマーケットの拡大と共にその数を増やしていった。そこで問われてくるのが、提供する側のネパール料理への「ひきだしの数」である。

ネパール料理を謳い文句にする以上、顧客のニーズに応じた幅広いメニューを提供する必要が生じるが、では果たして料理を提供する側、とりわけ留学生上がりの社会人経験すらないようなオーナーたちがどの程度のネパール料理知識を持っているのか。仮に持っていない場合、どこで培えるものなのか。

出どころの一つがカトマンズに存在する有名店である。バジェコセクワガル、ナングロ・ガル、ヤク&イエティといった国内に存在する店名は実は全てカトマンズに実在する有名店から取られたものであり、こうした店のメニューやイメージを手本としている事がわかる。元々摸倣に関して寛容な人たちでもあり（「ネパール人の店名考」参照）、特に故国で人気のメニューはむしろ堂々とその店名を冠して提供される事も珍しくない（カトマンズのタメル地区にある有名店New Everest Momo Center の名を冠した「エベレスト・モモ」を出す店も複数ある）。最近はネットで料理写真や動画がいくらでも入手出来るので、こうした摸倣ないしインスパイアはどんどん簡便になっている。

また母親などに聞く場合も多い。そもそも伝統的な観念で男性が厨房に入る事すら忌み嫌うヒンドゥー教最上位カーストのバウンの例もあるように、家事分担のジェンダー差の大きいネパール社会において幼少期から日常的に厨房に立ってきた男性は極めて少ない。にもかかわらず料理店の経営者になろうとするのは圧倒的に男性が多い。プロのコックもまた長年仕事として作ってきた外食向けのインド料理は出せても、家庭的なネパール料理のアイデアは乏しい。この矛盾を埋めるために、最終的に頼りにするのがアマ（お母さん）なのである（このケースは他のインド亜大陸出身オーナーにも同様に見られる）。

中にはビジネス目的ではじめたはずのネパール料理店を、よりオーセンティックなものにしようとするための情報収集の過程で、それまで意識していなかった自らが属する民族の祭礼食など廃れてしまった伝統文化に目覚めていくケースもごくまれにある。これは店を訪問する客の側も同様で、伝統料理に接する事でそれまで意識していなかった内なる民族意識が覚醒していく若者もいる。

日本のネパール人市場の拡大とともに、有名店のメニューやスタイルを模した高級志向の店が存在感を増す一方で、より庶民的な大衆食堂を模したスタイルも現れるようになる。例えば留学生が多く集まる新大久保などには彼らに部屋を斡旋したり、雑居ビルの1フロアを寮に改装して多数住まわせる新ビジネスが横行しているが、そこに併設あるいは同じオーナーが彼ら向けに安い定食を提供しはじめるケースもある。ネパールではこうしたまかない付きの下宿は一般的だが、日本でも飲食店オーナーらがそれを踏襲した形である。やがて彼ら向けに出されていた廉価の定食が他店でもメニュー化され、学生だけでなく一般客にも提供されるようになる。これが「500円ダルバート」などと銘うたれて日本人の間にも浸透していった。一時は500円を切るダルバート提供店が複数出現し、あまりの不毛な低価格競争が憂慮されたが、現在は解消されて平均600円前後で推移している。その一方で、高級で洗練された、従来のインド料理とは別の新しい解釈による非日常的ネパール料理を高価格帯のコースで提供するような店も登場していて、国内のネパール料理店が二極化している事がわかる。

既存店の意識の変容

盛り上がるネパール料理店の趨勢をみて、従来型のインド・ネパール料理店のオーナーの中にも徐々に変化の兆しが見えはじめた。従来型の、特に1980～1990年代にインドのホテルで「正規の」コック実務経験を経たオーナーたちは、家庭料理のような「正規の」訓練を必要としない日常料理などをプロの仕事として認めない傾向が強い。ホテル料理こそが金を取れるプロの料理だと、プライドの高い彼らは信じているのである。

しかしここ数年、彼ら従来型のインド・ネパール料理店のオーナーたちの間でも、元々のホテル系インド料理に加えてネパール料理メニューを増やす人が増えてきた。例えば同じ名古屋市内でも、日本人客の多い中川区ではナンやバターチキンなどのインド料理を中心に出し、ネパール人客の多い中村区ではネパール料理を中心に出すマチャプチャレのような、いわばインネパ二毛作店が複数出現するようになっている。

理由の一つは日本人客の客単価の低下がある。客が集まるのはせいぜい価格を抑えたランチ時のみで、それもネットのグルメサイトなどが発行する割引クーポンを持参し一番安いセットメニューのみを頼む客が増えたという。「昔に比べてセコい客が増えたよ」と、あるネパール人オーナーは嘆く。飲酒を伴う夜の集客など推して知るべしで、そこにコロナによる緊急事態宣言がさらに追い打ちをかけている状況である。

一方、日本人客単価の下落と反比例するように、在留年数の長い収入面も安定したネパール人客の多くが来店するようになる。概して彼らはグループで来店して気前よく金を遣うケースが多く、（コロナ前は）よく酒も飲み、中には日本で所帯を持ち、家族連れで来店して誕生会など依頼するケースもある。店の側も、確かに大声を出したり歌ったり踊ったり、騒ぎこそするが金払いのいいネパール人客に比重を置き、彼らの希望するようなメニューを増やしていく事となる。この場合、単純にチョエラやスクティといったネパールの定番メニューが増えていく場合もあるが、事は必ずしもそう単純なものではないという。

新大久保界隈などで増え続ける印象から、一見ネパール料理専門店は成功したビジネスモデルのように見える。しかし実際には、来日後出入りするようになったインド・ネパール料理店特有の料理を好むネパール人も少なからず居るのである。とりわけ故国には存在しなかったナンの味に魅了される若者が多い。一部のネパール人オーナーは「チーズナンを置かなきゃ、イマドキのネパール人たちは集客出来ないよ」とまで言い放つ。メニューにインド料理とネパール料理を併記してあっても、必ずしもネパール人自身がネパール料理を注文するとは限らない。むしろ喜んで頼むのは日本人のマニアだったりする。そんな思惑通りにはいかない店と客との心理戦にも似た攻防を繰り返しながら、日本の中のインド・ネパール食文化はさらなる深まりをみせてゆくのである。

次世代の台頭と日本の中のネパール料理の今後

１９８０年代後半から徐々に来日するようになったネパール人コックたちがやがて経営者となり、自らの地縁・血縁者を中心に有償・無償で招聘する事で特に２０００年以降、その数が急拡大していく。妻帯者たちの多くは家族滞在ビザで妻子を招聘し、妻はホテル清掃や弁当工場などで働き家計や仕送りを支えるパターンは本文中にも紹介した通りである。それが２０２０年代になると、彼らの息子・娘世代が学業期間を終え、扶養の範囲内とされる家族滞在ビザから離れる時期に差し掛かってくる。

息子・娘世代のネパール人たちは幼少期に来日し日本の公立学校などを出ているため日本人、特に若者世代の嗜好を肌感覚で理解している。また多くが居酒屋やファミレスといった飲食業界でバイト経験があるため、日本的サービス業の空気感も体得している。この点、同じように飲食業界でバイト経験を積んだ留学生上がりのネパール料理店経営者と共通する。現在、こうした息子・娘世代のネパール人たちが日本的サービス業で得た経験を基に父親の飲食業を手伝うケースが出現しはじめている。千代田区神田三崎町にあるラミちゃんの台所などは正にその好例で、長年インド料理店で働いてきた父親と居酒屋などでアルバイトしてきた息子とが双方出し合ったアイデアを元にメニューが作られている。店の名義は母親だが、接客などは息子が積極的に主導している。このように多くのネパール人経営者が国内で子供と同居している事から、今後親子経営のインド・ネパール料理店は増えていくと思われる。さらにその次の世代、日本で出産した子供が十数年後には戦線に加わってくる。今後そのような日本生まれのネパール人たちが親と共同ないし独立して、日本生まれの新しい感覚を武器にした店が出現していくだろう。

こうして発生した日本独自のネパール料理は、やがてネパール本国に還流されカトマンズやその他の地域のレストランにも影響を与えていくだろう。現に今も日本で成功したネパール人飲食関係者の中には、故郷ネパールで飲食関係の事業を行っている人が少なくない。例えば北海道の網走市に本店を置くビスターレ・ビスターレのアルジュン・アディカリ氏はカトマンズで〈北海道ラーメン〉を事業展開している。横須賀市最古参のインド・ネパール料理店ニルヴァーナのウォスティ・ロクナト氏もウルトラ（Urutora Japanese Restaurant）という和食レストランで寿司や海鮮料理を出している。ただしこのような日本からの投資を呼び込むには、より安定した政治・経済・インフラ体制がネパール側に求められるのは言うまでもない。

一方、日本国内のインド・ネパール料理店の展開だが、現在も既にみられているのは、例えば巨大ショッピングモールにテナントとして入る大型店化、老舗デパートの最上階のレストラン街に出店する高級路線化、全国にチェーン展開するビジネスホテルや高速道路のサービスエリアなどに入るファストフード店化、街中や郊外などで既存のファミレスと競合するファミレス化といった業態である。さらに都心部ではモダンインディアン的なアプローチ、またロハスやヴィーガンといったナチュラルで限定されたニーズにも親和性をみせている。

順応性の高さとホスピタリティに富む、正にサービス業を生業とするために生まれてきたようなネパール人たちが、今後どのような国内の食分野を開拓し、またどのような既存の業種と競合し、新たなる食のジャンルを生み出していくのか。またそれが故国ネパールや世界中に住むネパール・コミュニティの食シーンにどのように影響を与えていくのか。刻一刻と目まぐるしく変化する彼らの動向を、その激しいスピードに振り落とされないようにしがみつきながら、これからも注視しつつ食べ続けていきたいものである。

おわりに

現代日本のインド料理店の主たる担い手が、インド人ではなくネパール人であるという事実は今や広く知れ渡っています。しかしネパール人の経営するインド飲食店、つまりインド・ネパール料理店（しばしばインネパ店と略されます）は、インド人ではない事で亜流視され、その総数に比して料理や動向が顧みられる事も、フォーカスされる事もありませんでした。しかしそこには現代日本のインド料理店像を象徴する動態が確かに見られ、深堀りしていくうちに単にインド人の代替ではない豊かで独自の食文化の広がりや、それを支えるネパール人オーナーやコックたちのたくましくも人間臭い魅力が沁みてきます。こうした動向や実態を紹介したいと思ったのが、本書執筆の主たる動機です。

ここで紹介した全国に散らばるインド・ネパール料理店はほぼ全て実際に訪問し、料理を必ず注文してほぼ全て完食完飲しています。あらかじめ訪問前にアポを取って時間を作ってもらい、じっくりお話を伺ったオーナーさんも少なからずいますが、多くは他に客のいない、商売の邪魔にならない時間帯を見計らって訪問し、聞かせてもらった話を中心に構成しています。事前に準備をしてもらい、ガッツリと話を聞き込むのもいいですが、食事のついでにポロリと聞いたこぼれ話の中にこそ彼らのリアルな息づかいが潜んでいるのではと思っています。

とはいえ、いきなり話しかけると不審がられる事もあります。中には当局のその筋の人間かと、あらぬ疑いの目でこちらを凝視するネパール人も少なくありません。こうした時に役に立つのが、カモフラージュとしての食器屋という商売です。いや、カモフラージュではなく実際に私は有限会社アジアハンターという、創業20有余年のインド食器輸入販売会社を経営していますが、相手の表情から不審がられているのが察知される場合「ウチにこういう商品があるのですが…」などと言って弊社パンフレットをスッと差し出します。するとどうだろう。不安げな表情を浮かべていた彼らも「なんだよ、食器屋かよ」と安心するのです。中にはこちらの食事を遮って商談をはじめる店主もいます。

読んでいただければ分かる通り、本書では決して食べる事のみを目的としていません。もちろん飲食店を訪問した以上食べる事を第一義とはしていますが、誤解を恐れずに言えば「美味への過度な期待を捨て去る事で生まれる新しい価値観」をここでは追求しています。もちろん美味しい料理にありつけるのは無上の喜びですが、それ以上に日本という異境に根を張り、日々の糧を得るために奮闘努力しているネパール人たちから聞く来歴や経緯、料理観や食文化観といった話の中に、舌で感じるものよりさらに大きな「美味しさ」が感じられるのです。とかく味や価格がクローズアップされがちな飲食業界ですが、その一軒一軒には設立に至るまでの、また設立してから今日に至るまでの過程で生まれる様々なドラマがあり、実は料理の味とはその店を感じるための表層の一つに過ぎず、そればかりを追い求めていると却ってその奥に存在する本質を見誤るのではないかというのが、本書を終えるにあたり到達した一つの結論です。

ここで紹介出来たインド・ネパール料理店は、日本全国あまたある中のほんの一部、氷山の一角に過ぎません。諸事情で残念ながら掲載出来なかった店も多々あります。また、取材を開始した2020年初頭には存在していた店が、本書が出る頃にはなくなっていた場合もあります。目まぐるしく状況の変化する飲食ビジネスを、制作に時間を要する出版物の形で案内するのは難しいかもしれませんが、その分深く掘り下げられたと思っています。いずれにしても、本書は多くの在留ネパール人の協力によって成り立っています。ビザ問題やコロナなどにより苦境に立たされる人も多く厳しい状況が続きますが、それを克服したあとの彼らの今後の展開が今から楽しみでもあります。

最後に、作成にあたり協力や情報提供いただいた日本各地の事情通の方々、インド人・ネパール人の皆さん、紙数や内容や納期に制限を設けず、自由に書かせていただいた阿佐ヶ谷書院の島田代表に謝意を表します。

有限会社アジアハンター代表　小林真樹

『「たべものや」と「くらし」：第三世界の外食産業』（アジア経済研究所）
『アジア遊学 117　日本で暮らす外国人―地方都市の日系人・アジア人』（勉誠出版）
『サンバの町から―外国人と共に生きる群馬・大泉』（上毛新聞社）
『シティ情報ふくおか別冊　新食べ歩き大図鑑』（プランニング秀巧社）
『福岡まんぷくガイド　美味本デラックス』（プランニング秀巧社）
『旅行人』2007 年春号（旅行人）
『月刊タウン情報おかやま』2021 年 6 月号（ビザビ）
榎井縁「共生のトポス 105 回　増える在日ネパール人②　スシルの物語」『解放教育』2010 年 2 月号
南真木人「増えるネパール料理店：エスニック・ニッチの開拓」『M ネット』147 号
移住連「入管法改悪反対－難民を拒絶する国、ニッポン－」『M ネット』210 号
工藤さくら「酒づくりと邪視（Evil Eye）―ネワールの酒文化と失敗の説明論―」『東北宗教学』15 号
新井智一「東京都福生市における在日米軍横田基地をめぐる『場所の政治』」『地学雑誌』114 巻 5 号
阿部新・浅妻裕「中古車輸出市場の形成と発展に関する予備的考察」『北海学園大学経済論集』55 号
須田敏彦「ネパールの海外出稼ぎとダリット：Dhading 郡の一農村の事例」『大東文化大学紀要．社会科学』55 号
南埜猛・澤宗則「日本におけるネパール人移民の動向」『移民研究』13 号
田嶋章博「驚愕のおかわり自由…新大久保の奇跡・“500 円ネパール定食 ” はなぜ消えつつあるのか」『文春オンライン』（https://bunshun.jp/articles/-/44898）
出井康博「バブル崩壊の日本語学校の犠牲となる留学生」『WEDGE Infinity』（https://wedge.ismedia.jp/articles/-/22741）
中尾聡「最新ロシア中古車流通レポート」『グーネット自動車流通』（https://www.goonews.jp/news_img.php?category=auto&id=4130&img=1）

参考文献

名和克郎編集『体制転換期ネパールにおける「包摂」の諸相 言説政治・社会実践・生活世界』（三元社）

公益社団法人日本ネパール協会『現代ネパールを知るための 60 章』（明石書店）

石井溥編集『暮らしがわかるアジア読本　ネパール』（河出書房新社）

石井溥、山本 真弓他『流動するネパール―地域社会の変容』（東京大学出版会）

小倉清子『王国を揺るがした 60 日』（亜紀書房）

平尾和雄『ネパール　旅の雑学ノート』（ダイヤモンド社）

平尾和雄『ヒマラヤの花嫁』（中央公論新社）

本田遼『ダルバートとネパール料理』（柴田書店）

南直人『ヨーロッパの舌はどうかわったか』（講談社選書メチエ）

玉村豊男『パリ　旅の雑学ノート』（新潮文庫）

リジー・コリンガム『インドカレー伝』（河出書房新社）

日本の食生活全集秋田編集委員会『聞き書　秋田の食事』（農山漁村文化協会）

柳本杳美『ヒマラヤの村　シェルパ族と暮らす』（現代教養文庫）

山本紀夫・稲村哲也『ヒマラヤの環境誌：山岳地域の自然とシェルパの世界』（八坂書房）

秋田吉祥『タライのうた―ネパール・タルー族の村めぐり』（東研出版）

稲葉佳子『オオクボ都市の力―多文化空間のダイナミズム』（学芸出版社）

中川加奈子『ネパールでカーストを生きぬく―供犠と肉売りを担う人びとの民族誌』（世界思想社）

飯島茂『ヒマラヤの彼方から～ネパールの商業民族タカリー生活誌』（NHK ブックス）

小島道一編『国際リユースと発展途上国』（アジア経済研究所）

福田友子『トランスナショナルなパキスタン人移民の社会的世界―移住労働者から移民企業家へ』（福村出版）

西日本新聞社編集『新移民時代：外国人労働者と共に生きる社会へ』（明石書店）

仲村 清司、藤井 誠二、普久原朝充『沖縄オトナの社会見学　R18』（亜紀書房）

小林真樹『日本の中のインド亜大陸食紀行』（阿佐ヶ谷書院）

小林真樹『食べ歩くインド　北・東編』（旅行人）

小林真樹『食べ歩くインド　南・西編』（旅行人）

小林真樹｜こばやしまさき

東京都出身。インド・ネパールの食器、調理器具を輸入販売している有限会社アジアハンター代表。商売を通じて、インド亜大陸出身飲食店業者と深く関わる。近年は食に関する執筆活動もしており、既刊に『日本の中のインド亜大陸食紀行』（阿佐ヶ谷書院）、『食べ歩くインド』（旅行人）がある。
http://www.asiahunter.com

装丁・デザイン　白畠かおり
写真　小林真樹
協力　片岡啓
田中雅子
斎野政智
編集　島田真人

日本のインド・ネパール料理店
2022年3月1日　初版発行

著　者　小林真樹
発行者　島田真人
発行所　阿佐ヶ谷書院
〒166-0004
東京都杉並区阿佐谷南3-46-19-102
e-mail info@asagayashoin.jp
URL http://www.asagayashoin.jp

印刷所　シナノ書籍印刷

ISBN978-4-9907986-5-9